# 先秦道家德育思想探微

樊建武 著

中国矿业大学出版社

## 内容提要

本书借鉴前人研究成果，从先秦道家的主要代表人物老子、文子、庄子和黄老道家入手，对他们的德育主张进行了搜集梳理，逐一廓清了以哲学基础与理论依据、目标与内容、原则与方法等为重点内容的德育思想体系；并以老子、庄子的德育主张为对象，从"尊道贵德的理论统摄""身重于物的价值判断""外圆内方的处世态度""深邃厚重的品德追求""不计得失的道德襟怀""超越义利的评判标准"等6个维度构建了先秦道家德育思想体系的基本骨架，分析了它的基本特点以及在中国德育史上的地位与作用，指出了它的局限性和现代价值，并对现代价值转换的总体路径和方法进行初步探索。

本书可供道家德育思想研究的科研人员参考使用，亦可用作普通高校相关专业研究生的参考用书。

**图书在版编目(CIP)数据**

先秦道家德育思想探微/樊建武著. —徐州：中国矿业大学出版社，2014.9

ISBN 978-7-5646-2490-3

Ⅰ. ①先… Ⅱ. ①樊… Ⅲ. ①道家思想—研究—先秦时代 Ⅳ. ①B223.05

中国版本图书馆CIP数据核字(2014)第225851号

**书　　名** 先秦道家德育思想探微
**著　　者** 樊建武
**责任编辑** 徐　玮　黄本斌
**出版发行** 中国矿业大学出版社有限责任公司
（江苏省徐州市解放南路　邮编221008）
**营销热线** (0516)83884103　83885105
**出版服务** (0516)83995789　83884920
**网　　址** http://www.cumtp.com　**E-mail**:cumtpvip@cumtp.com
**印　　刷** 徐州中矿大印发科技有限公司
**开　　本** 787 mm×1092 mm　1/16　**印张** 11.75　**字数** 230千字
**版次印次** 2014年9月第1版　2014年9月第1次印刷
**定　　价** 30.00元

# 前　言

中华民族历来重视道德教化，在长期的历史发展过程中形成了独具特色的德育传统。构建具有时代特征的道德教育体系必须继承和发展优秀德育传统。作为中国传统文化主干之一，道家思想源远流长、博大精深，蕴含着丰富的德育思想，在中国德育思想史上具有重要的地位。但长期以来，儒学一直被独尊为中国封建统治阶级的意识形态，儒家德育思想也理所当然居于主导地位而成为中国传统德育思想研究的主体。尽管道家德育主张也始终以特殊的隐性方式影响着中国的德育实践，但古今学者对其关注和研究的深入程度与其所具有的影响和地位很不相称。

先秦时期是中国文化的空前繁荣时期，百家争鸣的局面构筑了中国思想史的基础。这个时期是道家发展的特殊时期，它既是道家理论发展的成型成熟期，也是受神话宗教因素影响较少的时期，更是道家思想和社会实际联系最为密切、对治国理政和为人处世关注最多、见解最多的时期。与其他历史时期相比，先秦道家思想所具有的奠基性、完整性、独立性、典型性、学术性、代表性等特点最为突出。

基于以上原因，本书借鉴前人研究成果，从先秦道家的主要代表人物老子、文子、庄子和黄老道家入手，对他们的德育主张进行了搜集梳理，逐一廓清了以哲学基础与理论依据、目标与内容、原则与方法等为重点内容的德育思想体系；并以老子、庄子的德育主张为对象，从"尊道贵德的理论统摄""身重于物的价值判断""外圆内方的处世态度""深邃厚重的品德追求""不计得失的道德襟怀""超越义利的评判标准"等6个维度构建了先秦道家德育思想体系的基本骨架，分析了它的基本特点以及在中国德育史上的地位与作用，指出了它的局限性和现代价值，并对现代价值转换的总体路径和方法进行初步探索。

本书先后得到了2013年度陕西省社科基金项目"中国传统文化

对高校思想政治教育的当代价值研究”、2013年度西安市社科基金项目“西安寺院道观文化研究”、2012年度陕西省社会科学界重大理论与现实问题研究项目“社会主义核心价值体系与大学生思想政治教育研究”、2011年度陕西省社会科学界重大理论与现实问题研究项目“老子德育思想对高校思想政治教育的启示”、2010年度西安市社科基金项目“终南山宗教资源调查及其保护开发研究”、2010年度陕西省社会科学界重大理论与现实问题研究项目“终南山文化旅游资源综合开发研究”等资助,在此表示感谢。

由于学识水平和实践能力所限,书中难免存在不妥之处,敬请广大读者批评指正。

**著　者**

2014年6月

# 目　录

# 1 绪 论

## 1.1 研究的缘由

### 1.1.1 道家德育学说是中国传统德育思想的主干构成之一

中华民族历史悠久、文化积淀厚重,中国是世界上最古老、唯一没有中断过历史的文明古国,她所孕育的灿烂文化博大精深、源远流长。其中,古圣先贤著述中蕴含的思想更是一部波澜壮阔的史诗,妙义层出,沁人神智,颇值后人反复精读细研、广借博鉴。中华民族一贯非常重视道德教化,经过长期发展,形成了独具中华特色的德育传统。构建具有时代特征的道德教育体系必须继承和发展中国传统德育思想,否则便会成为无源之水、无本之木。

中国传统文化的发展史是儒道释的融合史。作为根植中华大地的儒家和道家两大学说体系,它们显潜互补、相得益彰,共同铸造了中华民族的精神家园。“道家”这个概念,最早由西汉时期的司马谈提出,他在《论六家要旨》中对阴阳、儒、墨、名、法、道家的思想及其社会作用作了精要的评述。司马谈所谓“道家”指的是以黄帝、老子为代表的学术流派。同时代的刘歌、刘向、班固都根据自己的理解,著录了关于道家的大批上古文献。汉代以来,作为中国文化的主干之一,历代学者对什么是“道家”的描述仁者见仁、智者见智,但概括起来讲不外三层内涵。一是指通过对“道”进行感悟等特殊的修持、感通而得道的“有道”之家。如《庄子·大宗师》中所提出的“以挈天地”的狶韦氏、“以袭气母”的伏羲氏、“以游大川”的冯夷、“以登云天”的黄帝、“以处玄官”的颛顼等,这些人物大多具有神话色彩,是上古得道者的象征。二是指能够感通大道并能够记录“道信”的学者,即“言道”之家,如道家思想史上的诸多代表人物都曾有著述以记载悟道修道的感受或传播道信。三是指以“道法”指导养生延年,以“道术”指导社会国家治理的“用道”之家,如《庄子》讲的彭祖、《列子》讲的愚公,《列仙传》《神仙传》的大量神仙人物几乎都是“用道”治身的典型,秦汉时期辅佐刘邦打天下的张良、唐代名臣魏徵等都是“用道”治国的典型。当然,“有道”“言道”“用道”的区分是相对的,只是从不同侧面或重点来划分。这种划分并不意味着“有道”之家不“言道”或者不“用道”,也不意味着“言道”者就不能兼具“有道”和“用道”。从文献例证上看,有的具备一项,有的具备两项,有的具备三项,具体情况应该具体分析。在我们看来,只要具备其中一项,就可以归入道家范畴。

道家德育思想就是指道家所倡导的思想道德教育体系。之所以这样界定,是因为长期以来,对于“德育”有两种不同的理解和解释:一种是所谓广义的大德育,它包含思想教育、政治教育和道德教育;一种是狭义的小德育,即仅指道德教育。不论怎么理解,本书认为,所谓德育就是思想道德教育,即以世界观教育、人生观教育、价值观教育、政治观教育、道德观教育等道德主张为核心内容的思想教育。这种教育除了把道德教育作为其核心内容外,还包含世界观、人生观、价值观、政治观以及其他思想认识方面的内容。如此界定,使其内容比纯粹的道德教育更广泛,同时又简化了广义的内涵,使其理解更具体。

由于儒家最适合以自然经济为基础的封建专制主义宗法等级制的文化土壤,因此,儒学一直被“独尊”而成为中国封建统治阶级的意识形态,儒家德育思想也在中国传统德育思想史上占据主导地位,所以儒家德育思想研究一直是中国传统德育思想研究的主要内容,而对于道家德育思想学术界关注和研究得不够深入。因此,每当提及传统德育思想,人们总习惯强调儒家德育思想而忽视道家德育思想,但实际上,作为中国传统文化的另一面旗帜,道家思想同样源远流长、博大精深,与其他传统思想等共同构成了中国传统文化的主干,道家德育思想也就理所当然地在中国传统德育思想中具有非常重要的地位。

### 1.1.2 先秦时期是道家理论发展的特殊期

“道家”既是一个逻辑的范畴,也是一个历史的范畴。从什么时候开始有“道家”的,向来有不同的看法。学术界普遍认为《老子》一书是道家出现的主要标志。上古时,也有人指出道家的出现更早,比如班固在其所著的《汉书·艺文志》中列出 37 家道家言中有许多是《老子》以前文献。按照他的这种解释,道家的历史可追溯至殷商时期。还有一种是道家自己的观点,他们认为道家起始于黄帝,后来在老子及其后学的努力下而不断传播弘扬。这些观点表明道家和其他各家一样经历了一个漫长的发展过程。

先秦时期是指秦朝建立前的一个历史时期,大体是从公元前 21 世纪到公元前 221 年,有 1 800 多年。在这个时期,中国人民创造了一批具有历史性标志的灿烂的文明成果,如甲骨文、青铜器等。特别是这一时期以老子、孔子和其他诸子为代表的著名思想家开创了中国历史上第一次文化繁荣的百家争鸣局面,成为中华民族思想文化不竭之源。从道家思想的发展脉络看,先秦时期是道家思想的特殊时期。之所以特殊,是因为这个时期既是道家理论发展的成型成熟期,又是受神话宗教因素影响较少的时期,更是道家思想和社会实际联系最为密切、对治国理政见解最多、对为人处世最为关注的时期,因此,和其他时期相比,其奠基性、完整性、独立性、典型性、学术性、代表性更为突出,这正是本书专题探讨的主要原因。

这个时期，道家创始人老子，以“道”为哲学依据与思想基础，提出了“万物莫不尊道而贵德”“重积德则无不克”“致虚极，守静笃”的基于德用的德育价值与核心追求，并以自然的德育基点与逻辑归宿，设计了具有道家特色的德育目标与人格形象，提出了天道自然、无为自化的德育原则，构建了充满辩证智慧的系统的德育方略与育化方法。

继老子之后，庄子也在思想道德教育方面有自己独特的建树。他将道论从本体扩展为境界，将“道”由存在上升为自由，基于培养安时处顺逍遥而游的理想人格和无治的世界，提出了与物相宜的德育目标和人格形象，构建了“学道养神缮性”“四观并进”“以恬养知”的德育原则、内容与方法。

而黄老道家则适应中国奴隶制全面瓦解崩溃和封建制渐趋确立巩固的大趋势，博采众长，兼容并包，在先秦思想从分化逐渐走向融合的过程中，走在时代的前列，以博大的胸怀、深邃的目光，打破门派界限，融合各家各派思想，立足于原始道家的最高哲学范畴“道”，吸收法、儒、名、阴阳等家德育思想，充分肯定德育的作用，提出一套关于为政治国、施行教化、个人修养的理论。他们尊重人性的特点，致力于将德育建构在人的心理特点的基础上，并且肯定外在规范对个体行为的约束作用和在品德形成中的导向功能。

需要指出的是，由于历史条件局限等各种原因，尽管先秦道家学者提出了各具特色的思想道德教育(或德育)理论主张，但他们从来没有用思想道德教育(或德育)这些具体概念，而是以育化、教化、明德、化民成俗等相关概念所替代，这也是在相当长的一段时期内人们忽视道家德育思想的主要原因之一。客观地讲，先秦道家学者不仅思考过思想道德教育，而且建构了内容丰富的思想道德教育学说体系，并在中国历史的发展进程中产生了巨大影响，发挥了德育的作用，非常值得发掘研究。

## 1.2 研究的意义

### 1.2.1 理论意义

首先，先秦时期是中国文化的空前繁荣时期，百家争鸣的局面构筑了中国思想的基础。这个时期，也是道家学说的创始期和形成期。此后，特别是“罢黜百家，独尊儒术”之后，道家思想发生了深刻变化，一是从显学变为隐学而影响着中国人的心理和行为，真正成为指导中国人日常为人处世的哲学。二是道家思想中的许多内容被宗教化，影响了原有的活力和生命力的发挥。通过当前学术界对这一个时期道家思想研究的成果分析，我们认为，其成果的主要特点是对某些人物、典籍介绍多，从哲学、教育学、伦理学角度分析多，但对德育思想的研究少，特别是全面系统的考察更少。因此，本书试图立足先秦这一特定的历史时期，坚持逻辑与历史相统一、思想史与社会史相结合的方法，对道家德育思想进行分析，力图挖掘出道家德育思想的精神实质，从而有助于弥补这方面研究的不足或空白。

其次，本书从先秦道家主要代表人物的德育思想入手，对他们德育思想的理论基础、德育目标、德育内容、德育原则与方法进行了阐述，并以此为基础归纳总结了先秦道家德育的原则和方法，评述分析了先秦道家德育思想理论体系，提出了现代转换的必要与可能以及实现途径。这不仅有助于厘清先秦道家德育思想的发展脉络和基本内涵，对于中国古代德育史研究也具有一定学术意义，而且可以进一步发掘先秦道家德育思想的深刻内涵，有助于丰富当代德育理论，并在德育理论研究中发挥积极的作用。

最后，建设社会主义思想道德体系必须建立在中华民族传统美德基础之上，必须继承中华民族传统美德的精髓。继承的前提是研究分析。研究道家德育思想不仅有利于弥补传统儒家德育思想之不足，而且有利于修正当前我国德育理论和实践的不平衡之处，从而对进一步完善中国特色社会主义道德理论和道德实践具有重要意义。

### 1.2.2　现实意义

首先，开展先秦道家德育思想研究，有助于道德信念和社会主义价值观的确立。改革开放以来，中国社会发生了巨大变化，在科学技术日新月异、人民生活日益改善的同时，文化观念也碰撞激荡，一些文化糟粕也乘机而涌，给一些人特别是青少年带来了思想上的混乱，出现这些问题的核心在于道德观的问题。面对新形势、新问题，党的十八大报告强调，“要深入开展社会主义核心价值体系学习教育，用社会主义核心价值体系引领社会思潮、凝聚社会共识”“倡导富强、民主、文明、和谐，倡导自由、平等、公正、法治，倡导爱国、敬业、诚信、友善，积极培育和践行社会主义核心价值观”。这既体现了社会主义的本质追求，又蕴含着中国传统文化的价值精髓；既有精神层面的指导意义，又有落实在行动上的可行性。因此，认真梳理并深入研究先秦道家德育思想，借鉴其合理因素并促其实现现代转换，有助于廓清道德信念并在此基础上构建和实施社会主义核心价值体系，从而对于坚定共产主义理想信念，增强爱国主义情感，具有现实指导意义。

其次，开展先秦道家德育思想研究，有助于人文精神的提升和道德修养的加强。先秦道家的思想家们注意研究关于人的意义和作用，强调道德生活中人的精神需求，并致力于通过理想人格的刻画与塑造来引导人们不断追求高尚的人生境界。这些思想千百年来，已经成为中国古代君子仕人加强道德修养、提升自我价值、获取精神幸福，进而实现人生理想与奋斗目标的圭臬和航标。这对于当今社会的人们来讲，仍然具有重要的导引和激励作用。

最后，开展先秦道家德育思想研究，有助于改进和加强高校思想政治教育。从高校思想政治教育的现状来看，对先秦道家德育思想研究无论是从理念、方针，还是从内容、方法和效果来看，都是很有借鉴意义的。目前在高校思想政治教育中存在着只讲政治立场、不讲道德修养，在方法上只重“教”不重“育”等现象。纠正思想政治教育中的偏向，改进大学生思想政治工作，可以从先秦道家德育思想中汲取营养。

## 1.3 国内外研究状况

### 1.3.1 国内研究状况

从笔者目前可以掌握的资料看，当前对先秦道家德育思想的研究主要围绕以下几个角度展开。

#### 1.3.1.1 中国教育史角度

1932 年出版的由毛邦伟主编的《中国教育史》第一章“中国上古之教育”之第七节“诸家”中论述了老子的教育思想。该书认为，老子以性善论求道于礼教之外，倡无为自然之教，但他却没有对老子的教育思想展开论述。这起码反映了当时学术界的普遍看法，即承认老子思想中存在教育思想，但因各种原因却没有能够深入探究。尽管如此，开拓意义却值得肯定。

中华人民共和国成立后，在研究探讨道家教育思想时，学术界大多按照冯友兰将道家排在儒家和墨家之后的顺序安排章节，涉及的内容也相对较少，德育思想几乎没有。比如，人民教育出版社 1983 年 7 月出版的毛礼锐等编写的《中国古代教育史》认为道家思想“对中国古代文化与教育都有重大的影响，他们的思想直接或间接都会影响与支配中国的封建教育。在他们的思想中，包含着某些与教育有重要关系的思想”[①]，可见，它只是承认了道家思想对教育的影响，但却没有明确肯定道家思想中蕴含教育思想。华东师范大学出版社 1992 年出版的由孙培青主编的《中国教育史》也没有留一席之地给道家的教育思想。上海教育出版社 1988 年出版的由沈灌群、毛礼锐等主编的《中国教育家评传》中也涉及老子和庄子等道家思想的主要代表人物。

直到 20 世纪 90 年代，陈鼓应提出“道家哲学主干说”后，不少学者开始从新的视角和层面重新审视道家及其教育思想。比如，杨启亮在其 1996 年出版的《道家教育的现代诠释》中。以道家教育思想的潜隐性为线索，全面论述了道家的教育思想，并进行了现代诠释。山东教育出版社 2000 年出版的陈超群著并由

① 毛礼锐，翟菊农，邵鹤亭. 中国古代教育史[M]. 北京：人民教育出版社，1983：115.

张瑞璠主编的《中国教育哲学史》(第一卷)第三章“道家脱俗求真的价值取向与学以求‘复其初’的教育哲学思想”中,通过对老庄思想中的义利观、价值观、人生观和相应的教育哲学思想的具体分析,从总体上粗略地勾画出老庄之学以求“复其初”的逆向教育思想体系。作者研究视角独特、观点新颖、内涵深刻,但过程与结论的衔接略显唐突,这也反映出哲学与教育的结合的难度以及阐述价值转换的不易。

需要特别指出的是,《中国教育哲学史》(第一卷)第五章再一次提到了老子学以求“复其初”的逆向教育思想,并且肯定了老子“上无为”和“下自化”自然主义道德教育思想。与前人相比,他对道家的教育思想论述已经较为详细,但对教育内容、教育方法等具体问题却没有进行详细论述。对这些问题,华东师范大学出版社 2001 年出版的由张惠芬、金忠明编著的《中国教育简史》进行了完善,并且具体涉及了“致虚”“观双”“齐一”的道家教育思想的方法论。此后,类似的研究逐步展开。

#### 1.3.1.2 中国伦理思想史角度

华东师范大学出版社 2003 年出版的由朱贻庭主编的《中国传统伦理思想史》、人民出版社 2004 年出版的由周中之主编的《伦理学》等著作,在考察中国传统伦理思想时,都突出了道德教育论和修养论,但是在对以老子、庄子为代表的先秦道家道德观的研究上看法略有不同。如《中国传统伦理思想史》认为,老子的错误,在于把道德之实与道德之名对立起来反对道德之名,否定道德规范在道德生活中的积极作用,并在道德观上,认为老子具有“反道德自觉的实质”。

#### 1.3.1.3 文化及道家思想角度

湖南师范大学出版社 1991 年出版的黄钊主编的《道家思想史纲》一书,在全面系统地论述道家思想的渊源流变基础,对道家思想的文化功能和历史地位进行了分析讨论,特别是在第三章还专列了一节讨论“老子的伦理思想”,认为老子力主朴实无华道德,倡导“返璞归真”“与世无争”,但是对德育思想还没有涉及。湖北人民出版社 2000 年出版的黄钊等著的《中国道德文化》一书,在第五章中专门阐述了道家道德理想,并对道德教育方法进行了分析归纳,提出了“道法自然”“返璞归真”“绝圣弃智”“涤除玄鉴”等 4 种基本方法。其他的诸如福建人民出版社 1995 年出版的熊铁基等著的《中国老学史》指出了从“道”的意义和特性上分析老子基本思想的意义,但关注点更侧重于对老子学说历史发展的讨论。

#### 1.3.1.4 中国德育思想史角度

从笔者目前掌握的资料看,第一部研究老子德育思想的著作是江万秀、李春秋编著的《中国德育思想史》。该书的重要价值在于经过长期的探讨终于使老子德育思想在中国德育史上占据了一席之地,但在顺序安排上依然将老庄道家安排在孔孟儒家和墨家之后,在内容上也只从“道法自然”“无为而治”“绝仁弃义”

“不敢为天下先”等4个角度进行了阐述讨论。

湖北教育出版社2003年出版的罗炽等人所著的《中国德育思想史纲》，积极吸收借鉴前人的研究成果，不仅首次将“道家学派的德育思想”一章单独安排在儒、墨两家之前，而且提出了老子的道德论，专门列出一节“老聃的尊道贵德论”专题对其德育思想进行了探讨，指出老子是主张和坚持道德修养的。

论文方面，通过中国知识资源总库跨库检索1980～2013年的相关文章，检索关键词为“先秦道家”的文章，中国期刊全文数据库有577篇、中国博士学位论文全文数据库有28篇、中国优秀硕士学位论文全文数据库有120篇、中国重要会议论文全文数据库有16篇；检索关键词为“老子”的文章，中国期刊全文数据库有4 362篇、中国博士学位论文全文数据库240篇、中国优秀硕士学位论文全文数据库1 007篇、中国重要会议论文全文数据库468篇；检索关键词为“庄子”的文章，中国期刊全文数据库有4 582篇、中国博士学位论文全文数据库260篇、中国优秀硕士学位论文全文数据库1 222篇、中国重要会议论文全文数据库402篇。经详细检索阅读，发现与本书论题相关的内容，主要集中在哲学、伦理学等方面，真正涉及德育思想的并不多。

与大陆相比，台湾地区学者对道家德育思想的重视较早。他们先从正名开始，在否定以前所认为的道家思想是消沉厌世等观点的同时，提出道家著作是忧世之言，思想充满救世之心，并以此为基本观点，对先秦道家德育思想中的理论和现实价值进行了研究。他们中有的从教育学角度对先秦道家思想的片断资料、个别命题进行了阐释；有的与开展儒道对比，对道家教育思想进行哲学论证，再集中从以下几个角度对现代价值进行分析，如伍振骛的《先秦诸子教育思想》一书专门对老庄的教学原理、方法进行专题讨论，将老子的教学思想概括为“主张弃智而求明”的学习原理以及“绝学无忧”“学不学”“不言之教”的教学方法，认为其中包含有“颠扑不破的真理”。再比如，王邦雄在《谈儒道两家的“道”——从儒道两家的“心”谈生命价值的开发》一文中对《道德经》和《论语》的义理系统进行比较时，将儒、道两家的“成道”之路区分为“人文之道”和“自然之道”，以《论语》的“志于道、据于德、依于仁、游于艺”一语为主坐标，找出《道德经》中相应的语句为参照，进行比较研究：

志于道——道可道，非常道；名可名，非常名。

据于德——上德不德，是以有德；下德不失德，是以无德。

依于仁——天地不仁，以万物为刍狗；圣人不仁，以百姓为刍狗。

游于艺——常无为而无不为。

应该说，这种对应关系是比较准确的，由此可见儒道两家在“成道”理想上的差异，并引出了对老庄的人格境界的追求与学习。

综上所述，当前我国对先秦道家德育思想及其现代价值转换的研究还不够深入，具体呈现5个显著特点，一是从哲学、伦理学、教育学角度研究探讨的比较多，而对德育思想方面的研究探讨较少。二是多侧重先秦道家德育内容、德育方法以及儒、道德育比较研究，对于先秦道家德育系统的体系建构研究不多。三是对经典著作的解释阐述多，深入分析和理论概括少。四是对现代价值及其转换研究探讨得比较少，即使偶尔有，个别研究也缺乏时代新意。五是有的研究对先秦道家德育思想评价单一化、简单化，甚至片面夸大了消极影响而有失公允。

### 1.3.2 国外研究状况

道家思想在国外的传播，大体经历了四个阶段，第一阶段是公元1275年意大利人马可·波罗到中国居住17年后返回意大利写了《马可·波罗游记》一书，掀起了一股中国热，一些西方人开始关注道家思想。第二阶段是明清时期的来华传教士，在翻译中国古代经典著作的同时，力图用中国历史来验证《旧约圣经》的可靠性，他们试图指出《道德经》中关于"天下之母""人类之始""天地之源"的"道"就是造物主基督，《道德经》中尊道的圣人圣德就是基督信仰。第三阶段是鸦片战争之后，国门大开，西方的传教士、学者、商人涌入中国，西方国家也设立汉学，推进了道家思想的西进，有的学者开始研究传授道家思想。第四阶段是改革开放以后，特别是在1987年，美国前总统里根在其国情咨文中引用老子的"治大国若烹小鲜"以阐明施政纲领，使世界性的"老子热"一浪高过一浪，人们对道家思想更加关注。联合国秘书长潘基文援引中国古代哲学家老子"天之道，利而不害；圣人之道，为而不争"的名言，强调应将这种不朽的智慧应用到今天的工作中，在百家争鸣的思想中，找到行动上的统一性。但总体来讲，他们对道家思想关注更多的在于《道德经》中哲学思想、治国原则、生态观念，而对德育思想的研究几乎是空白。

## 1.4 研究的思路与创新点

本书需要解决好以下几个关键问题，这几个问题既是本书研究的重点，更是难点，需要在搜集大量资料的基础上进行深入的归纳分析。

### 1.4.1 研究的重点与难点

#### 1.4.1.1 关于先秦道家代表人物与先秦道家德育思想的关系问题

本书拟对先秦道家主要代表人物老子、文子、庄子，黄老道家的德育思想以及其他在先秦道家德育思想形成与发展过程中具有重要影响的人物和著作中体现出的德育观点进行逐一论述。这些主要代表人物和著作虽然相互贯通，均属道家学派，但又因为没有直接纯粹的师承关系，特别是因为时间和空间的关系使他们在思想认识上有许多差异，甚至持相反的观点和看法。从这个意义上讲，他们既统一又独立，他们都属于先秦道家，都代表着先秦道家的思想，但又各自阐释着自己的思想。因此，在两千多年后的今天，要把他们的思想联通起来，进行归纳总结并使之系统化难度很大，是一个巨大的挑战。

#### 1.4.1.2　关于先秦道家德育思想体系的梳理问题

这也是完成本书的焦点和难题。先秦道家德育思想散见于其主要代表人物的著作之中，每一人都没有形成完整体系，只是在某一语境提出一些观点和主张。同时，两千多年以来，由于对道家思想的种种误解或看法，也很少有人去深入研究和探讨它丰富的德育思想，更没有人去构建完整的德育体系。要解决好这一问题，前无借鉴，只有面对重重困难悉心探索。或许尝试后有所触及，也只是看到了皮毛，深入探析的能力有限。不过，即使一点小小的进展，也算得上是对问题的一点突破。

#### 1.4.1.3　关于先秦道家德育思想与现实实践的结合问题

道家德育思想对中华民族的民族心理和中国民众的处世哲学产生了重大的影响。在普通民众思想中，道家思想更易被人们潜移默化地接受并付诸实践，从而在一定程度上形成了儒显道隐的互补格局，这是中国长期以来的社会经济状况特别是农业经济社会的产物。在现代社会，随着市场经济深入的发展，社会经济条件发生了巨大变化，各种社会思潮扑面而来，如何使两千多年前的思想再放光芒也是一个重要的问题，这是本书的另一个难点。

### 1.4.2　研究的方法

#### 1.4.2.1　历史分析方法

运用历史分析法，在考察先秦道家德育思想形成的历史背景时，从大的历史背景着眼，分析生产力的发展所带动的人类意识形态的变化，把先秦道家主要代表人物及其著作放到特定的历史条件下进行分析研究，用历史的眼光评价其光辉的思想并指出其局限性。分析先秦道家德育思想对现代社会的启示时，与当代社会的经济生产方式紧密结合，更有助于对先秦道家德育思想进行扬弃。

#### 1.4.2.2　文献分析法

为了全面了解、分析先秦道家德育思想，必须对其主要代表人物的原著进行研读，在此基础上对他人的研究成果进行文本分析与二次分析，力争以一个客观的视角，审视道家典籍，对它们进行新的归纳与整理，尝试找到新的研究线索。

#### 1.4.2.3　比较研究法

对于先秦道家德育思想的梳理、分析，如果仅借助于其自身内容的平面解读远远达不到透析其全貌的结果，必须展开多方位的对比。通过纵向比较，可以更好地探寻先秦道家德育发展规律与内在逻辑性；通过横向考察，可以更好地找到其理论优势、不足及在当代社会存在的合理性。

#### 1.4.2.4 理论与实践相结合的方法

研究先秦道家德育思想,并不是脱离现实生活的纯学术问题。在对中国传统文化与现代化这一重大时代课题进行探索与反思的过程中,应力图把先秦道家德育思想切入现代社会,运用理论与实践相结合的方法,以实事求是的科学态度,使之与现实生活联系起来,使先秦道家德育思想具有强大的时代生命力。

### 1.4.3 创新点

#### 1.4.3.1 厘清了发展脉络

本书将思想史和社会史相结合,对先秦道家德育思想进行梳理,初步厘清先秦道家德育思想的理论发展、基本构成、主要内容和历史影响,具有一定的开拓意义。

#### 1.4.3.2 梳理了理论系统

本书在对老子、庄子、文子、黄老道家的主要代表人物及其著作进行研究,并对他们的德育思想进行分析评价的基础上,打破时空界限,对他们的思想进行了归纳汇总,整理出他们的德育主张,使其系统化。

#### 1.4.3.3 探析了价值转换

本书坚持"弃旧扬新""去粗取精""去伪存真"的原则和方法,抛弃先秦道家的历史局限性和阶级局限性,坚持辩证唯物主义和历史唯物主义的观点,以古鉴今。从建设社会主义和谐社会和思想政治教育的视角对先秦道家德育思想的当代价值进行研究,对于传承中国优秀传统道德的精华,匡正当代社会一些不良现象,具有较强的针对性和实践意义。

# 2　老子的德育思想

老子是道家学派创始人，是中国历史上最伟大的哲学家和思想家之一。据《史记・老庄申韩列传》记载，老子姓李，名耳，字聃，是春秋末期楚国苦县厉乡曲仁里人(今河南鹿邑县)，曾经担任过周朝的守藏室史官。老子大约生于公元前570年，年长孔子20岁左右，且长寿，司马迁赞叹他“修道养寿”。据专家考证，老子原姓老，盖因同声，“老”变为“李”，而“耳”与“聃”因义相近而通用。老子、老聃、李耳乃同一人。据《史记・仲尼弟子列传》记载，孔子曾经向老子请教过周礼，“孔子之所严事，于周则老子”。《吕氏春秋・当染》也说过：“孔子学于老聃。”《史记》还称，老子隐居出函谷关时，遇关令尹喜。尹喜对老子说：“子将隐矣，强为我著书。”老子于是著五千余言，分上下两篇，上篇以论“道”为主，为“道篇”，下篇以论“德”为主，为“德篇”，故又称《道德经》或《道德真经》。老子其人其书在以往曾遭受种种质疑，但随着郭店楚简《老子》的出土，学术界越来越赞成孔子曾问礼于老子、《老子》一书是春秋末期老子所作的看法。不论后人在老子其人其书问题上如何众说纷纭，《老子》作为道家诞生的理论标志是毋庸置疑的。《老子》在中国哲学史乃至世界哲学史上占有举足轻重的地位，它文约义丰、思想深邃，内容涉及宇宙自然、政治人生等诸多方面，德育观便是其中之一。然而长期以来，对老子德育思想研究，一直处在内在潜隐影响与外在忽略、研究不足的状态之下，甚至有人因老子提出“绝圣弃智”“绝仁弃义”等主张而否定老子思想中的德育内容。实际上，深具哲学智慧的老子基于对自然、社会、人的理解，提出了不同于儒家主流德育传统的新途径，在中国德育史上另辟蹊径。挖掘老子德育思想，有利于古为今用，为当前的思想道德建设提供重要启示。

## 2.1　哲学基础与理论依据

《老子・五十一章》[①]指出“道生之，德畜之，物形之，势成之。是以万物莫不尊道而贵德。道之尊，德之贵，夫莫之命而常自然”，这不仅体现了老子对德育的高度重视，而且说明老子认为道、德具有“自然”属性。在此基础上，老子进一步

① 本章以下凡引《老子》只注篇名。

强调“道生之，德畜之，长之育之，亭之毒之，养之覆之。生而不有，为而不恃，长而不宰，是谓玄德”，这更加明确了德育思想的基本追求在于推崇自然，即尊道以自然为基，贵德而顺乎自然，立德致自然而然。本节拟以此为主线，从道论、德论、人性论的维度对老子德育思想的理论基础进行探讨。

### 2.1.1 道论

道是老子哲学的最高范畴，老子以道作为他的哲学系统的终极概念，是整个老子思想体系的理论基础。长期以来，人们对老子之道往往仅从宇宙论和本体论的角度来理解，认为道是天地万物产生发展的来源和决定力量。实际上，“老学的动机与目的，并不在于宇宙论的建立，而依然是由人生的要求，逐步向上推求，推求到作为宇宙根源的处所，以作为人生安顿之地。因此，道家的宇宙论，可以说是他的人生哲学的副产物。他不仅是要在宇宙根源的地方来发现人的根源，并且是要在宇宙根源的地方来决定人生与自己根源相应的生活态度，以取得人生的安全立足点。”①可见，道论是老子德育思想的哲学依据和理论基础，其德育思想正是其道论在人的世界的延伸。

#### 2.1.1.1 道的基本内涵

老子这样描述道，作为天地万物的始基和源泉，“道生一，一生二，二生三，三生万物”(《四十二章》)。就具体形态而言，“道可道，非常道。名可名，非常名。无名，天地之始；有名，万物之母。故常无欲，以观其妙；常有欲，以观其徼。此两者，同出而异名。同谓之玄，玄之又玄，众妙之门。”(《一章》)老子特别强调道玄而又玄，“视之而弗见”“听之而弗闻”“捪之而弗得”，尽管如此，但老子还是认为道并不是远离于人类的，是可以达到并被理解的。老子在这里之所以用玄阐述“道”，其目的在于强调自己所讲的道与当时人们普遍理解的道是存在差异的。概括而言，老子所讲的道至少包括以下几个方面内涵。

(1) 道是世界的本原

老子认为道无声无息、无形无象，指出：“有物混成，先天地生。寂兮寥兮，独立不改，周行而不殆，可以为天下母。吾不知其名，强字之曰道”(《二十五章》)。他认为道还是运动的、永恒的。“道生一，一生二，二生三，三生万物”清楚地说明了“道”是世界的本源，一切事物皆起源于“道”。“道”就是“一”，以“一”化“二”，这里的“二”就是阴阳二气，阴阳作用变为“三”，最终由“三”化生出宇宙万物。这里需要进一步说明的是“道生一”，而不是“道为一”，其实这只是两种不同的说法而已，“道生一”和“道为一”在本质上是相通的，这正是“道”的特性，“道”和“一”实际上是两种不同的表现形式。“道”还能无中生有。“有”是说明道无处不在，

---

① 李维武.徐复观文集(第3卷)：中国人性论史(先秦篇)[M].武汉：湖北人民出版社，2002：292-293.

能够包容万物，“周行而不殆”，永远不消失。“无”是讲道是超感觉超经验的“无状之状，无物之象”，“视之不见”“听之不闻”“搏之不得”（《十四章》），“惟恍惟惚”（《二十一章》）。所以，用“常有”和“常无”去领悟道，那么就能够明确道的既无形无迹又无所不在，这就是“有”与“无”的对立统一，这也是道的另外两个特性，既是物质的又是非物质的，是精神的又是非精神的，说到底，是一种存在的境界。

（2）道是自然无为的法则

在宗教领域，谁是创造者谁就是主宰者，这也是中国的天和帝的普遍逻辑。但老子却将二者分开，仅将道视为创造者而取消了它的主宰地位，这正是老子思想的独特之处和精华所在。

与其他宗教不同，老子也没有将道作为创造者而神化，而是指出“人法地、地法天、天法道，道法自然”（《二十五章》），认为天地万物和人都必须以道为法则，道坚持的法则就是任其自然，所以他强调“万物持之生而不辞，功成而不有。衣养万物而不为主……万物归焉而不为主”（《三十四章》）。由此可见，在老子看来，作为世界本原的道，尽管衍生了天地万物，但道绝不是也始终不是天地万物的主宰者。世界万物都应该像道一样坚守顺其自然的法则来生养化育不断成长，这更不需要道来控制。这一切正是道的真实内涵所在，所以“自然”就是道，“道”就是“自然”，“道”一定是顺其自然。

顺其自然表现在现实中、落实在行动上就是无为，这是老子的包括德育主张在内的所有实践哲学的基础。无为并不是不为。老子所讲的为，一是遵循和顺应自然规律的为，一是违背自然规律的为。无为就是不违背自然规律的为，“道常无为而无不为”（《六十八章》）。顺其自然是道的法则，由道而生的天地万物也应该顺其自然而无为。

（3）道是宇宙万物运行的规律

“反者道之动”（《四十章》），从宇宙万物运行讲，一切“有”都从“无”开始而终归于“无”，所有运动都从静止开始而又最终回归静，这是“道”作为规律的体现。老子发现隐藏在天地万物运动变化过程中的现象之后的总规律是：事物总是在向相反方向发展运动的，并总要返回到原来的初始状态，用一个字来概括就是“反”。“反”大体包含两种含义。

一种是循环反复，即道所表现出的一种规律循环反复运动。一方面，“反”蕴含着复。老子认为，循环反复是天地万物运动的一个显著特点，任何事物的运动最终都要返回原来的本初起点，即虚静的道的状态。另一方面，“反”还表现为一种消解矛盾的方法。老子认为，在人的世界中，善与恶、是与非并存，福与祸、治与乱相依，并且存在片面治防会越治越乱、越防越危的现象，出现这现象的深层原因在于真朴道性的丧失，从而使人致力于追逐外物贪欲而不能反本，解决这一问题的根本方法就是通过“见素抱朴，少私寡欲，绝学无忧”（《十九章》）来削减化解这些矛盾存在的条件,从而促进事物向更高层次发展。为了更好地解决这些问题,老子取法于大道,有针对性地提出了一系列基于自然的治理育化思路。

另一种是对立转化,这是事物存在和发展变化的辩证法。老子认为,表面上完全相反的事物,事实上都相辅相成,一切事物及其发展变化都是在相反相成的状态下实现的,"有无相生,难易相成,长短相形,高下相倾,音声相和,前后相随"(《二章》)就有力佐证了有无、难易、长短、高下、前后等相互矛盾的现象中永恒存在的对立和依存,这是存在的基本形态和发展变化规律。老子指出事物的发展转化是相对的,是有条件的,如果能够发现否定因素,并主动接受它的存在,及时局部地调适,这种自我否定不但不会使自身失去控制而在根本上引起整体性变化,而且还可以通过这种内部转化使否定性因素变为促进内部的稳固的有利方面,"曲则全,枉则直,洼则盈,敝则新,少则得,多则惑"(《二十二章》)。事物的变化总朝与自己相反的方向发展,"祸兮福之所倚,福兮祸之所伏"(《五十八章》),当否定因素发展到极点时,它也会变为事物的决定因素而起主导作用,事物就会转化为其反面。因此,为了实现正面目标就必须考虑从反面入手,迂回而进。这种辩证法也存在于品质塑造和道德育化之中。

#### 2.1.1.2 道的基本特征

通过对道的内涵分析,不难看出道具有以下两个显著特征。

(1) 道是精神性和物质性的统一

道不是孤立地超离物质的,而是可感知的抽象体验。从外在看,道无形无名,是"视之而弗见""听之而弗闻""抿之而弗得""无状之状""无物之象"的,又是"随而不见其后,迎而不见其首"(《十四章》),这就说明道尽管不可见不可闻不可触摸,但却"可随""可迎",因此就不是什么也没有的虚无,而是实实在在的存在。"道之为物,惟恍惟惚。惚兮恍兮,其中有象"(《二十一章》)也进一步指出了道具有物质性,以恍惚幽微的形式存在,并且作为第二性的宇宙万物都由第一性的道所萌生。"谷神不死,是谓玄牝。玄牝之门,是谓天地根,绵绵若存,用之不勤"(《六章》)。老子还以谷神来形容"道",指出道能生天地万物,在时间上历久不衰,天长地久;在空间上无处不在,无穷无尽。

(2) 道具有普遍性和至上性

在老子看来,道生成万物不仅获得了时间和空间上的先天性,而且还是普遍存在的,不仅普遍存在,而且至高无上、妙用无穷。老子告诫人们要信道、守道、遵道,与道一致、按道行事,这样就可得道;否则,就会失道。可见,在老子眼里,道拥有统摄一切的绝对地位,这种绝对地位体现在天和人两个基本领域,即在物的世界中体现为天道,在人的世界中体现为人道。

#### 2.1.1.3 天道与人道

"老子的整个哲学系统的发展,可以说是由宇宙伸展到人生论,再由人生论延伸到政治论。然而，如果我们了解老子思想发展的真正动机，我们当可知道他的形而上的知识是为了迎合和认识和政治的要求而建立的”①，可见，老子哲学“究天人之际，通古今之变”的真正目的是“为天地立心，为生民立命”，对人的关怀始终是老子思想的立论宗旨，老子怀着对人生的深切关怀和对人生理想境界的不懈追求，在对天地万物进行广泛考察基础上，将人作为其所有思想的出发点和落脚点。老子讲道，既有天道，也有人道，他从没有离开人谈论天，离开人道谈天道，离开人生谈自然。老子“道”的关键在于从天道推到人道，将人道归结于天道，天与人、天道与人道、自然与人生通过人的中介而紧密地联系在一起。

天道自然，这是天道最本质的特征。老子之自然可以从三个方面理解，一是指事物的初始状态或者客观的外部自然界，二是指事物的纯朴属性，三是指事物因性而行的运行方式。但不论从哪种意义上理解和使用“自然”，它们都有一个共同点，就是自然总是与外部压力、外在人为截然对立、互不相容的。老子提出“人法地，地法天，天法道，道法自然”(《二十五章》)。从表面看，这好像是在说明人、地、天、道、自然的相互递进关系，但实际上老子强调的是集天、地、人于一身的道都必须以自然为法则。天道要求以自然为法则，任天地万物自本自根、自形自色、自生自长、自为自成、自毁自灭，生而不有，为而不成，长而弗宰，功成而弗居。如果凭人力而为，就会打破天、地、人之间的平衡而“失道”，失道必会早亡。

老子讲天道并非只是探求宇宙自然的奥秘，而是以其为逻辑起点，最终将道论指向人，从而在本体论的高度探求人的价值和意义，为展开其德育学说奠定根基。所以老子强调“人法地，地法天，天法道，道法自然”(《二十五章》)，要求人依托并效仿天道的自然本性来找寻立命安身的栖所，由此建构了以道为基点中心和目标追求的德育思想体系。具体而言，老子是以追求道的至高至上境界为目标，基于道的自然本性来开展德育实践，努力塑造“惟道是从”的完美人格形象——圣人。在老子看来，圣人是道的载体和道在人世间的化身，他之所以又与常人不同，是因为他自身具备能够体现道的德，这种德常被老子称为“玄德”、“孔德”或“常德”。为了说明这种德的至高境界，老子还用“赤子”和“婴儿”进行了形象说明，指出“含德之厚，比于赤子”(《五十五章》)、“常德不离，复归于婴儿”(《二十八章》)，从而进一步强调圣人所修育而具有的德如婴孩之天性，淳朴自然，无知无欲，无思无虑，任性而发，率性而为。这正是老子德育教化所要达到的最高境界——无知无欲、纯任自然的守道同德境界。

### 2.1.2 德论

“德”是老子思想的另一个重要概念，《老子》中“德”字出现了43处，足见

① 陈鼓应.老子今注今译[M].北京:商务印书馆,2003:22.

“德”在老子思想中的地位。对于《老子》中的“德”，学术界一般理解为道的功用或显现。如《韩非子·解老》说，“德者，道之功也”；陆德明《老子音义》说，“德者，道之用也”；苏辙《老子解》曰，“德者，道之见也”；严灵峰在《老庄研究》中指出，“德就是道的形式，道就是德的内容”。如果仅就德与道关系而言，这些观点总结得非常准确，但考察老子的德论，一个非常显著的特点就是大多从德与道和德与人的维度进行阐述，这表明老子之德，既是超越万物而存在的形而上的概念，又具有涵盖人德的伦理价值属性，这正是老子德育思想的直接理论依据。

#### 2.1.2.1 德与道的关系

老子指出“孔德之容，惟道是从”(《二十一章》)，指出德从属于道，德由道而来，是道的进一步的落实与展现。德是道之德，德的形态由道决定，没有道也就无所谓德。“道法自然”(《二十五章》)，从属于道的德也必然“法自然”，具有和道一样的本质特征。老子还从宇宙生成的角度，解释说明了道和德对万物生成育化的作用：“道生之，德畜之，物形之，势成之。是以万物莫不尊道而贵德。道之尊，德之贵，夫莫之命而常自然。故道生之，德畜之：长之、育之、亭之、毒之、养之、覆之。生而不有，为而不恃，长而不宰，是谓玄德”(《五十一章》)。可见，道生成了万物，德畜养了万物。万物由道而得的属于自身本性的东西就是德，所以，万物由道生、依德长，道与德合二为一才成物。尽管道和德对万物具有重要的决定作用，但它们对万物生长从不干涉，都坚守“常自然”原则，“生而不有，为而不恃，长而不宰”，任凭万物自然而然地依存自身的环境和特性而生化，这种“玄德”正是道的体现和表达。

尽管如此，但在老子看来，德不能等同于道，德的层面上是逊于道的，二者的地位和作用明显不同。在根本上，没有道就没有宇宙万物，就更谈不上德的存在及其作用和价值了。但同时，虽然德的存在受到了道的规范，这并不是说，德就是一种简单的被规定的存在。“道生之，德畜之”表明德在万物生成发展运动中的重要作用，那就是道生万物，但更需要德养万物，老子对此进行了充分的肯定，认为道具有“生而不有，为而不恃，长而不宰”的“玄德”，在生化出万物之后，就不再干涉万物。万物合道而行，就是德。万物与德一同存在，万物有德就可以合道而存在，否则就消亡。因此，道是万物形成之源，德就是万物发展的动力之源。老子在肯定道的决定性的同时，也肯定了德的重要性，强调“万物莫不尊道而贵德”。一方面，“道生万物”，道既是万物的本源，又是万物的本体，道物一体，同时，“德畜之”，德养万物，德与物同生。因此，万物既承载体现着道与德，另一方面，也将道与德沟通、连接，成为道与万物发生关系的重要介质。德是道的外在表现形式，德是道的内容，二者是内容与形式之间的关系。道与德辩证统一于万物之中，德依赖道而存在，离不开道；道同样离不开德，离开德，就不能显示道的力量。

#### 2.1.2.2 德的功用

人是万物中的一个特殊群体。对于万物来说，德是构成物的本质属性的内在特质。对于人来说，德是人的生命内涵。从道与德的关系出发，老子主张人也应当遵照道的自然法则行为处事，做到和于道、同于德，否则便会成为失道、失德之人。“上德不德，是以有德；下德不失德，是以无德。上德无为而无以为，下德无为而有以为。上仁为之而无以为，上义为之而有以为，上礼为之而莫之应，则攘臂而扔之。故失道而后德，失德而后仁，失仁而后义，失义而后礼。”（《三十八章》）这是对道与德关系的进一步精辟论述，明确指出了德内化于万物而惟道是从，有德之人时时处处都认为一切得失都合乎自然，从本质上来讲他确实是有德之人，但他却从不自认为自己有德。相反，无德的人对于德的形式非常在意执着，到处寻求德的外衣，表面看是有德的，但实际却失去了德性而陷于无德之境。老子指出“故从事于道者，道者同于道，德者同于德，失者同于失。同于道者，道亦乐得之；同于德者，德亦乐德之”（《二十三章》），强调“道之尊，德之贵，夫莫之命而常自然”（《五十一章》）。德无人干涉命令而自然能贵的原因，正是在于它与生俱来的得于“道”的内在特质，而非人为因素所得的外在东西。老子强调“含德”“有德”“同于德”，使“常德不离”（《二十八章》），就是要人把握住自己的生命特质和内涵；他主张“重积德”（《五十五章》），使“常德不忒”“常德乃足”（《二十八章》），就是要人充实、积蓄自己的生命力。在他看来，只有生命力旺盛，才能使生命“无不克”，才能“长生久视”。这表明，老子贵德，就是珍重人的生命力，重视人的生命内涵即内在生命。

老子依据人对道的认识程度对人进行了分类，即“上士”“中士”“下士”，并在指出“上士闻道，勤而行之；中士闻道，若存若亡；下士闻道，大笑之。不笑不足以为道。故建言有之：明道若昧，进道若退，夷道若类，上德若谷，大白若辱，广德若不足，建德若偷，质真若渝”（《四十一章》）。按照这种划分方法，“上德”“广德”“建德”之人都是“上士”，其德从表面看如山谷一样低下，显现出许多不足，呈现出懦弱的样子，但实际上这些深邃冲虚的特质正是他们所具有的能够吸纳包容一切的德的说明和体现。对这样的德，大多数人不会理解、不能接受，因为他们总被德的外在形式所迷惑，正是这种迷惑致使人们逐渐远离“大道”。对于这种破坏大道的所谓仁义之德，老子不仅否定，而且进行了批判，他主张必须用大道来取代现实中的道德礼仪，这样才能使万物各得其性、自在生活。

老子还以“正言若反”的方式阐述了圣人之德，他指出“圣人无常心，以百姓心为心。善者，吾善之；不善者，吾亦善之，德善。信者，吾信之；不信者，吾亦信之，德信。圣人在天下歙歙，为天下浑其心。圣人皆孩之”（《四十九章》）。在老子看来，圣人能够以“皆孩之”的本朴方式面对现实中的信与不信、善与不善，这是德能够真正落实的基本前提。在他的理想中，如果包括圣人在内的万事万物都得到了属于自身的德，大道也就得以流行，天地万物也将能够自然而然地生存。老子在阐述育德在修身治国过程中的重要性的同时，还描述了德的具体落实过程，进而更进一步地强调了修身育德对于家国的重要功用。

他强调"善建者不拔，善抱者不脱，子孙以祭祀不辍。修之于身，其德乃真；修之于家，其德乃馀；修之于乡，其德乃长；修之于国，其德乃丰；修之于天下，其德乃普"(《五十四章》)，指出只要坚持以"善建者不拔，善抱者不脱"的原则去修德，小到个人，大到治国平天下，天下万物就会友好相处、各安其位。可见，老子把包括个人在内的所具有的德作为治家理国平天下的基础。针对"大道废，有仁义；智慧出，有大伪；六亲不和，有孝慈；国家昏乱，有忠臣"(《十八章》)的现实，老子通过正反两种方法，对现世中德的作用进行了论证，一是对只注重德的形式，而忽视其内涵的批判，认为这是对大道的远离而与德相背；二是对遵循道的要求，主张要以自然无为的方式把德无形内化于万物之中，认为这才是真正合于道、利于物的良好道德，进而在肯定德的作用的同时，提出了德育的必要和可行。

#### 2.1.2.3 德的育化

老子思想的支撑点是道论，落脚点却是对人世的关切。面对现实中存在的种种离道背德现象，老子提出解决问题的关键在于通过德育活动以道导民，以德化民，而不是用苛刻的刑法、沉重的税收来治理国家。从价值逻辑上来分析，道德从根本上是对人们进行伦理思想与行为的育化与规约。老子强调，无论把德看成是道与天地万物联系的纽带，还把它作为修身治国的最高准则，它都不是直接显现的，而是以自己的方式内化潜存于天地万物之中。对于人本身而言，需要理解道、践行德，以与道相合的方式来体悟道修养德，试图以其他坐享其成的方式期盼道的临幸以求形成良好道德是不可能的。实现"有德"、抛弃"无德"，必须进行修养育化，这不可能一蹴而就，而是一个系统的过程，这个过程是得道体道、悟道行道的过程，是实现德的内化与外化的过程，是向大道回归的过程。这个过程正是实施德育活动的过程，对于这个过程中主要内容、具体环节和基本要求本书将作进一步论述。

### 2.1.3 人性论

德育既然是对个体的人进行思想、政治、道德层面的积极影响的活动，那么从人性论出发，人的本体属性作为人的存在根基与德育活动相比必然具有先在性，同时德育活动的最终旨趣也在于人性的升华。因此，老子的"自然人性"不仅成为德育思想的逻辑基点与归宿，而且是其德育思想的现实理论依据。

#### 2.1.3.1 自然即道性

自然是老子思想中的重要概念之一，有机统一于其世界观、人生观、价值观之中。学术界对老子的"自然"存在两种理解。一种认为自然就是自然界，也就是现代汉语通常所说的"大自然"，从而认为老子的思想首先是关于宇宙天地、自然万物的总的看法和观点，并以此为基础形成了富有思辨智慧的思想体系。另一种观点则认为老子的“自然”就是“人文自然”，强调的是一种状态，这种状态的核心特点是从来不渗透任何人为因素，没有受到任何外在的人为影响。这两种看法针锋相对，看似对立，但笔者认为，从老子思想本身的体系架构来看，它们均具有本体性依据。在老子思想体系中，最高的本体是道，道是天地万物之本源，“有物混成，先天地生……可以为天下母”(《二十五章》)。同时，道也是实体性存在，“道之为物，惟恍惟惚。惚兮恍兮，其中有象；恍兮惚兮，其中有物。窈兮冥兮，其中有精，其精甚真，其中有信”(《二十一章》)。此外，道还是天地万物的最高准则和规律，“道生之，德畜之，物形之，势成之。是以万物莫不尊道而贵德”(《五十一章》)。在这些对道的认知中，明显可见包含着自然和社会两个指向，如果是指第一种观点中的自然，那么，老子之道显然是自然的本源、本体，所以以此为基础很容易将自然直接等同于“大自然”而形成第一种看法。但是，仔细品究，不难看出第二种观点也有合理之处。可见，老子对道体预设的宽泛性导致后人对其思想理解产生分歧，这也是非常正常的。

《老子》中直接提及“自然”的总共有 5 处，分别是《十七章》中的“功成事遂，百姓皆谓：‘我自然’”，《二十三章》中的“希言自然”，《二十五章》中的“人法地，地法天，天法道，道法自然”，《五十一章》中的“道之尊，德之贵，夫莫之命而常自然”，以及《六十四章》“是以圣人欲不欲，不贵难得之货，学不学，复众人之所过。以辅万物之自然而不敢为”。按照上文所讲的两种理解，其中除《二十五章》“道法自然”外，其他 4 处自然明显指的是人文自然，而“道法自然”中的自然具体指什么也具有不确定性。正如张岱年所说：“在古代汉语中，尤其是在先秦的典籍中，自然就是自然而然的意思，没有大自然的意思。”① 从老子思想整体架构上看，老子非常关注大自然，但从其“自然”所在的具体语境分析考察，将其理解为“大自然”，显然并没有完全切中老子思想的主旨。对老子之自然的理解，已经明确不完全是“大自然”，那么是否可以理解为“人文自然”呢？应该说，《老子》中的 5 处“自然”表露了老子对自然，特别是“人文自然”的推崇。但如果将“自然”放到老子思想体系中作全面分析和深层考察而评断老子之自然就是“人文自然”也是值得商榷的。简单的二分法是不科学的。

老子强调“道大，天大，人亦大。域中有四大，而人居其一焉。人法地，地法天，天法道，道法自然”，这表明老子已经将人作为关注的对象。综观当时社会，天地作为人的衣食父母地位神圣不可侵犯，人格神式的天具有不可轻估的分量。面对这一观念，老子却冷静观察、另辟蹊径，觉察到了人是宇宙的精灵而形成了强烈的主体意识，从而把人提升到与道、天、地平等的地位，这在中国思想史上无

① 张岱年.中国古典哲学概念范畴要论[M].北京：中国社会科学出版社，1989：81.

疑具有重要意义。一方面，是老子看到了宇宙间，作为包括人类在内的天地万物效法的原理，道本来就事先存在，是自己固然如此而所以然。另一方面，老子看到了人、天地、万物效法的道是天地万物运行所必须遵循的本性和规律。正是因为万物由道生、道而成，所以得到了道的本性，就得到内在的自然之道。从这个意义上讲，“自然”即是道，换句话说就是“自然”是道的根本属性。就世界本原意义的道而言，它创造万物但不主宰万物，任天地万物自生自长、自为自成、自行自色。就天万物而言，它所遵循的还是道，但在这里道却不具有本原意义，而是以自然为性，依照道所具有的自然本性进行自我运行的方式和法则。

#### 2.1.3.2 人性本自然

《老子》中通篇没有“性”字，但却通过强调天地万物都必须效法的道而“法自然”巧妙地表达了笔者的人性观。就普遍性而言，天地万物遵道而“法自然”指明了人类与天地万物的内在统一性，作为万物中的一类，人应当和万物一样与自然融为一体，天道内在地包含着人道。从普遍存在的道性出发，人性和天地万物之性在本质上是一致的，这是道性。就特殊性来讲，人性是道性在人的问题上的特殊体现，道性对天地来讲就是天地万物之性，对人来讲就是人性，人性应当具有道性的内涵，道在天地万物那里是天道，在人类这里是人道。仅就人道而言，它既体现在天道上，又体现在包括人在内的所有天地万物的自然之性上。老子描述了这种自然之性，认为天道是天地万物悄然无声地按其自然本性运作的“希言自然”(《二十三章》)，强调正是天地具有自然而然的本性，并不为自己的存在而存在，才使得天地能够长存不灭，所以说“天长地久，天地所以能长且久者，以其不自生，故能长生”(《七章》)。相反，如果天地万物不能持守其道，那么就会早早消亡。因此，在老子看来，不论是自然界还是人类社会都要“天地相合，以降甘露，民莫之令而自均”(《三十二章》)，绝不能轻易进行革新变动。但老子也同时指出这不是绝对的固化，天地有的时候还会“飘风不终朝，骤雨不终日”(《二十三章》)，这种现象也是自然本性之所在。

老子从人的特殊性出发，从两个层面对人的自然本性进行了分析。他指出，从整体层面看，“小国寡民”式自然纯朴是人类的本真状态。《八十章》中老子描绘了他的理想社会。在这里，人与大自然融为一体，民风厚实淳朴，人和人依其本性安谧恬静地相处，交往过程中没有虚伪欺诈、征伐抢掠，整个社会和谐融洽，即所谓“使有什伯之器而不用，使民垂死而不远徙；虽有舟舆，无所乘之；虽有甲兵，无所陈之。使民复结绳而用之。甘其食，美其服，安其居，乐其俗。邻国相望，鸡犬之声相闻，民至老死，不相往来”。就个体而言，老子指出人的自然之性如“赤子”“婴儿”“毒虫不螫，猛兽不据，攫鸟不搏。骨弱筋柔而握固。未知牝牡之合而作……终日号而不嘎……”(《五十五章》)。这种至精至和的状态正是老子德育目标的形象说明，这种形象就是他心目中的理想人格。

#### 2.1.3.3 人性遭异化

正是从人类整体和个体两个角度对人的自然本性的描述,仅仅反映了老子对人性的规定性认识及其对这一状态的向往和渴求。如果从更深层次理解,这也体现了老子对现实社会的忧虑和批判,因此他意识到不论是作为整体的人类还是个体的人,一旦远离或者丧失自然本性,就失去了存在的意义和价值。所以,他通过描述人类丧失自然本性的各种表现来说明,在现实中天道与人道之间以及人的自然本性与天地万物自然本性的内在统一很难实现,因为异化的人道与自然而然的天道之间确实存在着冲突和矛盾。

老子指出,在现实社会中,人们不仅很难做到顺其自然以保持婴儿般的本性美德,而且会经常偏离甚至丧失自然本性以致失德。人们不是如同“天之道,损有余而补不足”,而是“损不足以奉有余”(《四十二章》),崇尚人为,以兵强天下。“朴散则为器”(《二十八章》),老子分析出礼的出现是导致人性异化而失德的主要原因,指出“夫礼者,忠信之薄而乱之首”(《三十八章》),“大道废,有仁义;智慧出,有大伪;六亲不和,有孝慈;国家昏乱,有忠臣”(《十八章》)。老子强调,礼的产生有力表明人性的异化和道德的丧失已经达到了一定程度,只有摒弃那些礼的形式上的规定,才会使人类重新回归自然本性,从而使人的完美道德品质和社会的和谐秩序的得以恢复。老子呼吁“绝圣弃智,民利百倍;绝仁弃义,民复孝慈;绝巧弃利,盗贼无有……见素抱朴,少私寡欲”(《十九章》),提出“大丈夫处其厚,不居其薄;处其实,不居其华”(《三十八章》)。就社会整体层面而言,老子指出社会动乱、难以治理的主要原因在于统治者的妄为和严密的政治法律制度,认为“民之难治,以其上之有为,是以难治”(《七十五章》),“天下多忌讳,而民弥贫;民多利器,国家滋昏;人多伎巧,奇物滋起;法令滋彰,盗贼多有”(《五十七章》)。同时,从百姓自身来看,难治的原因在于智巧心机,“民之难治,以其智多”(《六十五章》),所以,老子把知识文化视为恶源之一,企图通过绝智弃利来促使人回归淳朴的自然本性,这种愚民之策是必须要批判和否定的。

#### 2.1.3.4 人性的回归

春秋末期,社会政治经济文化等各个领域都发生着急剧变革,原有社会秩序已经崩溃,各种观念思潮泉涌而出,原有社会倡导的仁义礼乐苍白无力。面对这一社会现实,基于自然人性的认识,老子怀着对社会的忧患,深入思考着对自然本性的复归。他非常重视人的个体存在和人格独立,主张个性发展,认为只有自然的人的独立个性和自由的独立发展,人生与世界才能实现和谐完美。老子反对以任何形式对人的本性的压抑强制,并对其进行了批判与否定。需要特别指出的是,也许是因为老子更多地看到了民饥民贫、田芜仓虚、盗贼多有、损不足以奉有余等社会现象和各种灾荒动乱以及由此带来的对人性的压抑与扭曲,这不得不令老子深思,形成了老子对社会观和人生观难以解脱的情结,从而成为他德育思想的出发点。在老子看来，从整体层面讲，道德就是对自然的尊重与顺从，就是对人的自然本性的保护，在不受任何外在干扰诱惑的情况下按照各自的个性自然发展。对个体来说，道德就是守道而自化化人以修身，“修之以身，其德乃真”(《五十四章》)。修身的关键不在于通过外部力量和各种道德规范来约束人，而是人自身要修养本性、顺应自然、适应规律而“法自然”。如何回归法自然本性，老子主张通过德育活动，“致虚极，守静笃”，以“虚”追求无欲，以“静”达到安宁，消除人类精神的异化，促使个体自觉复归本真，尊道贵德而自然。

《老子》中共出现了5次“虚”字。老子之虚不是讲虚空，而是针对人的过多欲望提出的，目的在于在消除人的虚荣贪欲，使心灵达到宁静与清净，没有忧虑与私欲。面对使人远离本性的外在之物，老子借虚托道，指出“天地之间，其犹橐籥乎？虚而不屈，动而愈出”(《五章》)，他形象地把道的运行比作一个运动不止的“橐籥”，借此说明虚空是道的特性，以虚来彰显道的无所不包。基于这种认识，老子对人的个体进行了分析，在指出和承认个体的“欲”和“知”基础上，提出了圣人之治理想，指出“不尚贤，使民不争；不贵难得之货，使民不为盗；不见可欲，使民心不乱。是以圣人之治，虚其心，实其腹；弱其志，强其骨。常使民无知无欲，使夫智者不敢为也。为无为，则无不治”(《三章》)。老子并不否定人欲，他只是在强调人性回归的关键在于保持质朴纯真而无知无欲。他认为，只要人不要有太多欲望而为功名做事，以清静无为方式行事，就可以实现“为无为，则无不治”。

“静”字在《老子》中共出现10次，“静”在道的落实、德的实现和人性的回归过程中具有重要作用。老子指出静中孕育着无限生机，也蕴涵着动。大道永远处于静与动的交互变化之中，从静的维度看，静是人在体道、悟道时的一种心灵宁静的状态，是道体存在的通常方式，道的终极状态是静，大道流行的时代，天地万物静、动和谐一致。从动的维度看，静是修身治国的重要方式之一。老子认为私欲的膨胀、外界的杂念扰动侵蚀着安静的心灵，要求必须通过德育这一动态活动而回归和坚守静的安宁。

老子以人生境界、治国方式为依托，对静进行了深入阐述，提出了“孰能浊以静之徐清？孰能安以动之徐生？保此道者不欲盈，夫唯不盈，故能蔽而新成”(《十五章》)、“躁胜寒，静胜热，清静为天下正”(《四十五章》)、“我无为而民自化，我好静而民自正，我无事而民自富，我无欲而民自朴”(《五十七章》)、“天下之交，天下之牝。牝常以静胜牡，以静为下”(《六十一章》)。老子对个体道德育化进行了扩展，提出以“重为轻根，静为躁君”(《二十六章》)的原则去治理国家，主张清静无为使民“自化”“自正”“自富”“自朴”。面对现实私欲，老子把“无欲”与“无为”连在一起，反对“财货有余”(《五十三章》)，主张保持宁静心境，努力“去甚、去奢、去泰”，最终实现“甘其食，美其服，安其居，乐其俗”(《八十章》)。在国与国之间，老子主张“大者宜为下”(《六十一章》)，期待大国不要恃强凌弱，这样国家之间才可能和平相处。老子指出大国之所以侵略小国，往往是贪欲所驱。所以不仅人和人之间，而且国家也需要“虚”和“静”，如果长此以往，那么人与人、大国与小国就会“无争”，这样大道将恢复，美德也会传播。

## 2.2 德育目标与内容

### 2.2.1 德育目标

培养具有什么样道德的人即德育目标是德育思想的核心内容。在老子看来，效仿道的特性是人的基本道德追求，从而提出了孔德、玄德、上德等概念。但从“孔德之容惟道是从”(《二十一章》)，“道生之，德畜之……生而不有，为而不恃，长而不宰，是谓玄德”(《五十一章》)的表述看，孔德和玄德分别是从创生宇宙和生养万物的视角分析的，人并不可能达到。对现实中活生生的人，老子通过“上德”与“下德”的比较，认为能够效仿道的德就是上德，“上德不德，是以有德；下德不失德，是以无德。上德无为而无以为，下德无为而有以为”(《三十八章》)。上德不追求形式上的德，表里如一，没有贪欲，不依仗自己取得的成果而居功自傲，始终虚静自然、无为而无不为。与上德相对的下德只是形式上的德，是为了一定目的而为的行为，不是真实意愿的自然而为，表里不一。从这个意义上讲，老子依据道的特性提出德育目标应该是培养上德之人。上德之人是追求道的，目标是要求自己并感化和引导他人的言行符合道的要求，从总体上讲，就是要在社会关系的处理和为人处世上要追求至善而不争，在个人修养上坚守质朴而保持独立人格。

#### 2.2.1.1 至善不争

善是老子思想的一个非常重要概念。老子说：“圣人无常心，以百姓心为心。善者，吾善之；不善者，吾亦善之，德善。信者，吾信之；不信者，吾亦信之，德信。圣人在天下，歙歙焉，为天下浑其心。百姓皆注其耳目，圣人皆孩之。”(《四十九章》)他认为上德之人永远没有私心杂念，把老百姓的心视为自己的心。对于善良的人会善待他，对不善良的人也要善待他，这样就得到了善良。对于诚信的人要信任他，对不诚信的人也要信任他，这样就会得到诚信。他渴望统治者都能心系天下，关怀百姓，帮助人们返璞归真促使其恢复到婴儿般淳厚质朴的状态。这表面看是在规劝治者效法天道以修身施德并推行善政，实际上也是从另一个角度对人行善提出了原则要求。与此同时，老子还对至善进行详细的论述，对德育目标进行了总体的论述，提出了“圣人亦不伤人”(《六十章》)的论断，要求“报怨以德”(《六十三章》)，从而对至善的德育理想目标进一步进行了完善。特别需要指出的是，在《七十九章》对“报怨以德”进行具体论述，明确指出“和大怨，必有余怨，安可以为善？是以圣人执左契，而不责于人。有德司契，无德司彻。天道无亲，常与善人”。强调自然规律是无私的，它永远帮助有德的至善之人。为了进一步说明至善之德，老子还用水和谷等一些生动的比喻进行了解释。例如，“上善若水，水善利万物而不争，处众人之所恶，故几于道。居善地，心善渊，与善仁，言善信，政善治，事善能，动善时。夫唯不争，故无尤”(《第八章》)。上善之人如同水一样。水滋养万物而不与之争夺，汇聚在人们厌恶的低洼之处，所以和大道极为相似。水居于低洼之地，思虑深邃而宁静，交接善良的人们，说话遵守信用，为政精于治理，处事发挥特长，行动把握良机。正因为不去刻意争夺，所以就不会有过失。从而通过对水之“上德”的论述，把“上德”惟妙惟肖地呈现在人们面前。“上德若谷，广德若不足，建德若偷，至真若渝”(《四十一章》)，老子以谷为例，强调指出崇高的德好像低谷，广博的德好像不足，刚健的德好像苟且，质朴纯真则好像污秽。这些比喻，就使人们能够更加深刻地领会他理想中的至善之德。

需要特别指出的是，正是基于对至善的追求，老子认为，在社会伦理图景和处理社会关系的原则上，应该倡导“不争之德”(《六十八章》)，他强调修养自身和处理世俗关系的最高境界就是“不争”。老子强调，“天之道，利而不害”(《八十一章》)，“水善利万物而不争”(《第八章》)，“天之道，不争而善胜”(《七十三章》)。不争与“物竞天择、适者生存”这一宇宙和社会发展的根本法则截然不同。老子指出，在自然面前，人不能一味强调改造自然、抗衡自然，无视自然发展规律，强横妄动，而是要尊重和顺应自然发展的规律。“曲则全，枉则直”(《二十二章》)，这是老子推崇的处世辩证法。“夫唯不争，故天下莫能与之争”(《二十二章》)，“以其不争，故天下莫能与之争”(《六十六章》)，老子认为，不争是立身之本、取胜之道。只要每一个人做到了不争，就能够成为强者，包容万物。“人之道，为而不争”(《八十一章》)，老子指出，不争是社会道德风尚的蓝图，他认为人类社会发展的规律就是不争。社会要想安宁和谐、不断发展，人必须做到与世无争，不自是、不争利。“邻国相望，鸡犬之声相闻，使民至老死不相往来”(《八十章》)，老子的社会道德理想就是不争，老子明确表示，恬淡平静、安居乐业、相安无事，是最美好的社会生活图景，而实现这一图景的基本前提就是不争。

#### 2.2.1.2 质朴独立

强调不争，并不意味着老子对个体独立人格的否定。相反，老子极力推崇“见素抱朴”(《十九章》)，力求“复归于婴儿”(《二十八章》)。“见素抱朴”，就是主张人始终要明道守德，保持纯洁朴实的自然本性，修养如婴儿一般的道德，回归自然本真状态，在日常行为过程中遵循事物自身所固有的本质规律和内在规定性。老子强调，只有舍弃浅薄虚华，人才能质朴，“处其厚，不居其薄；处其实，不居其华”(《三十八章》)；人一定要讲真话，在语言上不要做任何文饰，“信言不美，美言不信”(《八十一章》)。“美”的反面是质朴，只有质朴才符合自然之道，才是老子的道德理想追求。他力倡培养人的独立个性，唤醒每个个体独立不羁的生命意识，这是中国德育史上值得珍视的、独树一帜的观点。老子指出，“道”既是认识的对象，也是实践的对象和归宿。“道常无名。朴虽小，天下莫能臣”（《三十二章》），道的本性是“朴”，即自然朴实纯真，要“镇之以无名之朴”（《三十七章》）。从道德论的观点看，素可以理解为顺应自然之道，朴则可以理解为顺应自然之德。老子坚持，“朴”是培育独立人格的关结点，是掌握真理的先决条件。只有拥有质朴之德的人，才能达到与道合一的最高境界；只有实现这一追求，才能使人保持质朴纯真的自然本性，最终实现个性自由，形成独立人格。站在道德学角度解读老子，他所主张的培育独立人格，就是要维护人的尊严，解放人性，养成独立意识，彰显自我肯定的人格属性。显而易见，老子德育的基本价值取向就是培养独立人格。老子生活的时代，社会矛盾尖锐，存在着人欲横流、巧伪欺诈等种种弊端，他对比比皆是的强凌弱、智欺愚、贵踩贱等现象十分厌倦、极为痛心。他认为，为了矫正损害人素朴本性的文明教化，就应当用返璞归真的超现实方式培育独立人格，使天下“复归于朴”，从而改变庸俗、浮浅、奢华的世风。基于此，老子的德育主张并非蒙昧主义，而是一种自然人本主义，更是高境界的德育教化观，以超越世俗智慧的目标，达到复归天真本性、质朴自然的境界。

老子一生都在向这个境界努力，“我欲独异于人，而贵食母”（《二十章》），无论社会道德如何败坏、世风如何恶浊，他从未放松道德追求。终其一生他都致力于用博大精深的德育思想启蒙芸芸众生。在老子德育思想影响下，庄子认为最高的道德境界是“不为物累”，恢复朴素的本性，所以他精神超然，能够率性而为，心闲气定地坐于濮上；以纯朴坦荡真诚著称的阮籍，无视封建礼法，摒弃繁文缛礼，展示内心生发的孝敬之情；“采菊东篱下，悠然见南山”的陶渊明，也窥透了人生真谛，认为真朴是人生的价值。“安能摧眉折腰事权贵”的李白，吟出了“清水出芙蓉，天然去雕饰”的传世佳句；在近代，坚持“独立之精神，自由之思想”的陈寅恪，不畏权势、坚持独立见解的马寅初等都是典型的代表。在中国社会历史的长河中，更多默默无闻的世人实践着老子的德育思想，培育了独立人格，为我们树立了真正的人格榜样。

### 2.2.2　理想人格

理想人格是德育目标的标志之一，一般是指一定社会或阶级所倡导的道德上的完美典型，不同学派都有其所主张的理想人格，冠之以“圣人”。同为“圣人”，其内涵的道德要求、道德理想、精神境界不相雷同。“圣人”在《老子》中使用了 29 次，是使用次数最多的词，其中 17 个的前面出现了“是以”“故”等总结概括性字词，指明了“圣人”行动或境界的理论根据。老子认为，圣人承载着德育目标的理想人格，尊道而行，上通天道，下知人道，是天与人的中介，是符合人之自然之性的代表，是具有道的境界的个体和道之精神的理想统治者的统一。老子将其所有完美的人格理想都集中到圣人的塑造上，概括讲，至少具备3个基本特点。

2.2.2.1　守道同德

老子认为圣人人格最基本的特质就是守道同德。“圣人抱一为天下式”(《二章》)，“故从事于道者，同于道……同于道者，道亦乐得之”(《二十三章》)，可见，“有道者”是成为圣人的第一要素。“孰能有余以奉天下？唯有道者。是以圣人为而不恃，功成而不处，其不欲见贤”(《七十七章》)。圣人不仅是“有道者”“抱道者”，而且是“守道者”。老子认为，道既是万事万物生发的总根源，也是世界万物存在和发展的内在根据，所以道的自然法则就是世界必须效法的根本原则。“人法地，地法天，天法道，道法自然”(《二十五章》)，“人”就是取法自然之道的圣人。老子指出，只有圣人才能够“得道”“同道”“守道”“保道”，从而践行自然无为之道。在老子看来，自然之道的真正载体是圣人，圣人是道在人类社会的化身，是人们追随的楷模和道德修养的最高目标。

圣人和道紧密相连，圣人既是“同道”“守道”者，又是行道者，是道的载体。既然道以德体现出来，圣人与“道之德”必然就会存在内在联系。同道、守道的圣人也就是同德、守德之人。老子说：“道生之，德畜之，长之育之，亭之毒之，养之覆之。生而不有，为而不恃，长而不宰，是谓玄德。”(《五十一章》)道孕育万物，德滋养万物，促使万物发育、成长、成熟。化生养育了万物但不自私地占有，也不依仗自己施加给万物的恩惠利己，更不去主宰万物，这就是道行自然的玄德。老子又将玄德命名为“孔德”，“孔德之容，惟道是从”(《二十一章》)。还称其为“上德”，“上德不德，是以有德”(《三十八章》)，“上德无为而无以为”“上德若谷”(《四十章》)。“圣人处无为之事，行不言之教；万物作焉而不辞，生而不有，为而不恃，功成而弗居。”(《二章》)这正是圣人具有的玄德、大德。老子指出，“德者，同于德”，“同于德者，德亦乐德之”(《二十三章》)。圣人与德的关系类似于圣人与道的关系，圣人既是“同德”“守德”者，又是德的载体，是行德者。

守道同德又被老子称为“玄同”。“塞其兑，闭其门；挫其锐，解其纷；和其光，同其尘。是谓玄同。”(《五十六章》)老子主张人们闭塞情欲通道，不显露聪明才智的锋芒，才能排除纠纷搅扰；要能够隐藏光芒，以达到和尘俗融为一体的目的。“含德之厚，比于赤子……骨弱筋柔而握固。未知牝牡之合而朘作，精之至也；终日号而不嘎，和之至也”(《五章》)、“常德不离，复归于婴儿”(《二十八章》)，这种返璞归真、无欲无求的境界，就是玄同。老子借用赤子和婴儿打比方，婴儿淳朴自然，无思无虑，任性自发，率性而为，而修有大德的圣人，与婴儿元气醇和的德性相映成趣。理想人格最崇高的精神境界，就是圣人的无知无欲、纯任自然的玄同境界，即守道同德的境界。

#### 2.2.2.2 气象独异

老子认为，气象是人通过外在表情、行为、语言等表现出来的内在精神世界，一个人的说话方式、面部表情、一言一行、待人接物基本上可以彰显出其气象。精神崇高的圣人气象与众人迥然相异，体现着最高的精神境界和完全人格。老子说："古之善为道者，微妙玄通，深不可识。夫唯不可识，故强为之容。豫兮若冬涉川，犹兮若畏四邻，俨兮其若客，涣兮若冰之释，敦兮其若朴，旷兮其若谷，浑兮其若浊"（《十五章》），这是圣人通过言谈举止体现出的气象和心态。这种谨小慎微、长存戒惕、亦庄亦拘、轻松散淡、淳良朴厚、心胸宽广、真诚浑朴的气象，正是圣人无知无欲、自然无为的内心世界和精神境界的真实写照。

"众人熙熙，如享太牢，如春登台。我独泊兮其未兆，如婴儿之未孩，傫傫兮若无所归。众人皆有余，而我独若遗。我愚人之心也哉，沌沌兮，俗人昭昭，我独昏昏；俗人察察，我独闷闷。澹兮其若海，飂兮若无止。众人皆有以，而我独顽且鄙。我独异于人，而贵食母"（《二十章》），老子运用了比较的方式，勾画了"我"与世人的异同，刻画了圣人的形容和心态。世俗之人热衷于追求财货、纵情声色、夸显才智、追名逐利，"我"（圣人）则恬适淡然、无知无欲、大智若愚、漠视名利，借助对比，明晰了圣人气象即自然无为的大道精神。

#### 2.2.2.3 内圣外王

具有崇高精神境界的圣人，守道同德，行为举止遵循自然之道，在主动修身蓄德的同时，还非常注重"修家""修乡""修邦""修天下"。"修之于身，其德乃真；修之于家，其德乃余；修之于乡，其德乃长；修之于邦，其德乃丰；修之于天下，其德乃普"（《五十四章》）。可见，圣人十分注重修德守道，不仅致力于自身修为淳朴真德，还会在以真德独善其身的基础上，用自身真德"齐家""安乡""治国""平天下"。尽管老子没有明确提出"内圣外王"（"内圣外王之道"首见于《庄子·天下》）的概念，但其思想包蕴着"内圣外王"的实质。因为老子生活在乱世，面对道德沦丧的现实，他必然会苦苦求索治国安邦之道。《老子》曰："载营魄抱一，能无离乎？专气致柔，能婴儿乎？涤除玄鉴，能无疵乎？爱民治国，能无为乎？"（《十章》）也就是说载营魂抱一、专气致柔、涤除玄鉴其实是老子提倡的修身养性的"内圣"工夫，爱民治国自然属于"外王"的事功。显而易见，老子认为圣人人格的理想目标就是"内圣外王"的统一。

内圣离不开自身的修养。老子心目中的圣人具有极高的修养。首先，圣人淡泊名利，和世俗社会隔着一段距离，绝不会在尘世中逐利，更不会痴迷于声色犬马、奢华靡费等诱惑。老子说："五色令人目盲，五音令人耳聋，五味令人口爽，驰骋畋猎令人心发狂，难得之货令人行妨"（《十二章》）。他告诫修德之人必须"去甚，去奢，去泰"，努力践行"不行而知，不见而名，无为而成"（《四十七章》）。即老子心目中的圣人，必定能够通过修身蓄德，通过返照内观，清除蔽障心灵的杂念，净化欲念，从而能够以通透的心智，清虚的心态探索世界，洞察世界运行规律。其次，圣人是心底无私、谦和恭让的人。“天长地久。天地所以能长且久者，以其不自生，故能长生。是以圣人后其身而身先，外其身而身存。非以其无私邪！故能成其私”(《七章》)。老子指出，圣人在面对大千世界、世俗社会，哪怕是面对特殊权力时，绝对不会优先考虑自己的意欲，不把自己的利害放在前面，这种了不起的谦让精神，不仅能赢得众人的敬爱，更能够完成其精神生命。换言之，时时处处从别人的角度考虑问题、事事替他人着想的圣人，必定可以过上自己的理想生活。因此圣人就可以“方而不割，廉而不刿，直而不肆，光而不耀”(《五十八章》)。最后，老子指出，圣人是“载营魄抱”“专气致柔”“涤除玄览”(《十章》)的人，这也是最理想的统治者的特质。他认为，健全人都是形神合一不偏离的人，是能聚气于柔和境地、保持心境静定的人。如果一个统治者确实达到了上述要求，必然会“治国爱民，能无为乎？”(《十章》)基于此，老子认为，修养是圣人治世不可或缺的基本要求，通过修身可以达到行无为之治的根本目的。

在强调圣人自身修养即内省的同时，老子还关注外王，他基于水平将统治分为 4 个等次，即“太上，下知有之。其次，亲而誉之。其次，畏之。其次，侮之”。(《十七章》)也就是说，在老子看来，最有水平的统治者能够有效治理国家、社会，却将治术化于无形，不让芸芸众生感觉到他的治术。也就是说，最理想的“王”是完全顺应自然的，绝不骚扰老百姓的正常生活秩序，通过“无为”达到“无不治”(《三章》)。老子认为有为之治是有害的，指出“天下多忌讳，而民弥贫。民多利器，国家滋昏；人多伎巧，奇物滋起；法令滋彰，盗贼多有”(《五十七章》)，提出了“我无为而民自化，我好静而民自正，我无事而民自富，我无欲而民自朴”(《五十七章》)的理想圣人之治，概括起来体现在 4 个方面。

第一，要贵于守道。“执古之道，以御今有”(《十四章》)。老子认为，治世最基本的规律就是“道”。所有被认定为“圣人”的治世者，都是掌握了“道”这一规律的统治者，他们遵循“道”的内在要求，“抱一，为天下式”(《二十二章》)、“为官长，故大制不割”(《二十八章》)。第二，在日常的言行上“处无为之事，行不言之教”(《二章》)。“生而不有，为而不恃，功成而弗居”(《二章》)，做到了这些的统治者，就能够“夫惟弗居，是以不去”(《二章》)。第三，能够以无等次差别之心对待百姓，《四十九章》强调“圣人无常心，以百姓心为心。善者，吾善之；不善者，吾亦善之，德善。信者，吾信之；不信者吾亦，信之，德信”“圣人在天下歙歙焉，为天下浑其心，百姓皆注其耳目，圣人皆孩之”。可见，老子推崇的“圣人”绝对不会以不一样的执着或偏爱对待子民。他们能够体察到百姓的心理，并能够以“无为”来包容、体谅百姓的任何心理。对于心地纯善的子民，“王”者以善报善，从而赢得拥戴；对于“不善者”，治者“亦善之”，即同样以善良应对，那么不善者必然能被感化，从而变成良民。《老子》第七十九章对这一思想还进行了深入探讨，否定了

“和大怨”的传统思想，提出“圣人执左契，而不责于人”的思想，也就是说统治者不可蓄怨于民，理想的圣人之治应是在无为之治下以德化民。可见，老子认为，只要统治者（圣人）以无为且无分别之心治理天下，必定会得到天下百姓的衷心拥护和爱戴。第四，强调诚信是无为之治的重要条件。如果遵循老子倡导的无为之治，对于任何国家而言，刚性政策肯定大大少于柔性政策。在缺乏刚性强力监督执行的社会，最突出的问题就是如何引导百姓安分守己、自觉自愿地遵守当时的社会秩序。为了解决这一问题，老子提出了“信”。老子所讲的“信”都是针对统治者的，大致包括两方面：一是告诫统治者学会“信”臣民，不论臣民是否善良或诚信，都应该给予信任，这样就会感化百姓，形成人人同德守信的社会风气，国民自然能够淳朴善良、遵守秩序；二是统治者自己一定要有信用，这又包括两层含义。其一是老子认为，不诚信的统治者，是祸患国家的重要原因之一。他说：“信不足，焉有不信焉”（《十七章》），同时指出“忠信之薄，而乱之首”（《三十八章》）。只有严格履行承诺的统治者，才能赢得百姓的信任、赢得人心。其二是老子主张，实施无为而治的统治者要尽量减少对百姓生活的干扰，更不应当随意变更事关国家大局的政令。居于社会领导阶层的统治者，在国家政治生活中地位特殊、权倾朝野，如果他们随心所欲地朝令夕改，那么频繁变更国家的政令必然会让人无所适从，严重影响百姓生活，破坏社会生活的稳定性。

### 2.2.3　德育内容

按照德育目标的总体要求和理想人格的基本特征，老子从当时的社会现实出发提出了德育的主要内容，以此作为实现圣人理想的途径。

#### 2.2.3.1　自然无为的处世准则

老子在宇宙观上，反对干涉万物物性，力倡顺万物自然而随性发展。“推天道以明人事”，落实到以人为主的社会生活领域，老子反对强作妄为、肆意任为，主张人应当效法道，提出“人法地，地法天，天法道，道法自然”（《二十五章》），“道之尊，德之贵，夫莫之命而常自然。故道生之，德蓄之，长之育之，成之熟之，养之覆之。生而不有，为而不恃，长而不宰，是谓玄德”（《五十二章》），“功成事遂，百姓皆谓我自然”（《十七章》）。可见，老子推崇的道法自然，也是他心目中的理想人格在个人身上的体现，老子认为在立世行事方面，具备这种理想人格的圣人的行为准则就是与道合一，遵循自然。指出从个人私意出发、凭私智而为是与道相悖的，不仅不符合而且是违背了天地万物运行的根本准则。老子强调“圣人处无为之事，行不言之教”（《二章》），“天下神器，不可为。为者败之，执者失之”（《二十九章》），“是以圣人无为故无败，无执故无失”（《六十四章》）。可见，老子倡导的治国安邦方略就是顺应自然、遵循民意的“无为而治”。他认为当政者一定要以民心为心，不能矫揉造作追求政绩，不能无端干预民众的正常生活，要避免极端、奢侈、过度的做法，其实质就是道法自然观念在治世者（圣人）行为上的表现。

老子之所以呼吁百姓把自然无为作为处世准则，根本原因是老子坚信，世界最基本的规律和最理想的存在状态就是顺其自然，在这个世界上，万事万物都是按照内在必然性自然而然地存在并发展的。对自然万物而言，它们的本原状态和本性就是自然，自然就是道的基本规律。但对于有意识、有主观能动性的人而言，其行为经常逾越自然状态，以“人定胜天”的人为追求显现出来，非常难做到自然无为。基于此，老子强调，道就是人类社会生存发展的决定性要素，理想人格的根本标准就是与道合一，因此，人性的自然显现就是理想人格的体现和保持。在老子看来，人的无为状态就是顺应人的自然，按照人本身的自然规律生活。由此可见，在老子的学说中，自然无为既是理想人格的基本表现，也是修道之人必须遵守的基本准则，其实就是老子德育思想的首要内容。换句话说，就是实现理想人格必须按人道的自然规律立身处世，孜孜不倦地追求人生的理想境界——自然无为。

怎样才能做到自然无为呢？在老子看来，就是不能妄作妄为，不能一味强求，而是要遵循最基本的自然规律，根据自然规律所蕴含的节奏行事，达到物我同一的理想状态。老子认为，自然无为是人格的理想境界，包括两个方面：一方面是指人的身心活动都要遵循自然需求，即生理和精神（思想意识）都要顺其自然，既不放纵一己之欲，也不刻意压制，更不能贪求自然需要之外的欲望；另一方面，具有理想人格的人必然会顺应自然、人本身及社会运动的规律，不逞强、不妄为，决不人为地打扰和改变天地万物、人自身以及人类社会的存在和运动态势；既不强求自己、苛求完美，也不对他人心存苛刻的企盼，更不对他人和自然恣意妄为，而是一切顺其自然、顺势而为。老子指出，如果每个人都能守道，能做到按照自然无为的准则生活，就能跳出纷扰，平静地面对功利，在纷纭复杂的社会生活中得到解脱，重获纯朴的道性，从而过上思虑无忧、淳朴安然的生活。

#### 2.2.3.2 空虚清静的精神状态

虚静是无为的思想前提，无为是空虚清静的外在体现。“致虚极，守静笃，万物并作，吾以观其复。夫物芸芸，各归其根。归根曰静，静曰复命”（《十六章》）。“致虚”，即让内心排除杂念，到达空明的状态；“守静”，就是凝神内守，保持安宁。虚静的极致就是顺应自然，毫不妄作。老子认为，空虚清静是修养身心、蓄育道德的首要条件，也是道的法则的必然要求。因此他指出，既然空虚清静是世界的本初和开始，那么修身蓄德自然要致虚守静，以恢复到自然的常道为第一美德，做到了虚静自然就会达到无为无不为的境界。“静胜躁，寒胜热。清静为天下正”（《四十五章》）。换言之，致虚守静是老子与道合一的理想人格的重要特征之一，也是修身育德的重要内容，其目的是要引导人民努力做到无欲念、清静和谐。这样就能够使得众人因为缺失欲望而摒弃私心杂念，以达到心如止水的状态。

虚静不仅要深入头脑中，而且要成为行为习惯。虚静的人沉着安静稳重，毫无轻浮狂躁之嫌。"重为轻根,静为躁君……轻则失根,躁则失君"(《二十六章》)。具有虚静品性的人在行为上必然是低调、深沉、安稳的,从不张牙舞爪、猖狂妄为。老子说:"善行,无辙迹;善言,无瑕谪;善数,不用筹策;善闭,无关楗而不可开;善结,无绳约而不可解"(《二十七章》),"道之出口,淡乎其味,视之不足见,听之不足闻,用之不足既"(《三十五章》)。即具有理想人格的人"嗜欲不能劳其目,淫邪不能惑其心",他们对各种身外之物从不非分妄想,从不投机钻营,不受声色犬马、财富名利的引诱,因此达到了无欲无求、无私无念、清静安宁、稳定淡然的境界,不仅身心健康,而且道德高尚,成为社会典范。

### 2.2.3.3 大慈大爱的道德情感

既然是道化生了天地万物,世间一切都归功于道的孕育滋养,万事万物自然而然地相敬相爱,共同生存发展,那么人与人之间不仅应该慈悲关爱,人对自然万物更应该心怀慈爱,这也是理想人格的显著特征。老子在《六十七章》中将慈、俭和不敢为天下先列为"三宝",并把慈摆在首位。"夫慈,以战则胜,以守则固。天将救之,以慈卫之。"这里的"慈"是指广泛的爱,老子认为只有慈爱天下所有的人,才能立于不败之地。老子还说:"圣人常善救人,故无弃人"(《二十七章》),"圣人无常心,以百姓心为心。善者吾善之:不善者吾亦善之,德善"(《四十九章》)。老子指出,缺乏慈爱心的人生命并不完整,因为具有理想人格的人最基本的品质就是慈爱。是否慈爱反映了一个人为人处世的原则和态度,是一个人对他人、对天地万物的道德价值取向的集中体现。在老子眼里,既具有自然无为的本性又慈爱世间万物的人才是具有理想人格的人。这种慈爱不是仅针对人类的慈爱,更是对自然万物的大慈大爱,因为世界上的包括人在内的所有事物都由道而生的。守道之人必然会维护道化生的万物,绝不以自己的主观意志去干扰残害。"天地不仁,以万物为刍狗;圣人不仁,以百姓为刍狗。"(《五章》)老子强烈呼吁每个人都要心怀平等公平的慈爱,无论亲疏、利害、贵贱,要给予所有人无差等的慈爱。要一视同仁地以慈爱之心对自己、对亲朋、对身边的一切,还要关爱他人和自然万物。

理想人格外在表现的基本品质之一是慈爱,具有慈爱之心的人必有好生之德,所以"贵生"就成为题中应有之意。老子指出,作为个体的人,既要珍爱本人有限的生命也要珍惜别人的生命;作为一个国家和民族,不仅要互相珍惜国民、族群的生命,也要珍惜其他国家和民族的生命。换言之,具有理想人格的人,必定是具有普遍慈爱之心的人,他的"贵生"和慈爱,一定是超越了自身、家庭、地域、民族、国家的大慈大爱。

尽管中国传统哲学的众多流派都宣扬"爱",仁爱的儒家,兼爱的墨家,博爱的基督教等,老子则提倡慈爱。老子的慈爱更类似于母爱的崇高,更具广泛公正的普遍意义,它不受任何形式的限制,是一种不存在任何偏私的、抽象的、公平的爱。“故不可得而亲，不可得而疏；不可得而利，不可得而害；不可得而贵，不可得而贱。故为天下贵”(《五十六章》)。具有理想人格的人对待他人和世界的这种慈爱正是天道的体现，“天道无亲，常与善人”(《七十九章》)，天道是没有私亲的，“圣人不积，既以为人，己愈有；既以与人，己愈多”(《八十一章》)。他们慈爱众生，平等待人，经常做对别人有利的事，从不加害他人。他们也不储蓄财物，只是尽心尽力助人为乐，却使得自己拥有更多；把自己所有的给予别人，却让自己得到更多。可见，与众多讲爱的宗派相比，老子的慈爱更为实际更为高尚。

这种高尚的慈爱体现为无私之爱。“天地之所以能长且久者，以其不自生，故能长生。所以圣人后其身而身先，外其身而身存，非以其无私邪？故能成其私”(《五十二章》)。老子指出，圣人仿效天地安身立命、做人做事，他们从来不贪恋一己之私，坚持全力济危救困，时时处处帮助他人。他们做这一切，绝不是为了标榜自己、抬高身价、哗众取宠，这样的人当然是圣贤；他们不自私不自利，最终收获的却远远超出曾经的付出。“既以为人己愈有，既以与人己愈多”(《八十一章》)，老子之言，说明了世界总是辩证发展的，无私之人必定有余，济人之人必定富有，这是具有理想人格的圣人立身处世之本。如果所有人都能效仿圣人实施无私的慈爱，人类社会必然能消除纷争、消灭战争，成为和睦和谐的理想社会。

2.2.3.4 质朴节俭的生活方式

“余食赘形，物或有恶之”(《二十四章》)，“是以圣人去甚，去奢，去泰”(《二十九章》)，可见，俭是老子持有的三宝之一，他指出质朴节俭也是道法自然在人身上的必然表现，具有理想人格的人一定是质朴节俭的人。俭朴节约，既是精神上与道同一的“玄同”，宁静质朴，毫无欲念，也是现实生活中的摒弃物欲，简单朴素，从不奢侈靡费、铺张浪费。

老子主张以“俭”“朴”之道修身治世，并不表明他禁绝人们的欲望。老子所说的俭朴是能满足个人合理需求的俭朴，这种俭朴严格有别于超出了合理需求的奢侈和浪费。老子在《十二章》中指出：“为腹不为目”“五色令人目盲，五音令人耳聋，五味令人口爽，驰骋畋猎，令人心发狂，难得之货，令人行妨”(《十二章》)，还在《四十六章》特别申明“祸莫大于可欲，祸莫大于不知足，咎莫大于欲得”，倡导人们应当根据自然需求生活，不能超越自然需求无限度地拔高物质生活水准。老子认为，超过自然合理需求的奢靡纵欲、享乐至上的糜烂生活，既与道法自然背道而驰，也伤害了人本身。他指出，具有理想人格的人一定是秉持道法自然原则，践行节俭质朴之道的人，他们杜绝灯红酒绿、奢靡铺张的生活方式，坚持与自然相容相合、和谐和睦，孜孜追求天人合一的崇高境界。

需要特别强调的是，老子推崇的质朴节俭不仅表现在生活方式上，他还要求人们在精神、欲望、物质、行为等各个方面都俭朴节约，要心存爱惜、收敛之精神，质朴修身，节俭处世，守雌处下，谦恭卑弱，这才是长生之关键。老子告诫世人

“治人事天莫若啬”，“持而盈之，不如其已。揣而锐之，不可长保。金玉满堂，莫之能守；富贵而骄，自遣其咎。功遂身退，天之道也”(《五十九章》)。在他眼里，“啬”肯定是美德，但“盈”未必是福气，他指出天下之事发展到了顶点(盈)之后必然会走下坡路，必然会转化，甚至变成祸患，这是朴素的辩证观。老子推崇俭朴，反对充盈，他说：“保此道者，不欲盈。夫唯不盈，故能蔽而新成”(《十五章》)。即想要保全，就不能过多而盈余，因为不盈满，才能敝旧新生。这既是生活中辩证法，也是治人事天的基本模式。

世事洞明的老子认为：“祸莫大于不知足，咎莫大于欲得。故知足之足，常足矣”(《四十六章》)，他认为人一生最可怕的祸患是不懂得知足，贪欲炽盛。因为贪婪，才会争斗杀戮抢掠。面对征伐不休的社会现实，他指出知足知止、清心寡欲才能长久，“甚爱必大费，多藏必厚亡，知足不辱，知止不殆，可以长久”(《四十四章》)，只有抑制收敛了追逐名利的贪欲，才能够消弭此起彼伏的战争和杀戮。

2.2.3.5 守柔不争的处世态度

“人之生也柔弱，其死也坚强；草木之生也柔脆，其死也枯槁。故坚强者死之徒，柔弱者生之徒。是以兵强则灭，木强则折。强大处下，柔弱处上”(《七十六章》)。老子说修养育化的关键在于导引人“知其雄，守其雌”(《二十八章》)。他以水为例说明守柔不争的处世原则：“上善若水，水善利万物而不争”(《八章》)，“不自见，故明；不自是，故彰；不自伐，故有功；不自矜，故长。夫唯不争，故天下莫能与之争”(《二十二章》)，“天下莫柔弱于水，而攻坚强者莫之能胜，以其无以易之。弱之胜强，柔之胜刚，天下莫不知，莫能行”(《七十八章》)。老子倡导人们以水为范式，以柔为怀，为人处世要免于争执，要和社会发展潮流趋同，顺势而为，赢得生存空间，拓宽发展前景。“天下之至柔，驰骋天下之至坚”(《四十三章》)，自然无为之道体现在人类社会生活中就是柔顺不争的原则，表现在行为上就是知雄守雌，这也是老子论述的理想人格的显著特征之一。

守柔不争在具体生活中的体现之一就是“不敢为天下先”，这也是老子三宝中最核心的一点。老子认为，具有理想人格的人必然是“不敢为天下先”的人，他们“惟道是从”“守柔”“贵无”“守雌”，在和光同尘中生存、发展壮大。尽管老子“不敢为天下先”，推崇柔顺不争，但绝不“遁世”。他认为建功立业是理想人格的重要方面。老子主张建功立业一定要守道，要根据自然无为的原则来建立事功，决不能强作妄为。“上士闻道，勤而行之”，就是告诫想要创建功业并取得成功的人一定要遵循社会存在的一般规律，用所闻之道指导行动、勤劳践行。老子指出“为而不恃，功成不处”“方而不割”“廉而不刿”“直而不肆”“光而不耀”都是理想人格的特点。具有理想人格的人守柔不争，既与人和睦相处，处处维护群体和社会利益，也不会因“不敢为天下先”而止步于各种社会实践活动。

谨言慎行也是守柔在日常生活中的具体表现。老子说：“知者不言，言者不知”(《五十六章》),“多言数穷,不如守中”(《五章》),“希言自然”(《二十三章》),“轻诺必然寡信”(《六十三章》)。老子十分推崇不言、慎言,更不赞成轻易承诺,认为如果统治者政令繁多就会遭遇失败,与其这样还不如谨言无为。老子特别强调“信言不美,美言不信。善者不辩,辩者不善”(《八十一章》)。老子主张慎言,不要言过其实、不夸夸其谈的观点类似于儒家“木讷近仁”的思想,尽管未必全是科学的,但被国人广泛认同,深刻影响了中国国民的性格。即使在当代社会,也值得人们在修身蓄德时加以扬弃,对其合理之处予以继承发扬。慎行就是指做事必须从小处着手,从容易的先做起,既要善始更要善终。“大小多少。图难于其易,为大于其细。天下难事,必作于易;天下大事,必作于细。是以圣人终不为大,故能成其大。”“多易必多难。是以圣人犹难之,故终无难矣”(《六十三章》)。老子指出,如果认为要做的事十分简单容易,那么具体做的过程中肯定会遇到问题和困扰。而具有理想人格的人,凡事都会先想困难之处,有了先见之明,在处理具体事务的过程中反而不会因困难而止步,并能恰到好处地把所遇之事处理得十分得体,这实质上是在教导人做事要谨小慎微。“为之于未有,治之于未乱,合抱之木,生于毫末;九层之台,起于累土;千里之行,始于足下……慎终如始则无败事。”(《六十四章》)老子强调凡事只要预先谋划,有所准备,慎重对待,有始有终,从一开始注意事物的形成过程和发展变化,就可以战胜一切困难。

## 2.3 德育原则与方法

老子具有朴素的辩证思想,他以五千余字言简意赅地阐释了普遍存在于天地万物、社会、个人自身的矛盾及其转化规律,内容丰富,包罗万象。仅从德育论的观点而言,为德育实践服务既是老子思想的核心,也是老子德育思想的归宿。

### 2.3.1 老子德育思想实践的构成

#### 2.3.1.1 施教者的德行标准

老子说:“善人者,不善人之师;不善人者,善人之资。不贵其师,不爱其资;虽智大迷,是谓要妙”(《二十七章》),即淳朴善良的人是不善良人的老师,不善良人是善良人的镜子。不尊重老师、不懂得以师为鉴的人,尽管自以为有智慧,其实是最糊涂的。可见,老子非常重视教师的作用。老子认为,在德育过程中,教师的作用就是宣扬道、传授道,引导百姓趋于自然淳朴。他强调,世人要想得道,必须贵师、择师。为了强调弘道的重要性,老子指出,教师应当做到以下 3 点。

第一,传授道的教师,自身应当熟知道、掌握道、遵从道,并具有独立人格。“古之善为道者,微妙玄通,深不可识”(《十五章》)。老子认为,道是博大精深的,绝不是空洞无物的说教。只有自觉地守道蓄德的人才能为人师表。一个传道者,自己应当深刻理解、透彻领悟道,执道而行,只有这样,才能在德育实践中发现德育规律，并遵循规律传道授道。在道德育化实践中，只有自觉守道的教师，才能运用自身人格的外化力量引起受教者的情感共鸣，从而感召受教者守道蓄德。

第二，教师要掌握并遵循百姓心理需求和心理发展变化规律进行道德育化。“圣人无常心，以百姓心为心”(《四十九章》)。即育化他人时一定要体察受教者的心理，充分了解受教者的心理需求和心理特质，根据其心理发展水平，确定道德教化的目标和内容，才能增强德育的实效性。“圣人常善救人，故无弃人；常善救物，故无弃物”(《四十七章》)、“人之不善，何弃之有?”(《六十二章》)这就意味要求教师对待学生应当一视同仁，挽救善者、不善者，决不能因为不善放弃受教者，而是要努力救助不善者。换言之，老子认为善与不善在实质上并无不同，仅是外在表现上存在差异，因此，施教者一定要不抛弃、不放弃，胸怀宽广地教化所有人，做到“善者，吾善之；不善者，吾亦善之，德善。信者，吾信之；不信者，吾亦信之，德信”(《四十九章》)。

第三，教师要坚持“我无为而民自化”的原则，行不言之教，教化受教者唯道是从。老子说：“善行无辙迹，善言无瑕滴，善数不用筹策，善闭无关键而不可开，善结无绳约而不可解”(《二十七章》)。陈鼓应阐释：“‘善言’，‘善行’，就是指善于行不言之教，善于处无为之政。‘善数’，‘善闭’，‘善结’各句，都是意义相同的譬喻。”[①]也就是说，老子重身教，轻多言，重引导，轻强牵，决不主张让受教者承受压抑、禁锢、摧残等痛苦，而应当如春风化雨、润物无声一般，使受教者无为自化。

老子对教师角色的规定产生了深远的影响，不仅奠定了“师不必不如弟子，弟子不必不如师”这一新型师生观形成的基础，而且引导中国古代士人自觉遵从普遍规律，格外注重内在修养和体悟的人格特质，从而形成了历代知识分子淡视功名、清高自持的心理基调。

#### 2.3.1.2　育化的基本环节

在老子看来，“德”是“道”在万物中的体现，要想悟“道”，就必须透过表象看本质，即借助观察、发现、总结万物的生存发展规律等方式，捕捉“德”并进行反观、顿悟，掌握“道”并勤勉践行。老子将这一过程归纳为观、明、玄鉴、行四个步骤。

(1) 观

观是发现并探求“道”的首要道路，认真、全面、细致的观察是道德育化的基础。“万物并作，吾以观复”(《十六章》)，“以身观身，以家观家，以国观国，以天下观天下，吾何以知其然哉，以此”(《五十四章》)。老子高度重视静观、细观，发现

---

① 陈鼓应.老子注释及评介[M].北京：中华书局，1984：177.

了万物循环往复的运作规律，他不但通过观察自然界总结出了天道无为的规律，还通过“观”得知了天下情况。可见，体察“道”的第一步就通过观察表象积累大量的感性经验。在纷纭繁杂的天下万物中，只有览照通观，才能查得真相。老子说：“常无，欲以观其妙，常有欲，以观其徼”（《一章》），他经常从天地的本始“无”中去观照道的奥妙，常从万物的根源“有”中去观照道的光明，即“双观”。只有坚持从不同角度和层面观察同一事物，才能避免因一叶障目、囿于一局、蔽于一曲而判断失误。

（2）明

老子指出，通过观要达到三种“明”的境界：一是见小，即察细知微为“明”。“恍兮惚兮，其中有物；窈兮冥兮，其中有精”（《二十一章》），只有细致入微地观察，才能把握微妙之中显露的道的端倪。达到了透过表象发现隐秘微妙的运行法则的水平，就叫“明”。二是自知，即正确地认识自己叫“明”，自知是个人发展的前提。针对世人知人易、知己难的现实，老子指出：“知不知，尚矣；不知知，病矣”（《七十一章》），即清楚自己有不知道的事物，是优点；明明不知道却自以为知道，是缺点。他告诫世人只有深刻了解自己、正确评价自己，才能公允评价外部事物。三是知常。“常”是世界运行的基本规律。老子认为，要避免妄作导致的凶险，就一定要“能知古始”（《十四章》）、“知众甫之状”（《二十一章》），正确把握世间万事运行的规律和外在表现，遵道而行，才可以避免“不知常，妄作，凶”（《十六章》）。

（3）玄鉴

经过了“观”和“明”两个阶段，就可以不再向外求取，而要转向静观本心，致虚守静，“涤除玄鉴”（《十章》）。老子说：“不出户，知天下；不窥牖，见天道”（《四十七章》），“专气致柔”（《十章》），即在“玄鉴”过程中，必须摒弃一切私欲妄想，消除所有杂念成见，全神贯注地集中精气神，使身心达到极为虚静的状态，从而能够在有效整合归纳认识到的局部规律的基础上，察悟出宇宙万物存在发展的普遍规律。这样的认识过程才可以说是趋于完美的完整的体悟过程。

（4）行

老子尤其重视行道，他认为“执古之道，以御今之有”（《十四章》）是察道、悟道、传道的终极目标。他指出，大道的废弃导致了社会混乱，因此，道德育化的目的就是要教化世人遵道而行，只有人人唯道是从，才能实现社会大治。他还说：“上士闻道，勤而行之”（《四十一章》），即只有学以致用、切实践行的人，才是有道之士。在老子看来，有道之士应当“知其雄，守其雌……知其荣，守其辱”（《二十八章》），即深刻体悟道、洞明事物发展规律，守雌守辱、勤于实践的人，是“袭明”（《二十七章》）之人，这样的人即使肉体消亡了，精神也会永存。

“天地不仁，以万物为刍狗；圣人不仁，以百姓为刍狗。”（《五章》）在老子看来，在道德育化过程中，施教者应行“不言之教”“悠兮其贵言”(《十七章》)，注重身教，使受教者在潜移默化中得到引导。老子主张受教者的“自知”“自化”“自正”“自朴”“自宾”，反对耳提面命、强行灌输，更不赞同只教授徒有其表的繁文缛节，却轻视缺乏内心认同与感悟的传“道”，他更倾向于任凭百姓自己发展。必须指出的是，老子所说的“以百姓为刍狗”(任凭自己发展)与放任自流在本质上完全不同。因为老子对施教者要求很高，在他看来，施教者虽不言却要“不言而善应”(《七十三章》)，虽无为，却要“不召而自来”(《七十三章》)。也就是说，高明的施教者会时刻洞悉受教者的发展动向，纠正受教者的前行偏差，甚至牢牢把握受教者的意志，却从不让受教者感到受束缚、受压制。“太上，不知有之”(《十七章》)，受教者在毫无知觉中大功告成，却以为自己本来就是这样。

“道常无为而无不为。侯王若能守之，万物将自化。化而欲作，吾将镇之以无名之朴。镇之以无名之朴，夫将不欲。不欲以静，天下将自正”(《三十七章》)。老子深知，道德教化的过程充满了变数和波折。他告诫施教者，要及时发现受教者身上出现的问题，妥善解决。要明确受教者是不断变化的，很可能在接受教化的过程中出现反复，产生贪妄之念，这时，施教者要用真朴镇服其萌发的私欲，使其复归正道。在老子看来，受教者居于主体地位，施教者必须尊重受教者自身的发展规律，以此为基础施行教化。不仅要从外界向受教者施加作用，更重要的是要触动其心灵，让受教者理解认同道，发自深心地体悟道，并在此基础上逐渐形成正确的善恶观念、爱憎情感与价值追求，主动改正不良习惯，消除不良倾向，自觉践行道。

## 2.3.2　德育实践的基本原则

### 2.3.2.1　守道重德

“孔德之容，惟道是从”(《二十一章》)，守道蓄德是道德育化的目的。“载营魄抱一，能无离乎”(《十章》)，“道”是基础、内容和本体，“德”是表现、形式和功用，道和德是有机统一的整体，犹如人的身体和心智的统一。道德育化的最终目的在于实践，实践的途径就是重道、守道，以道育德。守道重德之人就是与道合一的人，他们纯洁质朴，淳厚宁静，清静无为，谦恭谨敬。他们“修之于身，其德乃真；修之于家，其德乃余；修之于乡，其德乃长；修之于邦，其德乃丰；修之于天下，其德乃普”(《五十四章》)。

“自然”是“道”最基本的特征，“自然”就是“自己这样”“自己如此”“自然而然”，“道法自然”就是效法自己，是“常自然”，是没有任何人为因素的常态。因此，“处无为之事，行不言之教”(《二章》)、“道常无为而无不为”(《三十七章》)是守道重德的人必然选择。可见，老子推崇的德育实践最核心的内涵就是重道、守道、法自然，即行不言之教，通过自然无为的方式依道育化。

老子说：“上德不德，是以有德；下德不失德，是以无德。上德无为而无以为；

下德无为而有以为”(《三十八章》),意思是说自然无为之德是上德,是最高的德。“为无为,事无事,味无味”(《六十三章》)直接体现了道的自然无为,在老子看来,守道蓄德的圣人就应该为无为之为,行无事之事,品无味之味。

#### 2.3.2.2 辩证智慧

老子认为,天地万物具有两面性和可转化性,“有无相生,难易相成,长短相形,高下相倾,音声相和,前后相随,恒也”(《二章》),“曲则全,枉则直,洼则盈,敝则新,少则得,多则惑”(《二十二章》),“贵以贱为本,高以下为基”(《三十九章》),“祸兮,福之所倚;福兮,祸之所伏”(《五十八章》),这些论述详细阐释了同一事物的两个方面相互联系、相互转化的客观规律,充满辩证智慧。他进一步指出,阴与阳、虚与实、有与无、无为与有为两个方面联系、互补、转化也是道的特性。“埏埴以为器,当其无,有器之用。凿户牖以为室,当其无,有室之用。故有之以为利,无之以为用”(《十一章》),他说中空的器皿才能盛物,中空的门窗,才能换气、出入,即只有器物中空时才能有便利之用。“不自见,故明,不自是,故彰;不自伐,故有功;不自矜,故长”(《二十二章》),既然在社会生活中,辩证性也是一种普遍的客观存在,那么人要想实有、有为,就必须借助空无、无为的渠道实现。因此,老子不仅强调守道畜德、道法自然,更主张人们增强辩证思维能力,并努力使辩证思维成为人们的思想方法和实践原则。

#### 2.3.2.3 全性保真

老子说:“名与身孰亲?身与货孰多?得与亡孰病?”(《四十四章》)在老子看来,权势、名声、富贵、财物都是生不带来、死不带走的身外之物,唯有生命最可珍贵,因争名夺利而置自身于危险境地是得不偿失的做法。他强调:“知足不辱,知止不殆,可以长久”(《四十四章》),可见,老子认为德育修身能够贵己为我、宠辱不惊、全性保真,使人不因为外在的功名利禄惑乱了本性。尽管在世人眼里,受宠应当欢喜,受辱当然悲切,但老子却说宠辱都是看重名利等身外之物带来的后果。人一旦因宠辱波动导致情绪变化、惊恐不安,就有可能带来祸患。之所以有祸患是因为有私利,无私利则无祸患。他直言“宠辱若惊,贵大患若身”(《十三章》),告诫人们一定要正确看待名利得失,不以物喜、不以己悲,做到贵身心天性而轻名利得失。修身育德之人一定做到无私无欲,清静无为,贵身爱身甚至在必要时委曲求全,“古之所谓‘曲则全’者,岂虚言哉?诚全而归之”(《二十二章》)。

### 2.3.3 道德教育的主要方法

老子倡导的道德育化是面向所有世人的,具有普遍意义。他主张以真朴、有效的方法,对世人进行教化,引导、鼓励、调动、提升世人道德内化的积极性、主动性和自觉性,从而达到道德教化尊道贵德的理想目标。

#### 2.3.3.1 行不言之教的潜移默化法

老子始终坚持“无为”处世,他说:“不言之教,无为之益,天下希及之”(《四十三章》)，“圣人处无为之事，行不言之教”(《二章》)。身教重于言教，“行不言之教”是“道法自然”在道德教化上的具体表现。老子认为好的施教者应以自己的“善言”“善行”以身作则，充分发挥无形感化的作用，不能以训诲或强灌方式使受教者树立正确的道德观并要求其实践。“桃李不言，下自成蹊”，施教者通过潜移默化的引导促使受教者自觉践行道德要求才能使教化落到实处、取得实效。所以，老子告诫施教者一定要重行轻言、重导轻强、重启轻灌，才能做到“善行无辙迹，善言无瑕谪，善数不用筹策，善闭无关楗而不可开，善结无绳约而不可解”(《二十七章》)。

“不言之教”要求施教者尽量创设接近自然的教育环境，淡化说教，使受教者轻松、自由地受到潜移默化的影响，实现“无为无不为”。实践证明，这种润物无声的陶冶，效果远远比强制灌输好。施教者要根据受教者的不同心理特点，引而不发、因材施教地指导其悟道，启发其自觉地践行道。施教者还应该通过自己的意志与精神、行为与情感来感染感化受教者。德育的关键是通过身教真诚触动心灵，喻道理于人心，达到“知者不言”的效果。老子认为，道德教化不能只是说教和作秀，最重要的是做到春风化雨、无声胜有声，应尽力让受教者在自然有序、轻松愉快的氛围里得到教化，这样的德育才具有影响力、感染力、穿透力，才能收到最佳效果。要特别指出的是，“行不言之教”的出发点和目标是教育，“不言”绝不是一句话都不说，而是要合情合理、自然而然地“言”。“善言，无瑕谪”“希言自然”，只有恰到好处地“言”，才能使受教者觉得一切本该如此，从而愉快接受并践行。

#### 2.3.3.2　虚静内省的自我教育法

在谆谆告诫施教者的同时，老子也强调受教者应当虚静内省。老子坚信，守道蓄德实质上是人自我思考、自我体验、自我完善的过程，虚静内省是培养理想人格的重要途径。“寂兮寥兮”(《二十五章》)是“道”的本性，与之相对应，人的本性原本虚空寂静，只是在社会化的过程中，受到名利财货的诱惑，又未能用自身积累的知识和经验克服贪欲和局限性，才会杂念奔涌、心浮气躁、争强好胜、追名逐利，与“道”背离，即“轻则失根，躁则失君”(《二十六章》)。因此，老子强调“致虚极，守静笃。万物并作，吾以观复”(《十六章》)和“涤除玄览，能无疵乎”(《十章》)。所谓“致虚守静”“涤除玄览”就是说人应努力于摒弃贪欲和杂念，不惑于外物，不沉迷于功名利禄，努力做到心如明镜，凝心静气以达到虚静无为的状态，以一种万事澄名、自然本真的状态返回“玄鉴”境界。

老子指出，虚静是达到最高道德境界的心理基础，也是道德的具体表现。虚、静的实质就是摒弃私欲、净化心灵，提升生命智慧、拓展精神空间，重在自身的反思和省悟。以虚静来为人处世就是要求受教者必须内省，向内探索，消除任何情感或经验等因素导致的成见，通过静观、玄览认识一切，尽力达到“正”、

“明”、虚怀若谷、清静自然的本真状态，只有这样才能做出正确的判断和选择。在老子看来，道德教化就是引导世人通过观物得以知常、通过静思以明道、通过践行以回归自然真朴境界的过程。要想得“道”，必须排除“前识”，即清除既有的成见、杂念，摒弃妄见和干扰，靠内心体悟明“道”，靠自身实践行“道”，从而复归真朴、道法自然。受教者虚静内省的自我教育，可以帮助受教者超脱于追名逐利、浮华躁动、灯红酒绿、物欲横流的社会现实，以宁静致远的良好心态去面对世事变幻，彰显超然脱俗的精神世界，回归生命的正途。

2.3.3.3　反者道之动的逆向思维法

老子说：“反者道之动，弱者道之用”（《四章》），“反”即否定、对立面，他“反”观现实，对世人普遍肯定的事物持有不同看法，主张世人不但要学会从否定和反面理解把握事物本质，而且要通过反向用力来推动促使事物发展变化。可见，老子早就发现，对立统一是世间万物的特性，任何事物都会向其对立面转化，“反”是万物中介和发展环节。基于此，他指出：“曲则全，枉则直，洼则盈，蔽则新，少则得，多则惑”（《二十二章》），即要想推动万物按照世人希望的方向发展变化，最有效的方法就是反向用力来操作。老子还提出了具体实用的操作策略，“知雄守雌”“知荣守辱”“知白守黑”（《二十八章》），“将欲弱之，必固强之；将欲废之，必固兴之；将欲夺之，必固与之”（《三十六章》）。这种反常规的逆向思维方法独树一帜，效果卓著。

因为“揣而锐之，不可长保”（《九章》），所以“人之所畏，不可不畏”（《二十章》）。老子认为，一个人的言谈举止要符合世俗标准、众人趋同，应当“挫其锐，解其纷，和其光，同其尘”（《五十六章》）。提倡做人应压制锐气、锋芒隐藏，消解纷扰，含敛光耀，混同尘世，不自见，不自是，不自伐，不自矜，以博大的胸怀待人接物，包容一切。只有做到了“大直若屈，大巧苦拙，大辩若讷”（《四十五章》），才能够与社会和谐一致，和光同尘。

2.3.3.4　图难于易的循序渐进法

“图难于其易，为大于其细；天下难事，必作于易；天下大事，必作于细”（《六十三章》），任何事物都是由小到大、由弱到强、由易到难发展的。道德育化更是一个长期、复杂的过程，不可能立竿见影、一蹴而就，只能是由易到难、由细小到精深。因此，在道德教化的过程中，必须遵循自然规律，从最简单的事做起，注重一点一滴地积累，一步一步地做细做实，循序渐进，逐步深入，才能取得效果，最终达到目标。他提出，“跂者不立，跨者不行”（《二十四章》），“重积德则无不克”（《六十四章》），指出解决困难应当从容易处入手，处事不论大小都应从细小处开始。培养道德习惯，也必须从日常行为中的细微之处下手，慎重对待、及时引导，集腋成裘、汇涓成海，最终成就大功。

《六十四章》特别说明了见微知著、防患于未然极端重要性，指出“其安易持，其未兆易谋，其脆易泮，其微易散”“为之于未有，治之于未乱。合抱之木，生于毫末；九层之台，起于累土；千里之行，始于足下”。基于此，施教者不仅要注重受教者心理和行为发展的明显变化，更要密切洞见其细微的变化，准确获取信息，抓住不良苗头，将其扼制在萌芽状态，控制住不良思想、行为的发生和蔓延，以免铸成大错。

老子强调做事功败垂成的原因在于他们不能持之以恒、慎终如始，“民之从事，常于几成而败之，慎终如始，则无败事”(《六十四章》)。他告诫人们，要想成功，就必须自始至终地谨慎施行。显而易见，在道德育化过程中，更应当慎始慎终、持之以恒，决不能前紧后松、稍有懈怠。在时间的长河中，道德育化要经受各种各样的诱惑和痛苦，是对个人意志最严峻的磨炼和考验。只有信念坚定的人，才能克服各种困难和纷扰，促使优秀的人格品德内化为自身德性，铸就理想人格，成为守道蓄德的“圣人”。

# 3 文子的德育思想

文子,姓辛氏,号计然,春秋战国时期的哲学家、文学家、教育家、思想家,生卒年不详,与孔子同时。文子学道后游学于楚。楚平王孙白公胜曾向他询问"微言"。后又游学到齐国,彭蒙、田骈、慎到、环渊等皆师事之,三晋之地的文子学派和齐国的黄老学派共同形成了北方道家。据传,文子所著《文子》是先秦道家的一部重要著作。班固在《汉书·艺文志》道家类著录《文子》九篇条文下注明:"老子弟子,与孔子同时,而称周平王问,似依托者也。"这是迄今发现的最早有关文子的记载。唐代以后,《文子》是"驳书""伪书"曾一度盛行,影响了人们对文子的关注和研究,削弱了他在中国思想史上的地位。1973年,河北省定县出土了八角廊竹简残本《文子》,"驳书""伪书"不仅不攻自破,而且使文子倍受重视,文子研究进入了新时期。特别是1995年竹简释文公布后,文子研究再掀新潮。作为道家思想的重要代表,《文子》在道家思想史上具有重要的承上启下作用,他以"道"为据,兼容他学,在推进思想融合的同时,在对人进行深入思考的基础上,构建了初具系统的德育主张,推进了中国德育思想逐步摆脱神秘而迈进理性轨道。

## 3.1 哲学基础与理论依据

"道"是道家思想的基本范畴和理论根基。老子认为,"道"是世界的本源和万物生成、运动的源泉。"道冲,而用之有弗盈也。渊呵!似万物之宗,吾不知其谁之子,象帝之先"(《老子·四章》),"道生一,一生二,二生三,三生万物"(《老子·四十二章》)。道是有"物"、有"象"、有"精"的客观存在,在形态上具有"无状之状,无物之象"(《老子·十四章》)的特点。"道之为物,惟恍惟惚。惚兮恍兮,其中有象;恍兮惚兮,其中有物。窈兮冥兮,其中有精。其精甚真,其中有信"(《老子·二十章》)。在精神层面,道有情感、有意志,"天道无亲,常与善人"(《老子·七十九章》)。但是,老子只指出了道的本根性、说明了道的形态和特点,并没有详细描述"道"生万物的过程,也没有讲清天地万物产生的原因,这就给人们在识道、悟道、顺道带来了障碍。作为老子思想的传承者[①]，文子援“气”入“道”，发展老子的道论，为道家在根本上阐述“道生万物”奠定了基础。

文子认为道是世界的本原，道生万物而不止、育万物而无穷，是万物生成和运动的源泉，“天常之道，生物而不有，成化而不宰，万物恃之而生，莫之知德；恃之而死，莫之能怨……恍兮忽兮，用不诎兮”（《道原》）[②]，“道者，一立而万物生矣。故一之理，施于四海，一之嘏，察于天地，其全也，敦兮其若朴，其散也，浑兮其若浊，浊而徐清，冲而徐盈，澹然若大海，汜兮若浮云，若无而有，若亡而存”。和老子一样，文子也认为道无处不在、无形无声，只可述之、不可名之，“先天地生，惟象无形，不闻其声……高不可极，深不可测，苞裹天地，禀受无形，原流泏泏，冲而不盈，浊以静之徐清”（《道原》）。与老子不同，文子提出了“气”的概念，用“气”搭建了道与万物之间的桥梁，进一步解释了道生万物的原因和过程。认为气有阴阳，万物在阴阳的共同作用下而产生，指出“天地未形，窈窈冥冥，浑而为一，寂然清澄，重浊为地，精微为天，离而为四时，分而为阴阳。精气为人，粗气为虫”（《九守》），“阴阳陶冶万物，皆乘一气而生”（《下德》），“万物待之而生，待之而成，待之而宁”（《道德》）。

文子特别强调道是“德之元，天之根，福之门”（《道德》），将道作为德的本源，从道与德的源流关系上昭示了道德思想的本体论意义。对于两者关系，文子进行了形象的比喻，认为道是原材料皮革，德是可以加工成各种皮件的熟皮革，“夫道之与德，若韦之与革”（《精诚》），同时指出“有道即有德，有德即有功，有功即有名，有名即复归于道，功名长久，终身无咎”（《道德》），在肯定了道之德的本源后，《文子》又依次对德之本源作了逻辑的延伸，并对道德的发展进行了朴素的辩证法揭示，强调德来源于道又回归于道。这种是一种更高层次的辩证逻辑的复归。“夫道，无为无形，内以修身，外以治人”（《道德》）。人作为宇宙万物之一员，也由道生、被道育，人应该识道征、悟道性、遵道行、取道利，所以包括德育在于内的一切人类活动都应该以道为理论基础和现实依据。

道作为德的理论基础和现实依据有没有具体特征，人们能否理解把握？老子认为，道是“玄之又玄”的“众眇之门”（《老子·一章》），没有详细说明具体特征。与老子不同，文子对“道之形象”从主体、本质、作用及其辩证致用进行了描述，概括起来就是具有“虚无、平易、清静、柔弱、纯粹素朴”（《道原》）。一个人是否识道体道，并遵道立德而行，关键看他的思想行为是否符合以上五项基本表征，这正是文子对道家思想发展的另一个重大贡献，即不仅明确指出人悟道体道、遵道行道的必要和可能，更重要的是还指出了基本要求和践行标准，使人的

① 《文子》为表明与老子的师承关系，每篇开头均用“老子曰”表达自己的思想。

② 本章凡引《文子》仅著篇名。

体道得道之路更加具体、更可操作、更具现实性。

和许多春秋战国时期的思想家一样，文子对人给予了高度关注和深刻思考，在对人的认识和考量上逐渐摆脱神秘色彩而迈入理性轨道，这正是它道德教育的基本出发点。文子沿着老子“道大、天大、地大、人亦大。域中有四大，而人居其一焉。人法地，地法天，天法道，道法自然”(《老子·二十五章》)的思路，重视人、尊重人，将人与道、天、地并列。更加强调天人一体，更加注重天人的沟通，认为人、地、天、道因为具有“自然”这一共同特征而一气相通，天与人之间不仅存在必然联系而且相互感应，提出“人受天地变化而生”(《九守》)，“精神本乎天，骨骸根于地”(《九守》)，“天有四时、五行、九曜，三百六十日。人有四支、五藏、九窍，三百六十节。天有风雨寒暑，人有取与喜怒。胆为云，肺为气，脾为风，肾为雨，肝为雷。人与天地相类，而心为之主”(《九守》)。正是天人之间的联系与感应决定了天道对人性的统摄，要求人应该像道一样“虚无、平易、清静、柔弱、纯粹素朴”(《道原》)。这既是“道”的基本表征，也是人循道而行的基本要求和行为标准。具体讲，就是要求人效法天道，做到“卑、退、俭、损”“卑则尊，退则先，俭则广，损则大，此天道所成也”(《道德》)。这样，文子就以“道”为本体，勾画出了天道与人道“一体论”的理论图示，并对人“合道”进行了具体诠释，既为人做了道德要求的价值规范，又为对人进行道德教育提供了理论预设和实践期待。

道德属人。文子在承袭了老子的自然人性思想的基础上，提出“人生而静，天之性也”(《道原》)，认为人生下来是沉静、真朴的，只是后天发生了不同的变化。通过对人类历史的回顾与总结，文子指出“民知书则德衰，知数而仁衰”(《微明》)，认为人类一方面在征服自然、改造自然的过程中发展了自己，逐渐摆脱了愚昧而日趋聪智，但另一方面，人类的发展却是一个从淳朴到诈伪、从宁静到躁乱、从和顺到智巧、由善变恶的过程，人类固有的自然纯朴之性会随着文明程度的提高而逐渐失落、丧失，甚至产生智巧险恶之性。因此，文子提出要推行教化，使人知道仁义廉耻和理解道德真谛，促使个体认同和遵守社会规范，自觉向善、不断修养，只有这样，才能绝弃弊习陋俗和贪念私欲，“非修礼义廉耻不立，民无廉耻不可以治，不知礼义法不能正”(《上礼》)。文子的“性静论”作为一家之言与孟子的“性善论”、荀子的“性恶论”并立，虽然对人之先天本性判析不同，然而殊途同归，就后天形成人的内在品德的道德教育是一致的。这就赋予了文子德育思想的理论前提，成为文子道德教育的存在根基。

文子强调人是社会发展基础，“食者，人之本也，民者，国之基也”(《上仁》)，老百姓与国家的关系“犹城之有基，木之有根。根深即本固，基厚即上安”(《上义》)，如果失去了老百姓的支持，国家就会失去生存、发展的根本。治国理政就应遵循天道、体道而行，“小行之小得福，大行之大得福，尽行之天下服，服则怀之”(《道德》)。否则，背道而行，执坚强而不知柔弱，作难结怨，挑起事端，骄横放肆，挥霍无度，恣意妄为，小人这样身受其害，大人这样国将灭亡，浅了会伤害自己，深了会殃及子孙。所以，“罪莫大于无道，怨莫深于无德”（《道德》）。文子指出“上有道德则下有仁义，下有仁义则无淫乱之世矣”（《道德》），只有“行仁义之道，以治人伦”（《上礼》）才能保证国家社会根基的稳固。文子强调“仁义者，广崇也”（《上义》），如果不增加它的厚度而一味扩张使用便会损毁，不增大坚固它的基础而只增加它的崇高必然会倾覆，“故不大其栋，不能任重。任重莫若栋，任国莫若德”（《上义》）。需要指出的是，这里的仁义与儒家提出的“仁义”有本质区别，这种“仁义”不是约束人的伦理道德，而是体道而行、顺从民意的必然要求。在这里，“仁”是人兼爱无私的本性体现，“义”由人素朴纯真的本性而生，是顺乎人性的关爱之“情”的本能反应。

如同儒家一样，文子从君本主义出发，指出“故乱国之主，务于广地，而不务于仁义，务于高位，而不务于道德，是舍其所以存，而造其所以亡也”（《上仁》），将是否务修道德上升到国之存亡的高度，并进一步提出“治国之本在于治身”（《上仁》），主张治国要以道德、仁义、礼智为纲，同时认为因施行程度不同而作用会不相同，“深行之谓之道德，浅行之谓之仁义，薄行之谓之礼智”（《上仁》）。“修道德即正天下，修仁义即正一国，修礼智即正一乡”（《上仁》）。这是文子主张道德教育的政治出发点，由此逻辑地引申出德育的现实功用在于它是推行德仁义礼、实施德政的前提和基础，是个体虚心体道、返初归本的内在要求和实现途径。

文子认为道德教化对人性发展具有重要的导向作用，德育可以将人性的善由可能转化成现实，并作用于社会，使整个社会运行机制与道相符，为推行德政奠定基础。否则，“君子无德则下怨，无仁则下争，无义则下暴，无礼则下乱”（《道德》）。这是对道德教育缺失导致的必然后果的认知判断，从而依“反证法”佐证道德教育对治国的极端重要性，这充分出反映文子已具有开展道德教育的理性自觉。

文子也非常注重道德教化对个人内在修养的重要作用，认为道德教育可以使人能够不断加强自身修养而“返初”“心反其初，则民性善”（《下德》）。“返初”的关键在于对道的认识和体悟，这既是道德教育的基本要求又是必然途径，“不闻道者，无以返性”（《下德》），“至人之学也，欲以反性于无，游心于虚”（《上礼》）。这样，只有研习大道、克已去欲、虚静体悟，就会达到至善至美、至纯至真的虚无境界，成为性善圣人。当然，文子也认为这些并不一定会给个人带来现实利益，指出修道“不可以劝就利者，而可以要神避害”“道不可以进而求名，可以退而修身”（《符言》），甚至认为“君子能为善不能必得其福，不忍而为非而未必免于祸”（《符言》）。文子始终主张每一个向善的人都必须应“修足誉之德，不求人之誉己”（《符言》），自觉修养品行，“乐德而忘贱，故名不动心；乐道而忘贫，故利不动心。是以谦而能乐，静而能澹”（《符言》），以得失皆由道的平和心态看待一切名利，一心仰望自己心目中的道德世界，“治世即以义卫身，世乱即以身卫义，死之日，行之终也”（《符言》），真正做到安贫乐道、舍生从道。

## 3.2 德育目标与内容

文子的德育目标是培养体道、悟道、得道、行道的圣人，这一理想人格至少具有“心小、志大、智圆、行方、能多、事少”（《微明》）等特征。心小是要谨小慎微、寡欲清心，志大是要心怀天下、造福四方；智圆是要智慧明达、永不枯竭；行方是要品行正直、穷达不易；能多是要文武兼备、举措得宜；事少是要处事执道守约、事少功多。这其中既有品行要求，又有智能标准；既关注智力因素，又关注非智力因素；既关心个性发展、潜能发掘，又强调社会要求、提倡胸怀大志，增长智能，加强修养，锤炼品行，努力以事少功多实现安邦定国。

但是，文子发现这种圣人标准在现实中很难达到，于是从实际出发对德育目标进行了分层，从人的认知能力角度将人分为圣人、智人、愚人三种水平。“闻而知之，圣也；见而知之，智也。故圣人常闻祸福所生而择其道，智者常见祸福成形而择其行。圣人知天道吉凶，故知祸福所生；智者先见成形，故知祸福之门。闻未生，圣也；先见成形，智也；无闻见者，愚迷。”（《道德》）可见，圣人是具有先知能力能够依据天道而行的人，智人是能够依据经验而知如何处事的人，愚人则是指不具有自觉认知能力的人。这种“分层说”符合教育对人培养的内在规律，它以尊重客观事实为根据，为教育者和受教育者留下了教育发展的空间和张力。

在这三类人中，圣人与智人的本质区别在于能否“明”道。“听视聪达谓之明”（《九守》），有明而智为圣，无明而智为智。圣人明道，可以“以听无不闻，以视无不见，以为无不成，患祸无由入，邪气不能袭”（《九守》），“能阴能阳，能柔能刚，能弱能强，随时动静，因资而立功，明者之所独见也”（《微明》）。智人不是明而知之而是见而知之，只能通过观察辨别才能厘清何为善恶忠奸，并以此为据进行选择舍弃，因此“智”不如“圣”。智人与愚人的本质区别在于能否知“权”，“夫权者，圣人所以独见。夫先迕而后合者，之谓权；先合而后迕者，不知权。不知权者，善反丑矣”（《道德》）。文子认为非圣人不能明道，不明道就不了解道的内涵和要求，不了解道的内涵和要求就难以坚守人的本性而被身外之物和欲望名利所干扰蒙蔽，从而猎求音色美味。如果之前会“权”，就能够根据时和势判断是非曲直、善恶好坏是否符合德仁义礼要求从而决定自己的行为和取舍，便会弃欲舍利、明心守清，保持智，否则，将沦为愚迷之人。文子指出，“权”的首要是知时而变，“夫事生者，应变而动。变生于时，知时者无常之行”（《道原》）。时间不同，环境要素就不同，就需要通过“权”来分析判断，做符合德、仁、义、礼的事，最终以顺道，这正是“先迕而后合”（《道德》）。所以说，智人须知“权”、会“权”、能“权”，具有“德、仁、义、礼”权衡能力，知道何时何事是与“德、仁、义、礼”相悖，是与道相违的，可见“权”既是人们实现“仁、义、礼、德、道”的重要方法，也是体道、悟道、基础工作环节，其目的是力求得道、行道。

在现实社会中，能像圣人一样得道而自觉行道的人只是极个别，能够达到智人标准已经很不容易了，而在智人层面仍然因人分层。如何评价智人的层次水平，文子提出“德能兼备、以德为首”“无德不尊，无能不官”(《上仁》)，认为只有德能兼备才是合格智人，主张以德和能作为衡量智人水平的主要标准，“以仁义为本而后立，智能并行”(《上义》)，“圣人以仁义为准绳，中绳者谓之君子，不中绳者谓之小人”(《上义》)，“不归善者不为君子”(《上义》)。在《文子》看来，培养良好的道德品质是一个人立身处世的最终归宿，也是一个人必须追求的最高境界。但《文子》同时指出，仅仅具备高尚品德是不够的，还必须具有“应时权变，见形施宜”“论世立法，随时举事”(《道德》)的能力，否则便会因不能把握规律而导致身死国亡，“故知仁义而不知世权者，不达于道也”(《微明》)。合格的人应“内有一定之操，而外能屈伸与物推移，万举而不蹈”(《微明》)，既具有高尚的道德操守，又能与时俱变、自如应对各种境况。

对于人的评价，文子强调“自古及今，未有能全其行者也，故君子不责备于一人也”(《上义》)，认为每个人都多或少地会有这样或那样的缺点和问题，评价一个人的德能应看其主流，要将人放在特定的环境中观察他的反应与变化，“贵即观其所举，富即观其所施，穷即观其所变，贱即观其所为。动以喜乐以观其守，委以货财以观其仁，振以恐惧以观其节，如此则人情可得矣”(《上义》)。在人才选拔上，《文子》指出“人有厚德无问其小节，人有大誉无疵其小故。夫人之情，莫不有所短，成其大略是也，虽有小过，不以为累也”(《上义》)。认为如果心胸狭窄，眼光短浅，墨守成规，就可能将优秀人才拒之千里。所以，在识人任用上，应扬优避劣，因性而评，因材而用，志人所长，忘人所短，“不以小恶妨大美”(《上义》)，只要有一定的德能，就应根据他的个性特点分配给不同的职事，“有一功者处一位，有一能者服一事，力胜其任”(《自然》)，“兼而用之，故人无弃人，物无弃物”(《自然》)。这充分体现了道家思想心胸宽广、虚怀若谷、兼容并包的博大气度。

## 3.3 德育原则与方法

“辅万物之自然而弗敢为”(《老子·十章》)是道家对人实践活动的基本原则。文子也认为“天下之事不可为也，因其自然而推之”(《道原》)，人与万物，同生于道，同归于自然，所以包括育人在内的人的所有活动都要“顺应自然”，效法天地之道，认为“夫教道者，逆于德，害于物”(《自然》)，提出“智者不相教，能者不相受”，主张“以导民之心，各使自然”(《自然》)。这里的“各使自然”不能理解为无所作为的只强调自然作用的“自然主义”，而是强调人的教育活动应顺应教育活动内在规律。这一理念在文子的德育方略中进一步得到彰显。

文子认为，自然首先要无为，自然而然地处理好教与被教的关系，以“无为”实现“无不治”，“所谓无为者，不先物为也；无治者，不易自然也；无不治者，因物之相然也”（《道原》）。无为体现在德育的原则方法上就是教之以道、导之以德，推行不言之教。具体讲，一是顺应人性，根据人的身心特点开展教育活动。“执道以御民者，事来而循之，物动而因之。万物之化，无不应也，百事之变，无不耦也”（《道原》）。“圣人在上怀道而不言，泽及万民，故不言之教芒乎大哉”（《精诚》）。二是要求施教者心怀天道，以至诚之心感化受教者，以不言之教引导百姓扬善隐恶，实现“不下室而行四海，变易习俗民化迁善，若出诸己，能以神化者也”（《精诚》）。三是注重言行，发挥典型作用，做好榜样，以榜样引导受教者，“民之化上，不从其言，从其所行”（《精诚》），“禁胜于身，即令行于民”（《上义》）。这也充分表明文子认为施教者在教育过程中既不能只当传声筒，又不能耳提面命、强行说教和上下训教，而是要在体道的基础上，怀着真诚和崇仰，以实际言行来感化和引导受教者，做到春风化雨，达到潜移默化。

另外，自然对个体而言就是要加强身心修养以自觉自化。文子指出“夫形者，生之舍也”（《九守》），认为身心修养的前提和基础是养形，养形的目的是“内在已者”“邪气无由入”，主要方法是“节”“适”“和”“便”，基本要求是“坐卧有节、饮食有度、喜怒和谐、动静和顺”（《符言》）。在养形的同时，文子认为形为神的处所，神为形的统帅。以神制形，百利无害，因形损神，不会长久，指出“以神为主者，形从而利；以形为主者，神从而害”（《九守》）。文子强调身心修养的最高境界是养神，其次才是养形，指出“治身，太上养神，其次养形，神清意平，百节皆宁，养生之本也；肥肌肤，充腹肠，供嗜欲，养生之末也”（《下德》）。“圣人内修其本，而不外饰其末”（《道原》），告诉人们身心修养不可本末倒置，一定要重精神境界的升华、轻耳目之欲的满足，做到淡泊寡欲、致虚守静、柔弱谦卑、守精保真。

淡泊寡欲就是要不贪享乐、不计名利。文子指出“耳目淫于声色，即五藏动摇而不定，血气滔荡而不休，精神驰骋而不守，祸福之至虽如立山，无由识之矣”（《九守》），认为人生最大的祸害莫过于多欲这股“邪气”的侵扰，它蒙蔽人的身心，使人难以预测祸福到来，“今之以为大患者，由无常厌度量生也”（《下德》），“推于滋味，淫于声色，发于喜怒，不顾后患者，邪气也。邪与正相伤，欲与性相害，不可两立”（《符言》），“耳目淫于声色，即五藏动摇而不定，血气滔荡而不休，精神驰骋而不守，祸福之至虽如立山，无由识之矣”（《九守》）。如果能少欲宁静，“即观乎往世之外，来世之内，祸福之间，可足见也”（《九守》）。同时，文子还反对争名逐利，认为名利之心会妨害道德修养，指出一个人如果贪图名利、邀功取宠，就会不顾一切，违背常理而胡作非为，从而导致身败名裂，“欲尸名者必生事，事生即舍公而就私，倍道而任己，见誉而为善，立名而为贤，即治不顺理而事不顺时，治不顺理则多责，事不顺时则无功，妄为要中，功成不足以塞责，事败足以灭身”（《符言》），因此，文子提出“非淡泊无以治理，非宁静无以致远”（《上仁》），要求人“安贫乐道，不以欲伤生，不以利累己”（《上仁》）。

致虚守静就是要平心静气，摒弃杂念。文子指出，“清虚者，天之明也……虚静之道，天长地久，神微周盈，于物无宰”（《自然》），“静漠者，神明之宅；虚无者，道之所居”（《九守》）。如何达到虚静，要去哀乐、喜怒、好憎，用理智控制自己的情绪情感，保持良好的修养心态。“夫哀乐者，德之邪；好憎者，心之累也；喜怒者，道之过。”（《九守》）要除杂念、求专一，使心境像清水映物一样明澈，“目察秋毫之末者，耳不闻雷霆之声；耳调金玉之音者，目不见泰山之形。故小有所志则大有所忘”（《九守》）。

柔弱谦卑就是要退守不争、谦虚不骄。文子指出“退故能先守也，柔弱故能矜，卑下故能高人，自卑弊故能突坚，自亏缺故盛全，处浊辱故新鲜，见不足故能贤”（《上仁》），“柔者，道之刚也；弱者，道之强也”（《道原》）。文子认为只有柔弱谦卑才能高远强大，只有无为不争、退守柔弱、保持卑谦才可能积少成多、积弱成强，这是发展的策略。文子告诫“虚心无有者见不足也，见下故能致其高，见不足故能成其贤。矜者不立，奢者不长，强梁者死，满日者亡”（《九守》），“聪明广智守以愚，多闻博辩守以俭，武力勇敖守以畏，富贵广大守以狭，德施天下守以让……夫唯不盈，是以弊不新成”（《九守》），永远虚心谦卑才能不断进步、发展。

守精保真就是要坚守精气、保持纯朴。文子指出“夫人道者，全性保真，不亏其身”（《精诚》），认为人的纯真质朴本性，会随着人欲的膨胀逐渐丧失，因此道德修养中要注重存养，保住真朴之性。这就要求人们专一于心意，守住精气和神明。“神明藏于无形，精气反于真，目明不以视，耳聪不以听，口当而不以言，心条通而不以思虑，委而不为，知而不矜，直性命之情，而知故不得害。精存于目即其视明，存于耳即其听聪，留于口即其言当，集于心即其虑通。”（《下德》）要切实排除外界一切干扰，达到“心意专于内，通达祸福于一，居不知所为，行不知所之，不学而知，弗视而见，弗为而成，弗治而辩”（《九守》）的境界。

# 4 庄子的德育思想

庄子姓庄，名周，字子休，宋国蒙县（今河南商丘附近）人，号南华仙人，作过漆园吏。庄子生平事迹不可确考，大约生于公元前369年，卒于公元前286年，晚于老子，与孟子同时。《史记》说他“与梁惠王、齐宣王同时”，那也是孟子活动的时代。孟子见梁惠王时，已被称为“叟”了，以此推测，庄子可能晚于孟子，且未曾与孟子晤过面。庄子本人博学多才，他天马行空的文章，天才磅礴的气势，为人折服。他的理想、人格、操守，都极为人所欣赏，特别是在扩大人的思想视野，提高人的精神境界方面，是其他各家所不及的，从其道德学说和德育思想即可见一斑。

## 4.1 哲学基础与理论依据

### 4.1.1 道论

“道”是庄子思想中最基本最重要的概念，《庄子》33篇中，有32篇共320多处涉及。作为庄子哲学的最高范畴和所有思想的基本出发点，道既不是指绝对的高高在上的精神实体，也不是指如混沌之气的物质性实体，而是指宇宙万物运动变化的内在本体和根源，是普遍存在于万物之中的规律和法则，是物之所以为物的根据和作用，更是一种价值评判的标准和人格修养的方式与境界。

#### 4.1.1.1 老庄之“道”的比较

庄子论道，基本上沿袭了老子关于道的概念，但又有所发展。他们都认为道是无形无名的实体，并以道作为天地万物的本源。关于道的含义也基本相同，如老子说“道可道，非常道；名可名，非常名”（《老子·一章》），庄子说“道不可闻，闻而非也；道不可见，见而非也；道不可言，言而非也”（《庄子·知北游》）[①]。他们都认为道即是“无”。庄子在《大宗师》中指出：“夫道，有情有信，无为无形；可传而不可受，可得而不可见；自本自根，未有天地，自古以固存，神鬼神帝，生天生地。在太极之先而不为高，在六极之下而不为深，先天地生而不为久，长于上古

① 本章以下凡引《庄子》只注篇名。

而不为老。”这段话至少说明为道具有3个特点。一是说明了道是超越感觉的实存。“有情有信”说明道是客观存在的，“无为无形”说明道是非物质性的。这和《齐物论》中所说的“可行已信，而不见其形，有情而无形”一样，旨在说明道虽然不见形象，深奥莫测，却是真实存在的。二是说明了道是以己为根本的自存。“自本自根”说明道存在的根据是它自身，道是自己产生了自己，具有自存性与先在性。三是说明了道是天地万物的本原。“神鬼神帝，生天生地”说明道在时空上先于天地鬼神，是天地万物的本源。所以说它“在太极之先不为高，在六极之下不为深，先天地生不为久，长于上古而不为老”。“太极之先”“六极之下”“先天地生”“长于上古”，都强调了道以及道在时空上的本源性，而“神鬼神帝，生天生地”不仅说明了道的本源性，而且蕴涵了道的规律性。

由以上3个特点看，庄子的道与老子的道具有基本一致的含义，如果进一步了解，就会发现，庄子之道与老子之道，在内涵上又有些不同。老子的道在本体论、宇宙论上意味较重，而庄子则将它转化为心灵的境界，进一步夸大了道的非物质性。具体讲，一是老子以“无”为“有”之母，即承认“有”；而庄子认为“有”只是宇宙的混沌，在本体上是否定“有”的。如“自本自根”的说法，以为道自己产生了自己，这就夸大了道的非物质性。二是老子对道的形容是“独立而不改”，独立说明道不与他物互相影响、不受其他因素影响，表明老子所说的道，是客观的道。而庄子所说的道是可悟而不可见、不可言、不可私的，主要指的是人明道以后的精神境界。“可传而不可受”“可得而不可见”就说明道是一个超时空、超感觉的存在，并不是现象界的具体存在。任何感官都无法感觉它，而只能用心灵去体悟它。庄子还在《外篇·天道》中讲了轮扁斫轮的故事，生动比喻了道只可亲身体悟而不可口授书传的道理。他认为道只能通过体悟、意会，是不能通过语言文字等形声色名物质的东西来表达体现的，是没有形的。道只能体悟不可言传，是依靠“悟”而得到的一种精神境界。三是老子不仅主张世界的本质是虚无的道，道产生万物，而且认为万物是有秩序、有规律的。而庄子则认为道是永恒的、绝对的、不可分的，其发生的变化，没有任何规律可言。认为一切客观存在，归根结底都是齐一的，各家之言以及人们的不同认识归根到底是没有是非的。庄子通过庄周梦蝶、丽姬哭嫁、毛嫱美色等寓言说明死生、善恶、贵贱、是非、美丑，甚至无有，从道的观点看，都是一样的。万物无彼此之分，议论无是非之别。这样，庄子的宇宙观，就由老子的客观主义向相对主义迈进了一大步。在庄子看来，现象世界中的一切差异，也都是相对的，都是不分彼此齐一于道的。可见，庄子的道是不同于老子的道——似无又是有，似有又是无，是混沌无分、无待、无化的。

#### 4.1.1.2　庄子之“道”的基本要义

道是庄子思想中最为重要的概念，能否正确理解道是把握庄子德育思想的前提和关键。与老子之道相比，庄子之道体至少有3种含义。

（1）作为世界本原具有本体论意义的自然界之道

庄子的道是指世界的本原，具有本体论意义。一是作为世界的总根源，产生天地万物。如《大宗师》中所说的“夫道，有情有信，无为无形，可传而不可受，可得而不可见，自本自根，未有天地，自古以固存。神鬼神帝，生天生地”。这就是说，道虽然是寂然无形的，但却是实存无妄的，而且能生天生地，是天地万物的本原。二是作为一种自然而然的存在，表明宇宙万物是自然而然形成的。“自本自根”是说道自己产生自己，“无为无形”说明道自生的过程是自然而然的存在，那么它所谓的“神鬼神帝，生天生地”就是自然而然的了。从道的这两种作用来看，作为世界本原的道，实际上指的是自然界的道。

（2）作为规律或法则具有方法论意义的可认识之道

作为世间万物存在的规律、法则的道，决定、支配着世间万物的生存与发展，它是深奥的，而不是神秘的，是可以体悟的，而又是无穷无尽的。《大宗师》中说“又况万物之所系，而一化之所待乎！”意思是世间万物的存在、变化都是依赖于道的。换句话说，就是认为道是支配万物生存、发展的法则或规律。道“神鬼神帝，生天生地”就具有“规律”“法则”的蕴涵，这就说明道是支配世界万物的、看不见摸不着的规律或法则。《大宗师》中还强调，“夫道，有情有信，……韦氏得之，以挈天地；伏羲氏得之，以袭气母，维斗得之，终古不忒；日月得之，终古不息；堪坏得之，以袭昆仑；冯夷得之，以游大川；肩吾得之，以处大山；黄帝得之，以登云天；颛顼得之，以处玄宫；禺强得之，立乎北极；西王母得之，坐乎少广，莫知其始，莫知其终；彭祖得之，上及有虞，下及五伯；傅说得之，以相武丁，奄有天下，乘东维，骑箕尾，而比于列星。”庄子在这里进一步阐述了道对世界万事万物的支配性，作为存在于万事万物之中的规律和法则，道既支配日月星辰运动不已，又支配山神河神的居大山、游大河；既支配帝王开天辟地、登天化仙，又支配奴隶（贤臣）生能为相、死可升天，与众星同辉；既支配彭祖享寿数百年，又支配西王母不复生死。字里行间，深深蕴含了道的“规律”与“法则”的内涵。在庄子看来，道的这种规律性、法则性是深奥的，却是可以认识的。

（3）作为精神境界具有人生论意义的人生之道

作为一种精神境界的道，是指人明道、得道以后的精神境界。首先，道意味着对人生态度的豁达和对生死的超越。庄子认为，道是无始无终、超越生死之上的，“杀生者不死，生生者不生”（《大宗师》）。作为“生生者”，道不生，作为“杀生者”，道不死。如果人们认识了道，自然就超越了生死，因为生死是道的自然之变，所以，生“时也”，死，“顺也”，人生没有什么大不了事。正是这种深刻体会，庄子才能在他妻子死后“鼓盆而歌”，在他自己将要离开人世时，面对欲厚葬他的弟子说：“吾以天地为棺，以日月为连璧，星辰为珠玑，万物为赍送，吾葬具岂不备邪？”“在上为乌鸢食，在下为蝼蚁食，夺彼与此，何其偏也！”（《列御寇》）这样对待生死，正是一种对生死的豁达。面对生死既能如此，面对人生的其他态度可想而知。

其次，道意味着对自由境界的求索和对名利的超越。道是藏于万物、存于自然，虽不可知、不可言、不可行，但庄子认为这只对那些“物于物”的人而言，对那些能够达到“道”的境界的人，道依然是可知、可言、可行的。常人看来，“天下熙熙皆为利来，天下攘攘皆为利往”(《史记·货殖列传序》)，人总被各种欲望、物欲所支配。对此，庄子认为，人决不应被物欲支配，否则就会“终身役役”而难返自由。为了达到自由境界，就应该像真人、至人、神人、圣人那样“无己、无功、无名”，消除功利之心，不“以物为事”而无功；消除名望之心，不“以天下为事”而无名；并在此基础上，进一步忘掉自己的形体存在而“无己”，把精神从“物累”中彻底解放出来，达到“吾丧我”自由自在之界，在“道”的境界中“逍遥游”。

再次，道意味着对本真人格理想的追求和对世俗道德的超载。庄子也崇尚自然，强调自然人就遵循自然，既是人的本性，也是人生的追求和处事的原则。人首先是自然之身。他举一个名叫混沌的人的例子，说别人同情他浑然一体、身无七窍，为他开凿了七窍，结果七窍是开了，但混沌因此也死掉了。这实质上庄子借混沌开窍喻指世俗修养，指出人如果丧失自然本性与自然之心就会导致像混沌开窍而死的惨痛结果。其次是自然之美。《则阳》中说：“生而美者，人与之鉴，不告则不知其美于人也。若知之，若不知之，若闻之，若不闻之，其可喜也终无已，人之好之亦无已，性也。”庄子认为，天生美丽的人从来就不知道自己比别人美丽，也决不会炫耀自己的美丽，但他永远美丽可爱，别人也总会心甘情愿地去欣赏。庄子强调美就是纯粹的自然，不掺杂任何功利性和目的性，这正是有道之人应该也能够达到的一种境界。最后是自然之德。庄子指出儒家、墨家等提出的仁义道德等人为东西是违背自然的，认为真正的道德决不需要用善恶评价，也没有必要引导，因为自然本身就是最完美的至善。他指出“礼乐遍行，则天下乱矣”(《缮性》)，指出刻意讲道德并用道德来约束人是对人的自然本性的破坏。在庄子眼里，超越自我而达到本真的人格状态必须摒弃任何形式的道德要求，这不仅是真正的自然，而且是道之所在。

最后，道意味着高超的处世艺术和超越常规的处事方法。庄子主张用超常规的方法处事，提倡让心——即非感性的抽象“自我”——在“内心自由”中“逍遥游”，却不能让身——即感性的现实中的“自我”——在“无何有之乡”中“逍遥游”。在庄子看来，这种逍遥而游的自由也难以解决现实中人生与世俗的冲突，为了身心两全，庄子还提出了顺世安命的处世方法，一是努力处于“材”与“不材”之间而免受尘世所累，“材与不材之间，似之而非也，故未免于累”(《山木》)；二是力求做到“外化而内不化”，“……乘道德而浮游……无誉无訾，一龙一蛇，与时俱化，而无肯专为”(《山木》)，始终自由“游”于世，在不为外物主宰的基础上主宰外物，这是最合道的处世方法。

总之，庄子的道比起老子的道虽然更加虚渺，但比起老子的道，却更加接近人生。道在庄子那里，实际上只不过是为他提倡的人生哲学预设的一个理论范畴而已。

### 4.1.2 德论

“德”也是庄子思想的一个重要范畴，《庄子》33 篇中有 31 篇共 190 多处论及“德”，其中《德充符》一篇还就“德”对人的重要性进行专门论述。

#### 4.1.2.1 德源于道

与老子一样，庄子认为“德”，是道化生万物的内在表现，它源于道、得于道而成就人与万物。他指出，道通过左、右、伦、义、分、辨、竞、争这八德而生成万物。“夫道未始有封，言未始有常，为是而有畛也。请言其畛：有左有右，有伦有义，有分有辩，有竞有争，此之谓八德。”(《齐物论》)所以，德不仅通天地，而且是道生万物的基本缘由，“故通于天地者德也；行于万物者道也；上治人者事也；能有所艺者技也。技兼于事，事兼于义，义兼于德，德兼于道，道兼于天。故曰：古之畜天下者，无欲而天下足，无为而万物化，渊静而百姓定。《记》曰：通于一而万事毕，无心得而鬼神服。”(《天地》)

关于德、道与天地万物之间的关系，庄子指出“通于天地者，德也；行于万物者，道也；上治人者，事也；能有所艺者，技也。技兼于事，事兼于义，义兼于德，德兼于道，道兼于天下”(《天地》)，认为德“通于天地者”(《天地》)，是道联结具体事物的中介，正是德秉承了道性才构成了万物的存在根据。所以“德成之谓立”(《天地》)，包括人的生命在内的万物生成的基本条件是拥有“德”，德是生命的本质和本性。而在老子思想中，他尽管指出了道是生命的终极根源，但并没有明确指出德为生命的内在本质，或者说这一思想还处于隐而不显的状态，对此，庄子将其明朗化，认为“夫王德之人，素逝而耻通于事，立之本原而知通于神。故其德广，其心之出，有物采之。故形非道不生，生非德不明。存形穷生，立德明道，非王德者邪！”(《天地》)这就明确指出万物和生命之源在于道，没有道万物就不可能产生，而万物得道的内在本质是德，没有德，道作为万物和生命的根源只是潜在的可能而无法成为现实，万物和生命只有既禀受了道而形成了具有自身的内在特质的德之后才能在现实中真正产生。

从这一立场出发，庄子强调“物得以生谓德”，指出“泰初有无，无有无名。一之所起，有一而未形。物得以生谓之德”(《天地》)，认为在世界刚开始时，只有无。之后有一，但还没有具体万物和生命。具体万物和生命产生的基本条件则在于德，有德则物得以生成。同时万物和生命生成之后也就具备了德，所以德既是万物和生命得以生成的原因，德又是万物和生活生成和存在的产物。庄子强调，德是内在于万物以及人本身的。“故通于天地者，德也”(《天地》)。德遍在于天地之万物之中，故通于天地之间的是德。世间之人如果是“人含其德”(《胠箧》)，则世道太平，如果“外立其德”(《胠箧》)，把德作为获取名利的手段，世道则衰亡。“人含其德，则天下不僻矣。彼曾、史、杨、墨、师旷、工、离朱者，皆外立其德而以乱天下者也，法之所无用也。”(《胠箧》)

关于德与其之源的道关系，庄子基本继承了老子的体用思想，即道为体、德为用。不同的是《老子》上篇论“道”，言形而上之体，下篇论“德”，讲道体之用，但庄子即经常将“道”与“德”连在一起，合称“道德”。如《天道》篇有“道德之至”、“以道德为主”以及“是故古之明大道者，先明天而道德次之，道德已明而仁义次之”之说；《刻意》篇有“道德之质”之言；《山木》篇有“道德之乡”以及“士有道德不能行，惫也”之语；《骈母》篇有“道德之正”“愧于道德”之文；《天下》篇说：“道德不一，天下多得一察焉以自好”；《马蹄》篇说：“毁道德以为仁义，圣人之过也”。这表明在庄子看来，道是万物和生命的创生者，德是万物和生命的规定者，它们对万物和生命的生成具有决定作用。从这个意义上讲，道家对万物和生命认识论在本体论层面即表现为道德观。

4.1.2.2 德的基本特点

道德观是人们的社会生活过程中对道德的本质、作用、价值以及道德教育和道德修养等有关道德的总体看法和评价。庄子从自然主义出发，树立了一种自然主义的人生观和依乎天理、安时处顺的人生态度，并在此基础上塑造了道德上的理想人格，论述了道德教育的根据和方法，提出了“顺乎自然”的治国治教之道。

基于对自然的理解，庄子首先批评了儒、墨两家的道德观，认为讲仁义违背了自然和人的天性，现实中追求并实践仁义的结果就是人的自然本性遭遇伤害而不完整。“大仁不仁”，真仁是决不讲仁爱的。“仁常而不周”，以仁爱为标准衡量道德决不能成为大仁。真正的仁爱是对自然的无为与顺从，“齑万物而不为义，泽及万世而不为仁”(《大宗师》)。庄子认为，儒、墨两家所提出仁义道德不仅束缚了人心，而且诱发了人们对名利的追求。“爱利出乎仁义，捐仁义者寡，利仁义者众。夫仁义之行，唯且无诚，且假夫禽贪者器。”(《徐无鬼》)庄子强调，正是仁义伤害了人的自然质朴之性，使人们总为追名求利而“残生伤性”。

庄子站在个人本位的立场，强调个人的自我价值，这也是与儒家等学派世俗道德观的另一个根本差异所在。在个人与社会的关系，儒家立足个人的社会存在，关注现实的伦理道德关系，注重个人对社会、对他人应承担的社会责任。而庄子强调从个体出发，强调个人存在的价值，努力为处在混乱社会条件下的个人寻找一种安全的生存方式和灵活的处世哲学。他以个人为起点，追求的是个体精神的绝对自由，关注的是个人对于社会的先在价值和意义。正是基于个体本身所具有的目的性意义，面对精神上对自由的追求和现实中社会生活的无奈，庄子形成了“避世—顺世—游世”的人生态度，这与儒家相比，确实忽略了个人对于社会的义务和责任，片面追求个体的精神自由。

“古之至人，先存诸已而后存诸人”(《人间世》)。作为庄子的理想人格，“至人”包含着个人的理想和行为方式，先使自我达到合乎理想之境，而后要求或推动他人达到同样的境界，作为个体的自我价值的实现在时间上先于他人，在价值的存在过程中同样具有优先性。“古之真人，不知说生，不知恶死；其出不欣，其入不距；翛然而往，翛然而来而已矣。不忘其所始，不求其所终；受而喜之，忘而复之。是之谓不以心捐道，不以人助天，是之谓真人。”(《大宗师》)这种基于遵循自然的理想人格，是庄子面对现实道德超越的基础上形成的，其道德指向社会生活之外，立足点在于个体的精神价值的实现，这决定了其道德的个人本位取向。

4.1.2.3 德的失落

庄子对德的考量突破了人际范畴而延展至广袤的宇宙大观。他认为德不仅仅囿于儒家所言的特定人伦关系行为规范，而是上升为人的自然本性的高度，从其根源性、整体性和规律性的视角入手去认知。庄子认为能够准确把握这三性的(规律性、无限性、整体性)的人能被称为有德之人。有德之人须具备四方面德行：一是忘怀于物；二是淡情寡欲；三是超越生死；四是顺应自然。但现实中有德之人不常，有而道德失范现象常见的一个原因就是庄子所指出的“德荡”。他指出“所存于己者未定，何暇至于暴人之所行！且若亦知夫德之所荡而知之所为出乎哉？德荡乎名，知出乎争。名也者，相札也；知也者争之器也。二者凶器，非所以尽行也”(《人间世》)。“德荡乎名，知出乎争”(《人间世》)，庄子认为道德不能超越自然本性的范围，一旦逾越，就是违背了自然本性，就叫德荡。德荡的本质就是僭越和跨越了道德所允许的范围。

“德荡”问题产生的根源，在庄子看来，一是因为道德追求的高标准。庄子反对儒家提倡的见贤思齐、成“圣贤之名”，主张有德之人不为名所动。比如《让王》中记载：“尧以天下让许由，许由不受。又让于子州支父，子州支父曰‘以我为天子，犹之可也。虽然，我适有幽忧之病，方且治之，未暇治天下也。”可见庄子内心对天子、圣贤是有藐视之意的。而凡夫俗子，也常常在高标准追求道德名声的过程中不择手段而致德荡。在庄子眼中，当一个人参照道德模范、圣人之类的道德高标塑造自己，试图以自己的德行和知识去感化别人的时候，他潜意识中已经把自己当作善的化身，视别人为恶的象征，自己的善倚靠别人的恶来突显，别人的恶被借用来彰显自己的善，企图成就自己的圣贤之名，这是为人所不齿的。值得注意的是，庄子此意并非是对德行的全盘否定，他是对追求道德高标以求圣贤虚名的伪道德持反对意见。因为这样做非但不是道德，甚至南辕北辙。嘉言善行本身值得称颂，但实施善行、口吐莲花的目的却是为了追求名利，这样的言行就是一种虚假的表演，超出人的自然性情，走向了道德的对立面了。

二是因为遵从所谓的道德规范。庄子指出要求别人从命于道德规范是另一种形式的德荡。他认为任何人都不能强迫别人去做他自认为的所谓道德而别人并不认可的事，道德规范恪守与否是不能勉强的。《人间世》中说："且德厚信矼，未达人气；名闻不争，未达人心。而强以仁义绳墨之言术暴人之前者，是以人恶有其美也，命之曰灾人。灾人者，人必反灾之。若殆为人灾夫。"一个德性淳厚的有德之人，他教育别人本意并不是为了自己争名逐利，但无法保证人人都能理解他的一番苦心好意。在别人不了解他的初衷的状况下，有德之人的善举就会被误解为害人，他的规范言语就会被认为是炫耀，他对别人的指摘就会被认为是有意揭别人的短处来反衬自己，这种情形下有德之人就沦为"灾人"。别人认为自己受了他的害，一定会睚眦以报。起源于道德的教育，却由于别人的曲解而引发不道德言行，这就与道德教化的初衷背道而驰了。《大宗师》中庄子刻画的颜回形象与《论语》中的"一箪食，一瓢饮"大相径庭。颜回在施教过程中希望找到行之有效的策略，这本无可厚非，但他却执着于将自己内心认定的道德标准作为最高的价值标准和指导原则，并且将之强制推及给别人，这就必然引起"剋核太至，则必有不肖之心应之而不知其然也"(《人间世》)。在胁迫下所受的教育其结果会适得其反，受教育者善德隐没反而滋长了不善的念头。

三是源于刻意追求道德。庄子指出个人道德目标和行为方式，都是围绕着物的有用性展开，其根本是对个人私欲的满足和对功名利禄的追逐。只要这种唯利是图的目标不改变，采取任何追求的手段和方式都无济于事。因为这种刻意追求道德的本身就包含了不道德，道德的外壳无法掩盖不道德的本质。庄子的《知北游》描述了舜与丞的对话。舜问个人是否能拥有道。丞回答，连你自己都不是你所有，怎么能够拥有道。这里庄子借丞之口，表达了自己的观点。在庄子看来，将道视为物，并公然讨论它的有用性，这就是典型的世俗求道者的心态，而丞釜底抽薪式的回答是对世俗自私心理的猛烈抨击。在庄子眼中，是否具有占有之心是评判道德与非道德的根本区别。只要存在占有之心，不论努力追求的目标有多么高尚，也难脱自私自利的名头。庄子盛赞丞的"汝身非汝有"，认为这才到达了彻底的非占有境界。道德只存在也只能存在于这种无私无欲的非占有的心态之中。对于"什么是占有，什么是非占有"的问题，庄子指出"予能有无矣，而未能无无也"(《知北游》)，所以不论将"无"的地位提升得多么高，只要它成为炫耀的资本或身份的标志，它就永远被贴上被占有物的标签。只有把"无"当作自然而然平常事而不是追逐的境界，即"无无"，这才真正臻于道德境界的完美。

人活世间，存在欲望自然而然。譬如贪欲，易于被世人所识别，但诸如优秀人物的自我炫耀就隐蔽得多。但正是这种炫耀更深刻反映了人的自私性的根深蒂固，难以剔除。优秀品性固然是可贵的，可是如果将德行作为自我炫夸的伎俩，那就不再是道德，而是更大的失德，因为这其中必然裹挟着对施教对象的有恶推断。庄子认为所谓的圣贤者以德行自炫是最大的不道德，这种名为一心向德实则自我悦纳而沾沾自喜的做法，实为凶德之首。《列御寇》指出“凶德有五，中德为首。何谓中德？中德也者，有以自好也而吡其所不为者也”，并提倡“与而不求其报”的朴实无我，指出“施于人而不忘”不是真正意义上的布施恩泽，它隐含着希望受施者报答恩情感谢施舍的要求，所以对此“商贾不齿”(《列御寇》)。庄子提倡人们以自然平和的心态施行美德善行，是为了维护在新的人际关系中重构道德体系的宗旨。

“德荡”为庄子所不齿，出于功利性和目的性的道德行为也被庄子所批判。在他看来这是人们违背自然本性而失德的根源。他在《盗跖》篇中鞭笞那些所谓的圣人贤士，揭露他们满口仁义道德不是真道德，而是治国理政、统治百姓的手段，道德在这里只不过是一块冠冕堂皇的招牌，它以假仁义牺牲了人类的真道德。庄子借盗跖之名揭露了儒家所提倡的仁义礼教的欺骗本质：“今子修文、武之道，掌天下之辩，以教后世。缝衣浅带，矫言伪行，以迷惑天下之主，而欲求富贵焉。盗莫大于子，天下何故不谓子为盗丘，而乃谓我为盗跖？”盗跖认为自己的强盗行径是遵从了人的自然本性，而满嘴仁义礼教实则为统治阶级摇旗呐喊的孔丘才是真正的强盗。在盗跖看来，孔丘规劝人们掩饰自己的真性情，而以假面目示人。这样做的结果是荣华富贵唾手可及、良好的声誉接踵而至。因此他认为孔丘教唆天下人窃取天下富贵、窃取天下名誉，这才是货真价实的大盗贼。只不过世人肉眼凡胎受其蛊惑，被假象迷惑了双眼，颠倒是非，不分黑白，不称他为盗丘，反而称自己为盗跖。庄子之所以要刻画一个强盗的形象，不是他赞成杀人越货，而是希望用一种极端的手法来加深人们的认识，来揭示仁义礼教的虚伪性。

在《盗跖》篇中，庄子从尧舜、大禹、商汤、文武的经历谈起，一直谈到比干、子胥、尾生、子推，进一步论证了世俗仁义道德的功利性和目的性及其弊端，以他们的人生经历来证明凡是以仁义礼教行事人下场都不好，从而得出仁义礼教有悖人性、有害人生，祸乱人世、遗祸百姓的结论。庄子认为，人是自然的产物，应走自然的人生正道，自然地展示情欲，自然安度天年。但现实中存在的仁义礼教矫人真情、伤人本性、损人天年。庄子不反对真正自然的仁义，强调真正的仁义是人与人之间自然的真情实意，不需要人为渲染。如果追求人为渲染的仁义，那只是求取一种荣华富贵的虚名，一旦染上就变得虚伪起来而做一些表面上利人利众、实际上只是达到私利的事情。如同儒家提倡仁义，倡导以行仁义的圣人为榜样，结果却是造就了无数“窃国”的盗跖来。“窃钩者诛，窃国者侯”，这种名利双窃的盗跖要比只窃财货的盗跖更可怕。庄子指出：“虽重圣人而治天下，则是重利盗跖也。为之斗斛以量之，则并与斗斛而窃之；为之权衡以称之，则并与权衡而窃之；为之符玺以信之，则并与符玺而窃之；为之仁义以矫之，则并与仁义而窃之。何以知其然邪？彼窃钩者诛，窃国者为诸侯，诸侯之门而仁义存焉，则是非窃仁义圣知邪？故逐于大盗，揭诸侯，窃仁义并斗斛权衡符玺之利者，虽有轩冕之赏弗能劝，斧钺之威弗能禁。此重利盗跖而使不可禁者，是乃圣人之过也。”认为通过圣人的示范来教化百姓达到治理天下的目的是不切实际的，这只能为盗跖式的人物创造了便利条件。有悖常理的“窃钩者诛，窃国者侯”现象产生的根源在于圣人宣教仁义。所以，庄子认为功利性和目的性的道德规范及道德教育虽能带来一时之利，却祸患无穷。

庄子认为道德教育方法失当导致人心撄乱而破坏人的自然本性是产生不道德问题的一个重要原因。他指出：“凡人心险于山川，难于知天。天犹有春秋冬夏旦暮之期，人者厚貌深情。故有貌愿而益，有长若不肖，有慎狷而达，有坚而缦，有缓而悍。故其就义若渴者，其去义若热。”（《列御寇》）他认为人的思想特点，一是变化快，二是难捉摸。追求正义时犹如渴者思水急不可耐，抛却正义时又像逃避火灾刻不容缓，正义感产生得快消解得也快。并且人永远只对利益的诱惑感兴趣，为了能处高位而煞费苦心。“人心排下而进上，上下囚杀，淖约柔乎刚强，廉刿雕琢，其热焦火，其寒凝冰，其疾俯仰之间而再抚四海之外。其居也，渊而静；其动也，县而天。偾骄而不可系者，其唯人心乎！”（《在宥》）庄子认为，以儒家为代表的圣人教化论皆受利益的操纵，通过让道德行为成为获利手段的方式，迎合人心对利益感兴趣的弱点，把人心吸引到了利益争夺之上，试图让道德成为民众可以接受的教育方式，从而引致更大的不道德。庄子在《在宥》中通过分析了“明”“聪”“仁”“义”“礼”“乐”“圣”“知”八种诱惑人心的精神活动的弊端①，指出传统的仁义教化带来的最大的祸患是使人丧乱本性，违反天理。因为在庄子看来，人的自然德性无所谓爱憎，天理无所谓是非，而仁则有所爱，义则分辨是非，因而仁义是会产生乱德悖理的。庄子提及八种诱惑，不是让人们随波逐流，而在提醒人们考虑道德问题时，必须正视诱惑的副作用，认清儒家提出的以某种利益来吸引人施行仁义的德育方法所存在的弊端。这种方法只能是权宜之计，因为受利益的吸引才迅速趋向道德的人，利益的吸引一旦失去，立刻就会抛弃道德，背弃的速度和接纳的速度一样快。

为了增强说服力，《在宥》篇里列举了不当道德教育方法撄乱人心的事实。“昔者黄帝始以仁义撄人之心，尧、舜于是乎股无胈，胫无毛，以养天下之形。愁其五藏以为仁义，矜其血气以规法度。然犹有不胜也。夫施及三王而天下大骇

① “说明邪，是淫于色也；说聪邪，是淫于声也；说仁邪，是乱于德也；说义邪，是悖于理也；说礼邪，是相于技也；说乐邪，是相于淫也；说圣邪，是相于艺也；说知邪，是相于疵也。天下将安其性命之情，之八者，存可也，亡可也。天下将不安其性命之情，之八者，乃始脔卷獊囊而乱天下也。”

矣。下有桀、跖，上有曾、史，而儒墨毕起。于是乎喜怒相疑，愚知相欺，善否相非，诞信相讥，而天下衰矣；大德不同，而性命烂漫矣；天下好知，而百姓求竭矣。于是乎斤锯制焉，绳墨杀焉，椎凿决焉。天下脊脊大乱，罪在撄人心。”

庄子认为，天下大乱的始作俑者是黄帝，他提倡仁义而致人心撄乱。尧治天下，天下百姓因感受尧的仁爱而快乐无比以致无法淡泊名利；桀治天下，天下百姓因遭受桀的残酷而痛苦不堪而致悲忧。这样的大喜大怒扰动人们的内心无法再保持平静。这种内心的不平静，恰恰是道德败坏的本原。

《在宥》还说：“人大喜邪，毗于阳；大怒邪，毗于阴。阴阳并毗，四时不至，寒暑之和不成，其反伤人之形乎！使人喜怒失位，居处无常，思虑不自得，中道不成章。于是乎天下始乔诘卓鸷，而后有盗跖、曾、史之行。故举天下以赏其善者不足，举天下以罚其恶者不给。故天下之大不足以赏罚。自三代以下者，匈匈焉终以赏罚为事，彼何暇安其性命之情哉！”过于快乐或过于愤怒都是不足取的。过于快乐会伤阳气，过于愤怒会伤阴气。阴阳二气不协调，身体必然不健康，会造成人喜怒无常，行为失度。心中愤懑的人自然难以控制暴虐的行为，出现盗跖、曾史这一类人就不足为奇。就算竭尽天下全力来鼓励人们行善也远远不足，耗尽天下之力来惩戒犯罪也无法阻止人们行恶，举天下之力来赏善罚恶犹显不足。所以夏商周以来，统治者舍本逐末，始终认为燃眉之急是赏善罚恶，根本无暇顾及安顿和恢复人们的天性。庄子以为，恶行产生的缘由不在人的本性，而在多事的圣人。是他们施行所谓的道德仁义引起人们大喜大怒，搅乱了人们如湖水一般平静的内心。而骚动的人心难以恢复平静，从此天下永无宁日，任何的道德教化与惩戒都苍白无力了。

在庄子看来，对道德行为的奖励是真正意义上的危害，它导致人们对奖励本身产生浓厚兴趣，当目光聚焦在物质奖励上，做事的目标也随之由道德行为的本身集中到物质金钱。这种根本性目标变化伤害了真正的道德。对于上述现象，庄子提出了一系列对策：针对人心易被撄乱的事实，庄子提出“女慎，无撄人心”（《在宥》）；在《庚桑楚》中指出至人的美德之一就是“不以人物利害相撄”而扰乱人心身，在《徐无鬼》中倡导要遵循自然之道不以物撄乱人心，即“吾与之乘天地之诚而不以物与之相撄，吾与之一委蛇而不与之为事所宜”（《徐无鬼》）。

总之，庄子将道德诠释为自然而然的东西，把失德归因于对自然本性的破坏。他希望从源头消除恶习，纠正对道德和道德规范的刻意追求，革除道德行为的功利性目的，修正以褒奖为出发点的德育方法，重新建构道德基础。

## 4.2 德育目标与内容

德育活动是以培养具有一定道德标准的人为目标的，不同的思想家、教育家会站在各自时代背景下提出不同的道德标准，并将这些标准赋予某几个具体人格形象的“人”身上，庄子也不例外。

### 4.2.1 德育目标

庄子认为，人一降生就面临着“与物相刃相靡”“终身役役而不见其成功”（《齐物论》）的悲哀，便会陷入了欺诈、争夺、杀戮的旋涡，这是不可避免、无可奈何和难以驾驭的。所以，庄子不再幻想通过老子式的无为，达到无不为的目的，而是发出了最为强烈的抗议，主张悠然自得、安时处顺的无为，是超脱现实世界中的一切问题，无心于尘俗，无情无人世，无求于功名，自由自在地“游乎尘垢之外”，过着一种“天放”的生活，真正达到能够“得身”“全生”的自由境界。这个自由境界的人具有4个方面特征，即以“尚无”为基点、以“贵真”为原则、以“保生”为目的、以“归心”为归宿，这些特征正是庄子德育目标的体现。

#### 4.2.1.1 尚无

面对当时诸侯国之间战争不断，人生有亡国之事、斧钺之诛、不善之行、冻馁之患、春秋之故、礼义之烦，以至于髑髅都不愿复生（《至乐》），人性则被贵、富、显、严、名、利（《庚桑楚》）所累等“处昏上乱相之间”（《山木》）社会状况。庄子感到已经无力改变动荡的时局、艰难的世事和悲苦的人生，所以他只能回归了人的内心以“无”为。“无”字是《庄子》中出现频率最多的字之一，据统计共出现800余次。庄子也以“无”为基点在人生观上衍生出了许多重要的概念，如无己、无功、无名、无待、无为等。究其实质，庄子的“无”是一种状态，也是一种修养。《逍遥游》中，不管是怒飞的大鹏、睩起而飞的蜩与学鸠，还是御风而行的列子，都要有所依凭，都还没有达到逍遥的境界，而要达到逍遥的境界，就要做到无己、无功、无名。《应帝王》篇中“浑沌凿七窍”、《知北游》篇中“泰清问道”等寓言都是在强调“无”。统观庄子德育思想，其核心目标就是在强调由有至无、由静至无、由虚至无。面对人世中通向无境羁绊，在庄子看来，在物欲横流的社会里，只有面对“无”，人和人之间才是相通平等的，于他提出要以无为本，通过“心斋”“坐忘”“悬解”“撄宁”等修炼心灵，达到忘掉自我、不求功名、顺任自然、独来独往的境界，“乘云气，御飞龙，而游乎四海之外”（《逍遥游》），“茫然彷徨乎尘垢之外，逍遥乎无为之业”（《大宗师》）；“以出六极之外，而游无何有之乡，以处圹埌之野”（《应帝王》）。这里的“四海之外”“尘垢之外”“六极之外”“无何有之乡”，并非宗教家虚拟的仙境天国，而是庄子向往的自由王国、绝对自由的精神境界。

#### 4.2.1.2 贵真

庄子认为，真就是天然、自然，指出法天贵真，要求人纯生葆真。“真者，精诚之至也。不精不诚，不能动人。故强哭者，虽悲不哀；强怒者，虽严不威；强亲者，虽笑不和。真悲无声而哀，真怒未发而威，真亲未笑而和。真在内者，神动于外，是所以贵真也……礼者，世俗之所为也；真者，所以受于天也，自然不可易也。故圣人法天贵真，不拘于俗。"（《渔父》）在庄子看来，人本应如马一样，"蹄可以践霜雪，毛可以御风寒。龁草饮水，翘足而陆"（《马蹄》），享受一种自由自在的生活。而儒家等学派推崇的礼如伯乐医马，不仅"烧之，剔之，刻之，雒之"，还"饥之渴之，驰之骤之，整之齐之"（《马蹄》），使其真实性情丧失殆尽。庄子强调"礼者，道之华而乱之首也"（《知北游》）。因此，做到真，首先要剔除礼的文饰，以德充实内心。同时，还要务必消除"机心"，庄子认为，人为的巧作机诈，使人的内心纯白不备、神生不定，这是与道相违背的。《天地》中借汉阴丈人之口指出："有机械者必有机事，有机事者必有机心。机心存于胸中，则纯白不备；纯白不备，则神生不定。神生不定者，道之所不载也。"可见，在庄子看来，贵真既是道内在要求和具体品性，又是道在人身上的外在体现和具体形态，所以，"保其真君"也是修德育性的目标之一。

4.2.1.3 保生

庄子看到人的生命非常短暂，指出"人生天地之间，若白驹之过隙，忽然而已"（《知北游》），但庄子却对生命有其独特的理解，比如《至乐》中有记载了其妻死后，惠子前来吊唁，而他却箕踞鼓盆而歌的故事，其中庄子对于惠子的指责，道出他对生命的看法，即人生就是一个由气至形、由形至生的过程，"然察其始而本无生；非徒无生也，而本无形；非徒无形也，而本无气。杂乎芒芴之间，变而有气，气变而有形，形变而有生。今又变而之死，是相与为春秋冬夏四时行也"。如何进行或者延续这个过程呢？庄子提出了养生、葆生、纯生学说。《养生主》专门谈养生，在庄子看来，养生是逍遥自在的前提，这并不复杂，关键在于"缘督以为经"；在于像庖丁一样委顺自然；在于做到安时而处顺。

关于保生，庄子认为社会、人世充满凶险，稍有不慎可能引来灭顶之灾，所以一定要谨小慎微、防微杜渐。庄子在《山木》篇中主张人应处于"材于不材之间"，以使自己"免乎累"。《山木》篇中还描述了一种东海名为意怠的鸟，"翂翂翐翐，而似无能；引援而飞，迫胁而栖；进不敢为前，退不敢为后；食不敢先尝，必取其绪。是故其行列不斥，而外人卒不得害，是以免于患"。

至于纯生，就是要做到心静神宁，与道相融。庄子看到这个问题的复杂性，因此也提出了应对之策。一是要节欲。"其耆欲深者，其天机浅"（《大宗师》），"以瓦注者巧，以钩注者惮，以黄金注者殙。其巧一也，而有所矜，则重外也。凡外重者内拙"（《达生》），人的欲望使人心神不宁。二是要安贫乐道。庄子强调心中无欲则天地坦荡，要像曾子一样，"缊袍无表，颜色肿哙，手足胼胝。三日不举火，十年不制衣，正冠而缨绝，捉衿而肘见，纳屦而踵决"（《让王》），尽管非常贫困，却依然"曳纵而歌《商颂》，声满天地，若出金石。天子不得臣，诸侯不得友"（《让王》）。三要与道交融，凝神全德。"庖丁解牛"（《养生主》）寓言中的庖丁、"轮扁斫轮"（《天道》）寓言中轮扁、"痀偻者承蜩"（《达生》）寓言中的痀偻老人、

“吕梁丈夫蹈水”(《达生》)寓言中的吕梁丈夫、“梓庆为鐻”寓言(《达生》)中的梓庆以及《知北游》中的“大马之捶钩者”等都是与道相融的典型,正如吕梁丈夫蹈水是本着“始乎故,长乎性,成乎命。与齐俱入,与汩偕出,从水之道而不为私焉”一样,在人生历程中切实做到与道相融。

#### 4.2.1.4 归心

庄子之道具有一种极强的张力,而这种张力主要在人的心灵层面体现出来,通过自事其心的方式来实现。心既是庄子关注和经常涉及的话题,更是其德育学说的最终归宿。“自事其心者,哀乐不易施乎前,知其不可奈何而安之若命,德之至也”(《人间世》),可见,至德要通过“事心”来表现。这里的心大体有两个层面的意义。一是通过心斋、坐忘等心灵修炼的工夫,把心导向虚与空,正如庄子所指出的“虚室生白,吉祥止止”(《人间世》)一样,如果一个人心境空明,吉祥就会聚集到虚明之心中。二是指精神上的自由与张扬,也就是庄子所努力要求达到的逍遥、天放境界。长期以来,许多人曾认为这是庄子对现实无奈的借口和安慰,其实不然,这恰恰是庄子极力实现的逍遥、天放,这是一种精神上的高度自由。如果把它理解为阿Q精神胜利法,则是对庄子精神境界的一种误解①。综观《庄子》各篇章,庄子所主张的逍遥、天放、悬解、撄宁等自由的心灵境界都是以虚无为基点的,看不出有“儿子打老子”式的精神安慰。

总之,尚无、贵真、保生、归心是庄子道德观的核心诉求。它虽然显得缺少色彩而黯淡,也显得沉寂而不活泼,但它筑起了人之为人的最后屏障。在中国古代德育史中,庄子的道德学说为闪耀着人性光辉的道家道德愿景夯实了根基,这也是庄子德育学说的价值所在。

### 4.2.2 理想人格

战国时期,群雄争霸,儒家君子型的“圣人”、墨家贤士型的“巨子”等各种教育目标也应运而生。身处各种思想激烈争鸣的局面下,庄子独树一帜,提出了道家所要培养的是与物有宜、天人合一型的“真人”。

庄子推崇备至的“真人”,就是能以修身养性为要而得道,进而达到了与宇宙天地自然相融一的境界。对真人的形象和品质,庄子刻画:“不逆寡,不雄成;不谟士。若然者,过而弗悔,当而不自得也;若然者,登高不慄,入水不濡,入火不热。是知之能登假于道者也若此。……其寝不梦,其觉无忧,其食不甘,其息深深。真人之息以踵,众人之息以喉……不知悦生,不知恶死;其出不䜣,其入不距……其状义而不朋,若不足而不承;与乎其觚而不坚也,张乎其虚而不华也;邴乎其似喜也!崔乎其不得已也……其好之也一,其弗好之也一。其一也一,其不一

① 张洪兴.《庄子》“三言”研究[M].北京:学苑出版社,2011:113-117.

也一。其一与天为徒，其不一与人为徒。”（《大宗师》）

在庄子看来，天和人之间是一种“不相胜”的亲和关系，彼此融为一体。所以，真人就应该“与物有宜，不以心损道，不以人助天”（《大宗师》）。这样做的目的并不是要求人们作自然的附属和奴隶，而力求达到“物物而不物于物”，“乘天地之正，而御六气之辩”（《逍遥游》），游乎四海之外，“独与天地精神往来而不敖倪于万物”（《天下》）的境界。这种貌似消极而实质积极的天人合一观念，构成了真人法自然的内在本质品质，是真人形象的基础和言行的准则。

需要特别指出的是，法自然虽为真人的本质特征，但法自然却不为道家所独有。孔子就曾说过“唯天为大”（《论语·泰伯》），指出只有“上律天时，下袭水土”（《礼记·中庸》），万物方举。孔子透过天下大治的历史事实，揭示出在天人关系上人应法自然、以天为则，并在此基础上肯定了人的主体地位，提出“人者，天地之心也”（《周礼·仪礼·札记》），形成了人定胜天的观念。庄子与儒家的不同之处，就在于法自然的目的是为了天人亲和，修身养性。但并不是仅仅养自然之躯，而是要养人的精神生命，使人格健康发展、和谐完善，而不致被儒家仁义功名等世俗观念所戕害。“夫形全精复，与天为一”（《达生》）。显然，这与儒家杀身成仁、舍生取义截然不同。庄子这种主张被后世道教所利用，进一步提出了乐生、贵生的主张，以至提出了“长生成仙”的要求，从而使真人的外延不断扩大，内涵不断嬗变。从某种意义上说，这已经背离了庄子提出真人所具有的本义。而庄子真人法自然的思想渊源则是对老子“道法自然”的继承和发展，这正是庄子提出真人培养目标在中国德育史上的独特地位。

庄子不仅仅提出“真人”目标，他还提出了“神人”“圣人”“至人”“全人”“德人”等几种称谓的理想人格。究其实质，这并非理想人格和培养目标发生了变化，而是站在不同视角、根据不同的需要描述了理想人格应具备的特征与表现，他们在本质上是内在统一的，都与真人密切相关。

除了庄子外，在中国文化史上，各家都将圣人作为最高道德境界，不同的是含义和诠释。比如，和儒家世俗的圣人观相比，老子心目中的得道圣人具有法自然而无为、致虚静而贵柔等特质。庄子继承了老子的观点，指出圣人与真人相通，“循天之理”（《刻意》），法之自然，平易恬淡，不求功名，“旁日月，挟宇宙，为其吻合，置其滑涽，以隶相尊。众人役役，圣人愚钝，参万岁而一成纯。万物尽然。而以是相蕴”（《齐物论》）。与此同时，庄子还无情揭露和辛辣讽刺了儒家劳神伤心的世俗圣人观。鉴于此，将圣人作为庄子的理想人格极易产生一些不必要的困扰。

关于神人，庄子指出其“不离于精”（《天下》），“肌肤若冰雪，绰约若处子；不食五谷，吸风饮露；乘云气，御飞龙，而游乎四海之外。其神凝，使物不疵疠而年谷熟”（《逍遥游》）。这种神人的德量，“将磅礴万物以为一”，“物莫之伤，大稽天而不溺，大旱金石流，土山焦而不热。是其尘垢秕糠，将犹陶畴尧舜者也，孰肯以物为事！”（《逍遥游》）可见，和真人一样，神人也具有入水不濡、入火不热，不为物累、与物有宜，摒弃世俗、神游四海等品质和特征，不同的是，神人不食五谷、吸风饮露，这正体现了真人所具有的神性特征。也正是因为这种神性特征被后来道教神仙理论所用。

至人“不离于真”（《天下》），与真人的含义一致，只是称谓不同而已。庄子多次指出，至人“以游逍遥之墟，食于苟简之田，立于不贷之圃。逍遥，无为也；苟简，易养也；不贷，无出也。古者谓是采真之游”（《天运》）。其逍遥无为，采真之游与真人相一致。“至人神矣！大泽焚而不能热，河汉沍而不能寒，疾雷破山而不能惊。若然者，乘云气，骑日月，而游乎四海之外，死生无变于己，而况利害之端乎！”（《齐物论》）而真人不知悦生，不知恶死，登高不栗，入水不濡，人火不热。由此可见，至人与真人相似、与神人相通。

“德人者，居无思，行无虑，不藏是非善恶。四海之内共利之之谓悦，共给之之谓安”（《天地》）。可见，有德之人并不是所提出的道德之人，而是处于“无所待”之界，“审乎无假而不与物迁，命物之化而守其宗也”（《德育符》），也体现出了真人与物有宜、不为物累，心地宁静、抱朴守真的品质和特征。

可见，庄子提出的几种理想人格，尽管称谓不同、内容有异，但本质目标具有相同之处，这种相同之处正是真人与自然融为一体的理想境界，这也是庄子德育目标区别于其他各家德育目标的本质所在。

庄子将天人合一型的真人作为理想人格和培养目标，既有其理论渊源，又有深刻的社会背景和价值选择的倾向。从理论渊源看，它直接继承了老子“人法地，地法天，天法道，道法自然”“辅万物之自然而不敢为”“致虚极，守静笃”“见素抱朴，少私寡欲”“修之于身，其德乃真”等思想和观点，以法自然为总纲，强调无为而处，与物有宜，超然脱俗。他把这种理想推演成为生动的“真人”形象，为多少后人所仰慕、所青睐，并奉其为一系列切实可行的人生准则而恪守践履，当然也就推演出政治上无为而治的理论和人生顺乎天命的懦夫心态。

庄子的真人目标也是社会生产关系的产物。马克思主义认为，在阶级社会中，每一个人必然处于一定的生产关系中，无不站在其阶级立场上谈论是非。庄子所处的战国时代，烽烟不息，作为一个小生产者的代表，庄子把平息战乱、安居乐业的心态和追求外化为一系列德育主张。他厉声斥责统治者为争权夺利不惜百姓生存而发动战争灾难，他高声疾呼统治者不要用仁义礼智来禁锢人们的思想行为，让人们能够遵循自然本性，“日出而作，日入而息，逍遥于天地之间而心意自得”（《让王》）。面对这种最低需求也难以保障的现状，他意识到解决这种理想与现实之间的矛盾的唯一出路在于从精神上摆脱各种束缚，使人从精神领域在狭小的现实生存空间得以延伸。庄子正是面对社会矛盾给人所造成的压抑，扶摇直上，背负青天，冷眼旁观，塑造了独与天地精神往来的真人形象，给历代试图摆脱现实生活束缚的人以无限的遐想和追求，使他们从其中领悟到一个新的自我价值，进而使人的价值的内在潜力得到必要体现。

真人目标也是人的价值理论体现的必然产物。德育与社会发展、人的发展密切相关。春秋战国时期，以儒家为代表的一些思想家立足于社会本位，提出人的培养应服从社会发展需要，服务于统治阶级，所以孔子提出君子应杀身成仁，孟子提出君子当舍生取义，要求个人以生命殉仁义之名、谋统治阶级之利；以道家为代表的一些思想家立足个人本位，重视人自我价值的实现，主张教育要符合人自身发展的需要。老子提倡无为而治、抱真守朴，复归婴儿般的自然状态。庄子提倡与物有宜，注重个体的精神生命。这两种对立的人生价值表现出两种不同德育价值观的冲突与交锋。对社会统治来讲，需要的是儒家，摒弃的是道家，而个体反之。所以，道家只能被个体接受，而不会被统治阶级采纳；只能成为统治阶级中不得意者寻求慰藉和解脱的灵丹妙药。这正是先秦道家价值观久经发展而不衰的原因。作为两种不同的价值观念，儒道争论决不会因时代变迁而终止，它们必将在持续的交锋中，让人们从中体悟出一个相对协调的价值取向，促使人的道德素质得到进一步提高升华。

### 4.2.3 德育内容

德育作为人类教育活动的重要组成部分，世界观、人生观、价值观是其主要内容，古今中外概莫能外。作为先秦时期最具影响力的哲学家之一，以自然无为的“大道”为基础，庄子以其敏锐的头脑进行了深邃的洞察，对人生四观做出了独特的透彻诠释。

#### 4.2.3.1 生命观——齐同生死、安时处顺

“三生”(生命、生存、生活)教育是德育教育中的重要内容。出生与死亡作为人生的起始与终端两件大事而倍受古人重视。在先秦诸子著作中有大量对于生死的论述。相对而言，孔子更注重活着的人生。比如季路问事鬼神，子曰：“未能事人，焉能事鬼?”“敢问死?”曰：“未知生，焉知死?”(《论语·先进》)孔子还说：“朝闻道，夕死可矣。”(《论语·里仁》)老子则强调对待生命要心态平和，提出生命的存在要遵循自然原则。他提出“人之生也柔弱，其死也坚强。草木之生也柔脆，其死也枯槁。故坚强者死之徒，柔弱者生之徒”(《老子·七十六章》)，认为自然柔嫩弱小的状态是生之条件，而坚强却可能因其违背“大道”而走向毁灭。《庄子》一书中也使用了大量笔墨描述生存与死亡，认为人生短暂，生死相倚。“死生，命也，其有夜旦之常，天也”，“夫大块载我以形，劳我以生，佚我以老，息我以死。故善吾生者，乃所以善死也”(《大宗师》)。庄子对于人类的考察和思考不是孤立进行的，他将之纳于复杂的整个宇宙系统之中。“自以比形于天地而受气于阴阳。吾在天地之间，犹小石小木之在大山也”；“号物之数谓之万，而人处一焉。

此其比万物也，不似毫末之在马体乎？”（《秋水》）形象地比喻说明了宇宙之浩渺、人类之渺小。

在庄子眼中，任何人都无法决定自己的生死，更无法掌控别人的生死，一切皆出自然，“生之来不能却，其去不能止”（《达生》），生存与死亡就像白昼和夜晚一样自然交替。在庄子看来，大自然慷慨给予人类外在躯体，人在得到馈赠的同时也在艰难生存中劳累，虽偶有闲适却逐渐衰老，只有死亡才是真正的安息。人的死亡和人的生存一样，都应该被看作好事，这就是庄子主张的“死生同于大道”的生死观核心。只有真正领会“齐同生死”的真谛，人才能做到“生而不悦，死而不祸”（《秋水》），“不乐寿，不哀夭”（《天地》），敬畏自然，淡忘生死。《天地》中还指出“忘己之人，是之谓入于天”，认为要达到同于大道的境界，只有超乎自身与天地自然融合。

《大宗师》还强调：“见独，而后能无古今；无古今，而后能入于不死不生。杀生者不死，生生者不生。”作为庄子哲学体系中的重要概念，《庄子》中多次提及并深刻阐释“独”，其主要含义是指能够自主存在而无须依附的道。庄子认为教化世人，道存在的价值就在于对世人的启迪，摒弃头脑中关于古今时空的认识，没有了生的概念也就无所谓死，从而进入生死两茫茫的境界。庄子是希望通过道的传扬，让人们从生生死死的困惑和恐惧中解脱出来，生活得安逸一些。

世上有“真人”，他们为人处事顺应自然规律，绝不人为干涉自然发展，任凭生死的自然降临，忘却生死回归本然。这种对待生死的态度，庄子极为欣赏。庄子认为“真人”之所以能“其寝不梦，其觉无忧，其食不甘，其息深深”（《大宗师》）是因为他们同于大道，与道为一。

《庄子》中还有不少用来说明生死观的寓言。如，秦佚在老聃离世时悲痛欲绝，庄子批评秦佚虽为老聃弟子却未能秉承老师的衣钵，这不是真正的道家所为。通过这件事，说明生死有命，一切均应合于自然，喜生恶死有违大道之理。再如通过惠子凭吊妻子，阐发人的生命本质为“气”，气聚则生，气散则死，生死具有必然性的道理。庄子认为死亡在本质上绝不等同于消亡，而是物质转移，是“一气”转化为“他气”的“物化”过程；强调宇宙为大生命，人为小生命，二者融为一点的基点是“通天下一气”，只有与时俱化，才能“天人合一”。他教导弟子死亡是生命的必然，也是自然的必然，人的躯壳只是精神暂时的寄居地。随着人的死亡，形骸轰然倒地不复存在时，精神却可以脱离寓所而永存。所有这些理论，充分说明庄子已经达到了置身天地之间并与其融合的境界。这种“天地与我并生，而万物与我为一”的宇宙观，在客观上提高了后人对生死的正确认识，有效缓解了人们对死亡的恐惧，从而快乐自由地享受生活。

#### 4.2.3.2　自由观——通达四方、逍遥无为

古希腊的亚里士多德提出“人本自由”的观点，同一时期的庄子亦推崇自由。

对自由的阐述、崇尚和实践，庄子是先秦诸子中最具影响者的。不仅他的思想对后世哲学、文学走向产生重大影响，而且他的行事风格做派也成为后辈名士、隐士等后来者纷纷效仿的范式。

《逍遥游》中塑造的大鹏形象是庄子自由观的典型体证："北冥有鱼，其名为鲲。鲲之大，不知其几千里也。化而为鸟，其名为鹏。鹏之背，不知其几千里也；怒而飞，其翼若垂天之云。是鸟也，海运则将徒于南冥。南冥者，天池也……鹏之徙于南冥也，水击三千里，抟扶摇而上者九万里，去以六月息者也。""逍"指速度"缓"，"遥"指距离"远"。王夫之在《庄子解》中曰："逍者，向于消也，过而忘也。遥者，引而远也，不局于心知之灵也。"可见，"逍遥"一词展示了一幅悠闲自在地在天地之间任意驰骋的图景。究其实，除了"自由"为"逍遥"的题中之意外，"逍遥"中还隐蕴着无为这个根本前提，《天运》指出："逍遥，无为也。"庄子"逍遥游"的本质就是安闲享受自然而自由自在、无拘无束地生活，"逍遥于天地之间而心意自得"（《让王》）。庄子用如椽之笔、传神语言刻画的扶摇直上、无拘无束、展翅翱翔的大鹏形象，就是他向往自由、渴望回归自然的真实意思表达。

庄子认为这样的逍遥只有通过"顺乎自然"才可以实现。他强调要"乘天地之正，而御六气之辩，以游无穷者，彼且恶乎待哉?"这里，"乘"和"御"都是遵循、凭借的意思；"正"指代的是自然本性和规律；"辩"同"变"，指变化；"六气"是阴、阳、风、雨、晦、明。在庄子看来，只要掌控了"六气"的变化，并按照自然规律行事，就一定能达到在无穷无尽的太空遨游的自由。《逍遥游》中极具渲染色彩的神鸟，恰恰是庄子超脱现实、崇尚自由、追求逍遥的人生志向的具象代言。

庄子的超然在于虽活在俗世却置之度外。他以一位旁观者的冷眼查看了人们在世俗社会中遭受的精神上的折磨，指出"巧者劳而知者忧，无能者无所求"（《列御寇》），认为劳累多的人灵巧，忧患多的人智慧，容易获得自由快乐反而是那些能力低、智慧少的人。因此，他反对技巧、智慧、贤能，提倡"饱食而遨游，若不系之舟，虚而遨游"（《列御寇》）。庄子以梦蝶为例，说明与人生活在同一天地下的鸟、鱼、蝴蝶等不受束缚，远比人类潇洒自在。庄周梦蝶表达了庄子对自由自在生活的崇尚和渴望。世人看蝴蝶，映入眼帘的是蝴蝶漂亮的表象，哲学家庄子看蝴蝶，悟到的是自由的本质。庄子觉得，人能如蝶必会十分快乐。在这种思想意识的指引下，他梦见自己化蝶也就顺理成章了。

为了进一步说明自由的意义，庄子援引野鸡之例指出"泽稚十步一啄，百步一饮，不蕲畜乎樊中。神虽王，不善也"（《养生主》），认为生活在沼泽边的野鸡虽然饮水进食都得之不易，但与那些被豢养在樊笼中的家鸡相比，它们却是自由的。现实中的人为自己的欲望所牵绊，所制约，所驱使，从而失去了原本属于自己的自由。庄子以野鸡的寓言故事告诫世人，即使是头脑简单如野鸡这类低等动物也渴求自由，也明了自由的可贵，何况是人呢。魏晋时期陶渊明也在《归田园居》中发出“久在樊笼里，复得返自然”的感慨。

对逍遥自由的追求是庄子人生哲学的特色之一，这种自由观对后世产生了巨大影响，但也不能掩饰它的局限性。他一味强调顺乎自然，合乎大道，却忽视了任何自由都是相对的、有条件的。如他提出大鹏“乘天地之正，而御六气之辩，以游无穷”时，重视了客观规律、自然条件等外在客观因素的作用，却忽略了大鹏“奋力搏击”这个起关键作用的主观内因要素。这种超乎现实，追求绝对精神自由，是不现实的。我们在汲取庄子自由观理论合理因子的同时，更应辩证地分析，科学审慎地扬弃。

#### 4.2.3.3 名利观——自然恬淡、无私无欲

庄子指出“藏金于山，藏珠于渊，不利货财，不近贵富；不乐寿，不哀夭；不荣通，不丑穷；不拘一世之利以为己私分，不以王天下为己处显”(《天地》)，“其嗜欲深者，其天机浅”(《大宗师》)。虽拥有金银财宝，却放置于大山深渊，而不是囿于手边，日日把玩；视财物和富贵如粪土，视通达和贫困如浮云，不以获得利益为喜，不因到达权力的巅峰而炫耀。人的嗜好与欲望越多元越强烈，就越背离自然本性，与大道也就背道而驰了。

庄子认为“至人无己，神人无功，圣人无名”(《逍遥游》)，指出“至人”是能够达到忘我境界道德修养高尚的人，“神人”是能够不慕功名精神世界超脱物外的人，“圣人”是不看重名誉和地位思想修养臻于完美的人。这三种人具有的德行正是庄子追求的理想人格——真人的品格在不同视角的表现。他认为追求名声毁败了道德，又造成了相互倾轧，智慧沦为相互争斗的器物，指出“德荡乎名，知出乎争。名也者，相轧也；知也者，争之器也”(《人间世》)。在庄子看来，俗人皆为名利所累，智慧成为害人凶器。求财富者决不会轻易出让利禄；重荣誉者决不会轻易出让名声；恋权势者决不会轻易授人权柄。但事实上，这些人即使身价不菲、名誉重身、大权在握还是会患得患失、惴惴不安。因为他们彻底践踏了大道无为、天地无私的基本准则，最终只落得为天地所不容，为后人所唾骂的下场。

庄子的思想不是空穴来风，当时的诸侯国君、士卿大夫等社会中的上层人物非常热衷于名利争逐。以国君为例，“君人者以己出经式义度”，拥有万人之上的地位，汗牛充栋的财富。然而文献记载，各个诸侯国中上演着相似的历史悲剧：有的国君被谋反的臣子杀戮，有的国君是骨肉相残权力被篡夺，有的侥幸逃得一命却从此颠沛流离最后客死他乡……真正安享天年的少之又少。在庄子看来，这全是因为背弃大道，欲壑难填。

庄子在《盗跖》中从 6 个方面深刻阐述了追求财富带来的祸患：“今富人，耳营钟鼓管籥之声，口嗛于刍豢醪醴之味，以感其意，遗忘其业，可谓乱矣；侅溺于冯气，若负重行而上阪，可谓苦矣；贪财而取慰，贪权而取竭，静居则溺，体泽而冯，可谓疾矣；为欲富就利，故满若堵耳而不知避，且冯而不舍，可谓辱矣；财积而

无用，服膺而不舍，满心戚醮，求益而不止，可谓忧矣；内则疑劫请之贼，外则畏寇盗之害，内周楼疏，外不敢独行，可谓畏矣。此六者，天下之至害也，皆遗忘而不知察。及其患至，求尽性竭财，单以反一日之无故而不可得也。故观之名则不见，求之利则不得。缭意体而争此，不亦惑乎！”富人渴求动听音乐和美味佳肴，因欲望强烈而忘记了对事业的追求，可谓迷乱之至；愤世嫉俗，犹如负重爬坡，可谓痛苦之至；为敛财富而愤懑不平，为谋官位而心力交瘁，可谓病入膏肓；贪欲随着财富的积聚而越发强盛，财物堆积如高墙却仍不餍足，可谓羞辱之至；每日守着金山银山却患得患失，忧心忡忡，可谓忧愁之至；唯恐贼人会杀人越货，甚至都不敢抛头露面了，可谓畏惧之至。但所有这些迷乱、痛苦、忧愁、畏惧等，它们带来的心理体验都不及大祸临头的那一刻。祸患真的降临，即便散尽千金买一日安宁，解甲归田以图保全性命也难以实现。在庄子看来，不论什么时候，名利的追逐者和拥有者都只能受名利的奴役，为名做累，为财所害。

庄子从社会宏观视角出发，审视了追名逐利产生恶果的原因，明确指出：“夫力不足，则伪；知不足，则欺；财不足，则盗。”（《则阳》）伪诈行为产生于自身力量不足；欺骗别人是因为自己不够智慧；盗窃的存在是因为财富不充足。庄子的认识有正确的因子，任何时代、任何社会，力量、智慧、财富都属于无法无限量供应的稀缺资源，且分配时无法绝对均衡，因此每个人的拥有量就会存在差异，所以伪诈、欺骗、偷盗产生了。这些行为搅乱了社会秩序，是人类祸患的根源。《史记·老子韩非列传》中记载：“楚威王闻庄周贤，使使厚币迎之，许以为相。”庄周笑谓楚使者曰：“千金，重利；卿相，尊位也。子独不见郊祭之牺牛乎？养食之数岁，衣以文绣，以入大庙。当是之时，虽欲为孤豚，岂可得乎？子亟去，无污我。我宁游戏污渎之中自快，无为有国者所羁，终身不仕，以快吾志焉。”而对国君诚意相邀出任位高权重于一人之下、万人之上的相位，庄子以“郊祭之牺牛”自喻，委婉拒绝，以实际行动践行了自己主张的无私无欲、恬淡自然的名利观。

庄子的名利观源于他的生命观和自由观。他认为：“天无私覆，地无私载。”（《大宗师》）苍天大地厚德载物不是为了一己私利，苍茫天地尚且如此大度无私，渺小如沧海之一粟的人类为何做不到呢？况且时间“如白驹之过隙”，人生苦短，名利终将成为过眼烟云，一味追求没有意义。《逍遥游》中说：“鹪鹩巢于深林，不过一枝；偃鼠饮河，不过满腹。”深林中的鸟儿栖息时只需一个枝丫；口渴的鼹鼠虽面前是饮之不竭的河水，它只需要饱腹即可。人也应该如此，正如俗语所说：人生在世屈指算，一共三万六千天；家有房屋千万座，睡觉就须三尺宽。

#### 4.2.3.4 情感观——情形两忘、至乐无乐

庄子对人之情感涉猎较多。庄子认为，悲喜背离德行，喜怒违反大道，好恶相悖真情。所以，内心波澜不惊，才为最佳德行；持道专一无所移，方为清心寡欲至圣境界；与外物和谐相处，才能做到虚寂无为；不与外物发生纠葛，才是真的恬

淡自然;与任何事物不忤逆,才能抵达精神淳朴的圣地。总之,在庄子看来,不合自然本性的情感是与道德要求相违背的,其结果会泯灭人的淳朴品性,所以,庄子提倡人在情感上应忘却喜、怒、哀、乐。

“古之得道者,穷亦乐,通亦乐,所乐非穷通也。道德于此,则穷通为寒暑风雨之序矣。”(《让王》)庄子认为真正得道之人,无论身处顺境还是逆境,都不会影响自然快乐的心绪,因为他心中留有道德。《德充符》中记述了庄子与惠子就人的情感一段对话。惠子谓庄子曰:“人故无情乎?”庄子曰:“然”。惠子曰:“人而无情,何以谓之人?”庄子曰:“道与之貌,天与之形,恶得不谓之人?”惠子曰:“既谓之人,恶得无情?”庄子曰:“是非吾所谓情也。吾所谓无情者,言人之不以好恶内伤其身,常因自然而不益生也。”惠子曰:“不益生,何以有其身?”庄子曰:“道与之貌,天与之形,无以好恶内伤其身。今子外乎子之神,劳乎子之精,倚树而吟,据槁梧而瞑,天选子之形,子以坚白鸣!”庄子指出人不该有情感,惠子认为没有情感人不能称之为人。庄子说道给予人容颜、天赋予人形骸,怎么不能称为人呢?惠子反问,既然是人,为什么没有情感?庄子辩称,此情非彼情。我口中的无情,不用好恶取舍来干扰内心,伤害身体;顺应自然即可而不过分悭吝生命。惠子质问道:不注重生命,怎么自保?庄子给他解释说,大道赋予我们“人”的音容笑貌,身体形态,我们不应该因自身好恶而自伤。庄子批评惠子,认为他劳心费力无休止进行无意义的诡辩,是对身体的浪费。这则事例说明,庄子并不是单纯一概反对人类情感,而是反对脱离大道,丧失自然本性的大悲大喜,教育人们要做“合于大道”的性情中人。

庄子不合大道的亲情持批判态度,指出“人亲莫不欲其子之孝,而孝未必爱,故孝已忧而曾参悲”(《外物》)。世间最大的亲情源自父母子女之间。父母慈爱希望儿女孝顺,子女尽孝希望得到父母怜爱,这种有条件的亲情不一定能得到回馈,所以孝己郁郁寡欢而死,曾参一生悲伤绝望。在庄子看来,父慈子孝应是人的本性使然,任何附加条件都有损于它的本真意义。庄子将其亲情观扩及动物身上,以动物与人类对比,以此彰显无价的自然亲情,强调只有不包含任何私心杂念的爱才是真正的大爱、至爱。

《至乐》还重点阐述了“快乐的真义”,指出世上人人皆艳羡万贯财富、尊贵地位、显耀名望等,渴求安逸生活、可口美味、华丽服饰、悦耳乐声等。人们总是对贫困生活、低贱身份唯恐避之不及,对衣不蔽体、食不果腹苦恼不尽。庄子认为这都是十分愚蠢的。“今俗之所为与其所乐,吾又未知乐之果乐邪?果不乐邪?吾观夫俗之所乐,举群趣者,径径然如将不得已,而皆曰乐者,吾未之乐也,亦未之不乐也,果有乐无有哉?吾以无为诚乐矣,又俗之所大苦也。故曰:‘至乐无乐,至誉无誉’。”(《至乐》)庄子指出世俗之人皆以肉体器官享受为快乐,却均因外物所滞而无法得到最大的快乐。他强调至乐无乐,认为最大的快乐就是忘却快乐,没有快乐却是最大的快乐。这二者看似矛盾实则同一。为快乐而快乐不是真快乐,因为只有把情感、自身、快乐本体抛在脑后,才能做到无喜无怒、淡泊宁静、逍遥无为,才能得到“至乐”。

## 4.3 德育原则与方法

### 4.3.1 德育实践的构成

#### 4.3.1.1 施教者与受教者

(1) 达情顺意的施教者

庄子认为施教者在德育过程中处于主导地位,并从发挥好主导作用的角度,提出了达情顺意的要求。具体讲就是教育者要根据教育对象因势利导,达乎其情,顺乎其意。首先,庄子认为教育方法是建立在对教育对象心理特征的充分了解基础之上的。他借用老子之言为其控制人心的理论根据。“人心排下而进上,上下囚杀,淖约柔乎刚疆”(《在宥》)。他认为人心受到压抑就消沉,受到推进就高涨。只有柔美的心志表现才可以柔化刚强。这就要求教师能以温和柔美的情态去维系学生迅速变化着的心理情绪,使之能够稳定发展,而不至上下囚杀,饱受折磨。

其次,庄子要求教育者正汝身,巧妙地把握教育的分寸。“戒之,慎之,正汝身也哉!”(《人间世》)正汝身的关键是要掌握好教育的“度”。“过度益也”(《人间世》)。其度的表现,是“形莫若就,心莫若和”,“就不欲人,和不欲出”(《人间世》),这就是说,亲附他人不要太过分,诱导他人不要太显露。二是度的掌握与教育的时间过程密切联系在一起。因为“美成在久”(《人间世》),不能凭教育者急切的主观愿望来要求他,需要根据教育对象心理发展过程来调节教育者的情感尺度,从而使教育对象能够走上正途而“无疵”。“彼且为婴儿,亦与之为婴儿;彼且为无町畦,亦与之为无町畦;彼且为无崖,亦与之为无崖。”(《人间世》)且不可以急躁的情绪致使学生酿成恶习,难以迁改。三是教育学生不能“以火救火,以水救水”(《人间世》)而急于求成、急功近利,而应该深究其缘,探寻问题症结,达乎情、顺乎意,予以适当的教诲诱导。

(2) 以恬养知的受教者

庄子从受教者主体的角度,说明了人的情绪对接受教育的影响。他认为接受教育并不是单纯的受动活动,而是伴有复杂心理活动的能动性活动。要获得知识,就需要克服消极的心理障碍:防止意志的错乱,解脱心灵的束缚,去除德性的负累,疏通学道的阻塞。他在《天地》中指出:“失性有五:一曰五色乱目,使目不明;二曰五声乱耳,使耳不聪;三曰五臭薰鼻,困惾中颡;四曰五味浊口,使口厉爽;五曰趣舍滑心,使性飞扬。此五者,皆生之害也”,还进一步指出:“勃志”有六：贵、富、显、严、名、利；“谬心”有六：容、动、色、理、气、意；“累德”有六：恶、欲、喜、怒、哀、乐；“塞道”有六：去、就、取、与、智、能。他认为这些心理障碍不消除，志不得专，心不能宁，德难以纯，道难以明。“此四六者不荡，胸中则正，正则静，静则明，明则虚，虚则无为而无不为也”(《庚桑楚》)。这些认识，既指明了道德教育任务的各个方面，又说明了道德教育与知识教育之间的有机联系。

要完成教学过程，从受教育者的角度来说，庄子认为应当“以恬养知”。所谓“以恬养知”，就是主体透过内心的恬静以涵养生命的智慧。一方面，“虚静恬淡寂寞无为者，万物之本也”(《天道》)；另一方面，“知与恬交相养”。“平易恬淡，则忧患不能人，邪气不能袭，故其德全而神不亏”(《刻意》)。而要做到恬淡，其具体的标准就是“以明”。所谓“以明”，就是以空明的心境，不抱任何是非成见，去认识事物的本然情形。面对世间是非、美丑、善恶的纷争，人们总会自觉或不自觉地受其困惑，要做到“以明”就是一件很难的事情。为达此目的，庄子进一步从各方面提出了具体要求：一是要“两行”，即“和之以是非而休乎天钧”(《齐物论》)，调和是非之争而顺从均衡的自然。二是要致虚静，做到“心斋”。“心斋”既是人的一种修养境界，又是一种修养途径和认识方法。所谓“心斋”，“若一志，无听之以耳而听之以心，无听之以心而听之以气！耳止于听，心止于符。气也者，虚而待物者也。唯道集虚。虚者，心斋也”(《人间世》)。这就是说，人要心志专一，不用耳去听而用心去体会，不用心去体会而用气去感应。在他看来，气是空明而能容纳外物的。只要你达到空明的心境，道理自然与你相合。乍一听，庄子认识事物的方法是有些神秘玄虚。但我们不要忘记，他的认识方法是与他的认识对象联系在一起的。对于抽象的道及精神的认识，势必要达到屏气凝神，十分专注，才可能进行高度的抽象思维活动，空明的心境才可得以升华，灵感才可得以飞扬。三是庄子还提出了“坐忘”。何谓“坐忘”？庄子指出：“堕肢体，黜聪明，离形去知，同于大通，此谓坐忘。”(《大宗师》)很显然，坐忘就是要将内在精力“同于大通”，这就需要“离形去知”，以防“坐驰”，防止外界的干扰刺激。甚至他更进一步提出了形如槁木、心如死灰的要求，以达到心地宁静，与天为一，道才可和顺而出。“元思元虑始知道，无处无服始安道，无从无道始得道”(《知北游》)。

#### 4.3.1.2　主要环节

人对事物的认识过程大都不是从直接的实践中开始的，而是开始于间接传授。教学活动的基本过程，主要是接受间接知识的过程。先秦诸子都论及这一问题，并侧重于对间接知识与直接知识关系的论述，最著名的是墨子对“亲知”与“闻知”的论述，荀子还明确提出：“不闻不若闻之，闻之不若见之，见之不若知之，知之不若行之，学至于行之而止矣”[①]，这些都被历代教育家所称颂。庄子没有

---

① 任继愈. 中国哲学史(第一卷)[M]. 北京：人民出版社，1979：218.

满足于对这个问题作这样抽象、笼统的说明，而是细腻地揭示了学生学习活动特殊的逆向过程的不同阶段及其各个环节，并在此基础上说明了它们之间的关系。

庄子认为学习过程是一种特殊的逆向认识过程。其逆向性表现在受教者的认识过程不是从直接的实践中开始认识的，而是开始于间接书本知识的接受。经过“需役”的实践阶段，终之于“疑始”。基于这一认识，庄子指出了受教者逆向认识活动主要经历三个基本阶段。第一阶段是接受间接书本知识的阶段；第二阶段是直接认识的“需役”阶段；第三阶段是理性升华的“疑始”阶段。在各阶段庄子还明确了不同环节，用以强调受教者在各个环节的主要任务。在他看来，接受间接书本知识的阶段，主要包括“闻诸副墨”—“洛诵”—“瞻明”—“聂许”(《逍遥游》)4 个环节。即认识活动首先从接受书本知识开始，随后通过熟练诵读书本知识而达到理解吃透，最终以间接的方式理解并掌握书本知识。“需役”是直接认识阶段，尽管这很难等同于今天所谓的实践一切，但至少包含了学生直接的参与过程、行的过程。这里的行，并不是指随意盲目的行，而是有目的、有针对性的行。“疑始”是理性升华阶段，包括“讴”—“玄冥”—“参寥”—“疑始”(《大宗师》)等 4 个环节。究其实质，就是告诉人们要获得真知，必须对直接知识和间接知识进行比较对照。在这个过程，要求精力集中、内心静默，努力展开丰富想象，从而切实通过发现问题和理性思考，使间接知识经“需役”“疑始”而变成自己的真知灼见，并在不满足书本知识基础上产生新问题思考。“世因贵言传书。世虽贵之，我犹不足贵也”。因“世之所贵道者书也。书不过语，语有贵也。语之所贵者意也，意有所随。意之所随者，不可以言传也”(《天道》)。

特别需要指出的是，庄子还论述了各个阶段及其环节之间的关系。他认为间接的书本知识是学生认识世界的开始，因为书本知识是前人所获得的真知灼见。但仅仅经过“闻诸副墨”“洛诵”，即便“瞻明”“聂许”，也只是掌握了间接的书本知识。只有经过“需役”阶段，才能进一步加深对书本知识的理解和掌握。甚至庄子也意识到了“需役”具有检验知识正确与否的作用，不过他没有明确指出这一点。庄子十分重视理性升华的认识阶段。在他看来，“需役”并不是一种纯自发的感性活动，更需要理性思维参与其中。他虽然没有使用理性思维的概念，但却指出了理性思维过程所具有的一些基本特征，即“玄冥”“参寥”“疑始”。“玄冥”“参寥”实际上是指理性思维过程所伴随的一种意境，而“疑始”则是理性思维升华的结果。这样，他就把直接认识与间接认识相联系，把感性认识与理性认识相联系，把表和里相联系，完整地描述了学生的认识过程及其环节，不至于只贵其书，也不至于只勤于行，更不能只空洞地幻想。这种完整细腻的认识确实难能可贵，是儒墨各家难以相比的。他恰恰揭示了育人活动所具有的特殊性，为采取正确的教学途径提供了科学的理论依据。

### 4.3.2 德育实践的基本原则

一部《庄子》,实际上讲的是,谁若能与道同体,用心若镜,其生命自然无执,于是人间世其可以游,养生主亦可以不伤,德充于内而符应于外,而为大宗师,便能应于世而为帝王,这就庄子以"无治而治"为基本治理论指导下的德育实践的基本原则。

#### 4.3.2.1 顺任自然

庄子认为"道"既是自然运行的根本规律,也是人应当遵循的要本法则,而在社会发展过程中。《缮性》中指出自三代以下,帝王"离道以为,险德以行"(《缮性》)、"附之以文,益之以博",以教化之流,以有为治天下。其结果是"文灭质,博溺心,然后民始惑乱,无以反其性情而复兵"。庄子针对人心惑乱、性情离失的现实,强调要顺任自然之道,行不言之教,然后人自然归顺。但他感到人顺应自然并非易事,于是又提出本于自然为道,合于自然为德。可见,顺任自然也有人的主观意识参与其中。它既包括施教者要根据自然规律和受教者的生理心理特征去进行教育,也包括受教者应发挥其主观能动性,去体道缮性,自觉地依乎天理,因顺自然,而不违拗天理。《大宗师》中强调:"吾师乎!吾师乎!万物而不为义,泽及万世而不为仁,长于上古而不为寿,覆载天地刻雕众形而不为巧。"这正道出了顺任自然的根据和兴不言之教的功用。

#### 4.3.2.2 无治而治

庄子是坚决反对有为,尤其反对治者"以己出经式义度"来教化百姓民。他认为"唯法为治"是致乱的根源,指出"治,乱之率也"(《天地》)。在他看来,治国的结果,是乱人之性,造成人与人的仇恨与残杀;治人的结果,是乱天之经,破坏了天人之间的和谐;运用刑罚的结果,是乱天下,"天下之大,不足以赏罚"。因此,他在狂接舆与肩吾的寓言中,借狂接舆之口,批评了君人"以己出经式义度"是虚伪的治国之道。庄子尖锐地指出,君人一意孤行,凭借自己的意志和权力制定法度、教化百姓,百姓"孰敢不听而化诸?"他说,以这样的法度和方式去治理天下、教化民众,犹如"涉海凿河""使蚊负山"一样,根本达不到效果。庄子还说:鸟儿尚知"高飞以避? 弋之害",小鼠方知"深穴乎神丘之下,以避熏凿之患",难道比二虫聪明的人能听从这种虚伪的经式义度的摆布吗?庄子确认"帝王的为政之道",一是应当"确乎能其事者而已矣",即应当以人民的意愿而定,顺应民性,任人各尽所能;二是应当自"正而后行",即应当自正而后行化,不应"以己出经式义度",三是"化贷万物而民弗恃。有莫举名,使物自喜。立乎不测,而游于无有者也"(《应帝王》)。指出受教者应尽自己所为建功而不居功,化育、施恩于万物而不留名,使人与物各得其所,身处渺茫之地,游心于自然无为之境。这一主张是庄子对老子"为而不恃""功成弗居"思想的发展,体现了庄子博大的心胸和无己、无功、无名的无私精神境界。

#### 4.3.2.3 人格平等

如何处理受教者与被教者即师生关系，是不同教育思想区别的集中体现，庄子认为施教与受教之间的关系是人格平等的关系。《德充符》篇中描写了子产与申徒嘉在昏伯无人门下就学的情形。从人的形体与精神关系的角度，道出了师生人格平等的真谛。他认为不能以形骸之外取人，而应该以形骸之内相交。人与人之间的相互感染，不是取决于形骸之外的美丑，而是取决于形骸之内的情感交流、灵魂碰撞。之所以许多人能够被形体不全者所感染，并“非爱其形也，爱使其形者也”(《德充符》)。“德有所长，而形有所忘”(《德充符》)。只要人具有内在精神上的和谐完善，形体上的残缺就会被人遗忘，其内在精神就会被深深吸取。

庄子还从学识与年龄关系的角度，进一步指出了师生人格平等的标准。学生如何向教师学习，这是教学论一个十分关键的问题。自古以来，世俗的观念认为学生向教师学习是天经地义的事情，无可置疑，并因此把教师的人格加以推崇、神化，使学生只能俯首帖耳，顶礼膜拜。《田子方》中指出“夫子步亦步，夫子趋亦趋，夫子驰亦驰”，学生不敢越雷池一步，其结果是“夫子奔逸绝尘”，而学生“瞠若乎后矣”，庄子对此提出疑问并做出回答。认为学生所学“不知所以然而已矣”(《田子方》)。这样便学而无所用，只有“从师而不囿”，才能“得其随成”(《则阳》)。在庄子看来，“年先矣，而无经纬本末以期年耆者，是非先也。人无以先人，无人道也；人而无人道，是之谓陈人”(《重言》)。可见，并不能以年龄长幼之序论其学识深浅。这也就是说，在学识面前，师生之间是平等的，并没有人格高下之分。这就启迪我们：在育人过程中，教师不要将自己凌驾于学生之上，好为人师，应当“不言而饮人以和，与人并立而使人化”(《则阳》)，以高尚的内在人格去感染人。只有这样，教育才能发挥其真正的效力。

### 4.3.3 道德教育的主要方法

庄子德育思想中蕴涵着丰富的有关德育方法主张，虽历久但弥新，对当前道德教育仍具有重要的理论价值和实践意义。

#### 4.3.3.1 自知而明的自我教育法

“吾生也有涯，而知也无涯。以有涯随无涯，殆已”(《养生主》)。在庄子看来，知识是无限的，人的生命是有限的，以有限求无限是无法得到真知的。那么悟“道”之路何在呢？他认为，由于“道”存在于人的内心，往往可以感受却无法言表，因而要“体味”“觉悟”，方能有所得。“求道”不能向外只能向内；不能求人只能靠己，进行自我体悟、反观和提升。如何实现？庄子提出“心斋”“坐忘”两种方法。“若一志，无听之耳而听之以心，无听之心而听之以气。听止于耳，心止于符。气也者，虚而待物者也。唯道集虚。虚者，心斋也。”(《人间世》)“堕肢体，黜聪明，离形去知，同于大道，此谓坐忘。”(《大宗师》)总体来看，“心斋”和“坐忘”就是要求世人忘却外部知识,甚至完全无视自己肉体的存在和聪慧的大脑,保持精神上绝对的虚静,达到"喜怒哀乐不入于胸次"(《田子方》)的境界,与宇宙万物相融为一,在内在心灵中进行直接的体验和反思。究其根本,"心斋""坐忘"的实质就是自我教育法。即要求教育者尊重教育对象的内在本性,激发主体的需要欲望,调动和发挥其主观能动性,将德育教育的影响转化为个体的思想意识和道德规范,成为教育对象自己的精神财富,时刻规范自己的言行。

事物发展变化,内因是根据,外因是条件,外因通过内因起作用。刘少奇同志《论共产党员的修养》一文中强调"一个人要求得进步,就必须下苦功夫,郑重其事地去进行自我修养"。美国教育家杜威指出"教育的目的在于使人能够继续教育自己"。马克思主义哲学告诉我们,任何真理性认识都是主体人的价值意识的认识基础,只有当这些外在的认识转化为主体人内在的价值意识后,才能为主体提供强大的动力。审视当前中国的道德教育现状,种种与自我教育法相悖的现象在实践过程中仍然存在着。如教育者片面注重自身的主导作用,对受教育者的主体漠不关心、视而不见,忽视其生理和心理状况对其道德品性养成的影响作用,强调外因的推动性而轻视内因的决定性。有些受教育者对新的思想认识没有进行理性的评判和甄别,没有经过去粗取精、去伪存真的思想改造、矛盾加工,不辨正误,最终误入歧途。可见,"自知者明"的自我教育法,不仅对于加大教育对象主体性的关注度,而且对于增强受教育者自我修养的自觉性,并以此为基础提高德育的实效性都大有裨益。

#### 4.3.3.2 常因自然的疏通导引法

庄子指出道"常因自然"(《德符充》),强调道的基本法则是自然无为,人们也必须遵照这一法则行事。所谓"自然",就是要遵循规律,顺应自然。否则,"亲则多,多则扰,扰则忧,忧而不救"(《人间世》)。"无为"是指清净自守,让自然或事物按照自己的规律去运动,不过多地进行人为干涉,做到"不以心捐道,不以人助天"(《大宗师》)。就德育而言,"自然无为"体现在德育方法上就是疏通导引法。即要求在施教过程中,既不能闭目塞听,更不能"周厉王止谤",而是让主体真正地自主进行价值判断和价值选择,能动地接受和吸收道德理念和道德规范。

当前,中国正处于由传统向现代以及以高度集权、人治为基本特征的政治向以社会主义民主法治为基本特征的政治的特殊转型时期。社会经济成分、政治发展形态、个人利益格局、国民思想观念、人们生活方式等各个方面正在发生着巨大的变化。这些变化因素映射在价值观领域也呈现出多元化的复杂态势。比如,意识形态领域马克思主义一元化指导存在不和谐的声音;体现爱国主义、集体主义的社会主义的价值观和体现利己主义、个人主义的非社会主义的价值观并存。这些虽然给思想建设带来严峻挑战,但仍属于人民内部矛盾范畴,解决这类问题不能强制压服,而应以理服人。正如毛泽东在《关于正确处理人民内部矛盾的问题》一文中所说:“企图用行政命令的方法,用强制的方法解决思想问题,是非问题,不但没有效力,而且是有害的。”“凡属于思想性质的问题,凡属于人民内部的争论问题,只能用民主的方法去解决,只能用讨论的方法、批评的方法、说服教育的方法去解决,而不能用强制的、压服的方法去解决”①。毛泽东所提到的“讨论的方法”实际上就是要运用疏通导引法。因此,在德育实践中,要借鉴庄子的“常因自然”的疏通导引法,努力克服态度蛮横、简单粗暴的个别不良做法,从而通过疏导教育达到事半功倍的效果。

#### 4.3.3.3 正己化人的身教示范法

“不言之教”,就是身教示范法,即教育者不仅要言教更要注意身教,受教育者既观其言更察其行,在潜移默化中更利于思想道德的传输,所谓“桃李不言,下自成蹊”。古代的“圣人”施行教化时,往往“存而不论”“论而不议”“论而不辩”(《齐物论》),“立不教、坐不议”(《德充符》),因为他们意识到身教重于言教。《德充符》指出:“受命于天,唯尧、舜独也正,在万物之首。幸能正生,以正众生。”尧舜皆为正人先正己,所以为尧舜。子曰:“苟正其身矣,于从政乎何有?不能正其身,如正人何?”《人间世》也说:“古之圣人,先存诸己而后存诸人。所存于己者未定,何暇至于暴人之所行!”“久与贤人处则无过”(《德充符》),可见作用之大,效果之明显。即使仅仅是围绕在“贤人”身边的人,也会不断加强自我修养,终至“无过”。“其身正,不令而行;其身不正,虽令不从”(《论语·子路》)和我们今天提倡的“身教重于言教”等,都是对庄子这一思想的扬弃。

思想道德教育本质的实践性规约着教育过程根本上是一个从实然状态向应然状态转化的实践过程,教育者的教育行为没有时间限定,没有地域范围,可以说是每时每刻,每事每处,教育对象都在关注着教育者的一言一行、一举一动。因此,要做到“随风潜入夜,润物细无声”,德育工作者以身作则、身体力行非常重要。但是,有的德育工作者人前一套,人后一套;台上一套,台下一套……这些做法不仅是错误的甚至是有害的,极大地损坏了思想政治教育权威性和时效性。

#### 4.3.3.4 深入生活的实践教育法

庄子在《养生主》中通过庖丁解牛指出,要把握人生的真知道理,游刃有余地自由生活,最佳的办法就是通过生活实践亲身体验。庖丁之所以能“以无厚入有间”,得益于在实践中获得并掌握真知而“进乎技矣”。庄子还通过其他很多事例寓言说明,渊博的知识和纯熟的技能来自个人的实践经验,即现代所谓的实践教育法。这就要求教育者应该有目的、有计划、有组织地引导教育对象积极参加各

---

① 教育部社会科学研究与思想政治工作司. 毛泽东思想基本著作选读[M]. 北京:人民出版社,2001.

种社会实践活动，在实践过程中不断提高教育对象的思想道德觉悟。马克思主义认为“全部社会生活在本质上是实践的”。正如毛泽东所说：“人的正确思想是从哪里来的？是从天上掉下来的吗？不是。是自己头脑中固有的吗？不是。人的正确思想，只能从社会实践中来”①。真理从实践中来，还必须通过实践检验。社会实践是检验思想道德是否具有真理性的唯一标准。“人的思维是否具有客观的真理性，这不是一个理论的问题，而是一个实践的问题”②。马克思主义认为人是社会实践的主体，主体人内在地具有自主性、能动性和创造性。人们在道德追求的实践过程中将社会要求内化为自我追求，达到从感性认识到理性认识的升华，之后主体又通过实践将理性认识物化到自身的行为中，使受教育者的知性转化为实践者的践行。由此可见，实践教育法的作用不可小觑。当前我国德育中强调理论灌输，却忽视道德主体实践环节的做法屡见不鲜。理论教育只见诸文件、媒体和口号等形式之中，但在实践过程中却难找踪影，改变这一局面迫切要求强化实践教育，使受教者在实践中感受生活、体悟道理，从而在思想深处接受正确的理论与观念并在实践中自觉践行。

#### 4.3.3.5 注重典型的感染教育法

庄子通过生动的语言，从不同角度栩栩如生地刻画了“至人”“神人”“真人”“德人”等理想人格形象，尽管用词不同、具体形象各异，但他们丰满的形象会给予受众们精神上的抚慰和慰藉，羡慕、崇拜、信服这些情感会油然而生，进而迸发向理想人格和高尚道德学习的冲动和信念。这实际上也是庄子在用具体形象来感染人们，即现代德育方法中所说的形象感染法，也就是用周边事物形态和典型人物形象熏染受教育者。在当前的现实生活中，存在着许多先进人和事，他们来自具体生活，从不同角度代表着先进的文化和优秀的道德情操，这就要挖掘身边的典型，宣扬他们活生生的形象，以感染受教育者，对他们的思想、观念、价值、道德、态度、情感等产生积极的影响。

#### 4.3.3.6 美成在久的防微杜渐法

庄子用“美成在久，恶成不及改，可不慎与”（《人间世》），“为善无近名，为恶无近刑”（《养生主》）揭示了事物发展从量变到质变的规律，即事物的发展变化从量变开始，到质变结束，再开始新的量变。所以质变既是量变的终结又是量变的开始。就道德生活而言，由“善”得“名”、因“恶”获“刑”，是一个事物的规模、程度、运动速度的快慢、颜色深浅等可量化的规定性方面累积的过程，一旦超出事物保持其原质的量的界限，该事物就呈现出与原事物相区别的新质规定性。遵循这样的规律，所以人们“勿以善小而不为”因为“美成在久”；也要“勿以恶小而

---

① 毛泽东文集（第8卷）[M]. 北京：人民出版社，1999：320.

② 马克思恩格斯选集（第1卷）[M]. 北京：人民出版社，2012：134.

为之”否则“恶成不及改”。在思想道德教育领域，教育者应善察“蚁穴”，及时堵塞，不致酿成“决堤”之灾，这就是防微杜渐法。对此，儒家的荀子也在《劝学篇》中强调：“积土成山，风雨兴焉；积水成渊，蛟龙生焉；积善成德，而神明自得”。这不仅阐述了量变到质变的规律，更是劝诫世人严于律己，防微杜渐，将不良行为消灭在萌芽状态。

# 5 先秦黄老道家的德育思想

大约与庄子同时,先秦时间还出现了一股被后世称为"黄老之学"的学派,其中"黄"是指黄帝,"老"是指老子。"黄老之学"是先秦道家思想发展进程中一个重要组成部分。其实先秦典籍中没有"黄老"之说,汉初的文献中也找不到"黄老之学"的提法,汉人一般将其称为"道家"或"道德家"。较早使用"黄老之学"的文献是司马迁《史记·老庄申韩列传》,司马迁叙述申不害时说:"申子之学本于黄老而主刑名",叙述韩非时又说:"韩非者,喜刑名法术之学而其归本于黄老。"可见,在司马迁时代,人们已经开始认识到黄老道家这一学派的存在,并同以老子为代表的原始道家区别开来。

"黄老之学"的具体学术特点,司马谈在《论六家要旨》中说:"道家使人精神专一,动合无形,赡足万物。其为术也,因阴阳之大顺,采儒墨之善,撮名法之要,与时迁移,应物变化,立俗施事,无所不宜,指约而易操,事少而功多。"可见这里的道家显然不是以老子为代表的原始道家,而是指的黄老新道家,它是以老子哲学为基础,兼容诸子学说,结合时势需要,寓托黄帝进行现实理论改革后的一种社会思潮,形成于战国中期,发展在战国后期,以《慎子》《管子》中的《心术上》《心术下》等篇章、《鹖冠子》为主要代表作品,实际应用于西汉前期,以《淮南子》、《新语》等为代表作品。总体来讲,"黄老之学"不同于早期道家明显排斥儒、墨、名、法等家思想,而是摒弃门户之见,兼容并包,融汇百家。这种博大的胸怀和非凡的气度使黄老道家的思想在战国中后期迅速发展起来,到西汉初年,成为当世显学,登上政治舞台,成为治国思想,为汉代形成"文景之治"的空前盛世提供了理论指导。

长期以来,学界对于道家思想特别是德育思想只注重老庄研究而忽视了黄老之学。随着考古发现,学界专家据以精细考证,发现了先秦黄老之学的发展情况,使得先秦道家的研究出现了新的领域和方向①。本章以学界前贤的研究成果为起点,将先秦时期的黄老道家代表作《黄帝四经》《慎子》《管子》部分篇章,《鹖冠子》的部分篇章进行个案研究,简析其德育思想,展现先秦黄老学者德育思

① 陈鼓应.先秦道家研究的新方向,道家文化研究(第六辑)[C].上海:上海古籍出版社,1995:23-47.

想的概貌，以期加深对先秦道家乃至中国传统德育思想的认识，从而为当前德育工作改革和发展提供借鉴。

## 5.1 《黄帝四经》的德育思想

1973年长沙马王堆的考古工作中，在对三号汉墓挖掘中发现了许多帛书，大约12万字，有甲乙《老子》写本和《周易》。考古人员发现，有四篇古佚书《经法》《经》《称》《道原》被抄写在《老子》乙本卷的前面，但四篇独立命名，并没有一个总书名。经过历史学家考证，唐兰在自己的文章中首先提出“未命名的四篇就是《汉书·艺文志》中所提及的《黄帝四经》”[①]的观点（以下简称《四经》）。尽管目前仍有学者对此持有异议，但就现有的材料和成果而言，唐兰的结论还是比较可靠的[②]。大部分学者认为《四经》是黄老之学的开山之作，成书于战国中期[③]，深受《老子》思想影响，与战国中期以后的其他学派密切相关，与《慎子》《管子》《鹖冠子》等具有极为密切的内在联系[④]，汉代的诸多重要典籍，如《史记》《汉书》《春秋繁露》《淮南子》《说苑》等在著述过程中都或援引这本书的词句，或借鉴过它阐述的观点[⑤]。《四经》蕴含着丰富的德育思想，挖掘它对于研究道家德育观念的变化和发展有极其重要的意义。

### 5.1.1 立足道家、兼容他家的理论渊源

春秋战国时期诸位思想家百家争鸣，各种思想理论如雨后春笋般层出不穷，各种观点交汇碰撞。同时风云摇曳动荡的社会酝酿着改革的狂风骤雨。可以说，《四经》的产生正是这种历时性与共时性共同作用的结果。一方面，周王朝的衰亡引起诸侯争战和社会秩序的混乱，严重威胁着诸侯国的生存和发展。《汉书·食货志》曰：“周室既衰，暴君污吏慢其经界，徭役横作，政令不信，上下相诈，

---

① 唐兰. 马王堆出土《老子》乙本前古佚书研究[J]. 考古学报，1975(1).

② 陈鼓应在其《关于帛书〈黄帝四经〉成书年代等问题的研究》一文中认为：“从目前来看，仍然是唐兰先生的说法论据为最强，影响也最大，为多数学者所接受。”

③ 对于《黄帝四经》的成书年代，唐兰认为“写于公元前四世纪的战国时期”（见《马王堆出土〈老子〉乙本卷前古佚书研究》）。余明光在其《〈黄帝四经〉书名及成书年代考》一文中认为“当成于战国中期，即公元前四世纪左右”（见《道家文化研究》第一辑，上海古籍出版社，1992）。陈鼓应认为“从各方面来看，《黄帝四经》成书年代相当早，应在战国中期之前”（见《关于帛书〈黄帝四经〉成书年代问题的研究》）。而吴光则认为“可以肯定《黄老帛书》的成书时代，既非战国中期，也非西汉时期，而是在战国末期至秦汉之际这段时间”（见《黄老之学通论》，浙江人民出版社，1985）。

④ 陈鼓应. 先秦道家研究的新方向，道家文化研究（第六辑）[C]. 上海：上海古籍出版社，1995:25.

⑤ 余明光.《黄帝四经》书名及成书年代考，道家文化研究（第一辑）[C]. 上海古籍出版社，1995:191.

公田不治。故鲁宣公‘初税亩’《春秋》讥焉。于是上贪民怨，灾害生而祸乱作。”[①]一方面，随着新的生产关系的逐步建立，出现了一股新兴政治力量，即新的生产关系的代言人——新兴地主阶级。他们凭借自己雄厚的经济基础，急切要求剥夺奴隶主贵族拥有的特权，推翻原有的政治秩序，获得更高的政治地位。社会实践一旦有变革的需要，这种需要就必然会寻求巨大的理论推动力的支持。正是在这样的社会状态下，道家、墨家、儒家、法家等诸子百家皆以自家的理论为基础，提出社会变革之规范要求，试图建构一套新的社会治理模式，但皆因其理论主张与社会发展实际难以协调一致而不为统治阶级所接受。以法家为例，即使它通过变法革新取得了一定的政治和军事效果，但也因为过分强调“法”的严苛性所产生的负面效应，如加剧了社会的矛盾，造成了人际关系的紧张等而无法指导各国的变法革新实践，而黄老学派的各位先哲通过对社会现状的深刻省察和剖析，并集各家思想之所长，在社会改革的探索过程中，逐步形成特色鲜明的理论体系，《四经》就是该学派的代表作，德育思想正是应景而生的。

《四经》德育思想从总体上渊源于《老子》。在表达方式上，《四经》里的许多语句与《老子》相似。艾畦曾考证过，《四经》从《老子》一书中借鉴 20 余处[②]，另据陈鼓应撰文，《老子》中的词字和概念被引用 180 余处[③]。“从内容来看，这四篇是一本书。从思想方法上说，大体上是继承老子而加以发挥的。”[④]《四经》把“道”作为代表宇宙本原的本体概念，强调人的活动应该完全遵循天道，从天道推及至人事，要求治国安邦、践诺操守、个人道德修行都必须效法天道。它继承了《老子》的辩证思维模式，注重事物矛盾双方的相互依存与转化，提出了诸如美恶、高下、长短、难易等 50 多对充满了对立统一的概念；它在《老子》德治观基础上，提出“先德后刑”“顺于天”(《四经・经・观》)[⑤]；它发展了《老子》崇尚自然、贵柔不争、虚静无为的行为原则和处世方法，提出“柔节先定，善予不争”(《称》)“静则安，正则治”，(《经法・四度》)“圣人正以待天，静以须人”(《经・观》)；它延续了《老子》崇信尚朴、崇慈尚俭、贵谦处下等道德准则提出了一系列教化方式和践行要求。

在继承《老子》德育思想同时，《四经》还吸收融合了其他学派的主张。比如，吸收了儒家德治观，借鉴崇德抑刑提出刑德并用、德主刑辅，特别是融合了法家思想，在《经法・道法》开篇就提出“道生法”，指出治国理政的所有法律政令都由道而生，这不仅从理论上承认了法存在的合理性，而且为制定法律政令在内容上

① 班固.汉书[M].北京：中华书局，1975：1124.

② 艾畦.《黄帝四经》对老子思想的吸收和继承[J].中国哲学史，1997(1)：78-85.

③ 陈鼓应.陈鼓应著作集：黄帝四经今注今译[M].北京：中华书局，2016.

④ 马王堆帛书整理小组.经法[M].北京：文物出版社，1976：150.

⑤ 本节以下凡引《四经》，仅注篇名。

提出了标准和要求。这种道法结合的思想是黄老道家适应时代要求，以道为基础，兼容他家思想上而提出的另一种理论主张，具有一定的创新性，这也是黄老道家同老庄原始道家思想的分水岭。唐兰对比了《四经》与《老子》后认为，黄老学派的代表作《四经》中，折射出许多法家思想特征，如讲道法、主刑名。所以他提出黄老学家应归属于新法家而不是道家的观点。[①] 裘锡圭则认为，《四经》大量因袭了法家思想，同时道家思想也浸润其中，因此自成新一派"道法家"[②]。无论是否合理，至少从不同角度说明了《四经》德育思想在理论渊源上的包容性。

### 5.1.2 定名守分、顺事明德的价值指向

《四经》不仅心存天道，积极探究宇宙自然的运行规律，而且更关注社会、心系百姓，认真分析了社会发展规律和人的生存之道，揭示出德育应建立在一定经济基础之上，"知地宜，须时而树，节民力以使，则财生。赋敛有度，则民富。民富则有佴（耻），有佴（耻）则号令成俗而刑伐（罚）不犯，号令成俗而刑伐（罚）不犯则守固单（战）联（胜）之道。"（《经法·君正》）认为社会经济达到一定水平，人才会对道德产生向往、对教化产生需求，正是有这种需求教化才不会落空。《四经》同时指出"化则能明德徐（除）害"，认为德育具有塑造德行、化民成俗的重要功能，将教化列为治国理政的"六柄"[③]之一，主张通过推行德教以实现社会大治，正如《经法·大分》中说："天下大（太）平，正以明德，参之于天地，而兼复（覆）载而无私也，故王天（下）。"可见，德育的主要功能和目的是明德王天下，具体讲就是遵照"天地有恒常，万民有恒事，贵贱有恒立（位）"（《经法·道法》）的要求，使百姓明确等级名分，定恒位、正形名、顺其事。这显然与老子的"天之道，损有余而补不足"（《老子·七十七章》）和庄子的"万物皆一"（《庄子·德符充》）等原始道家所主张的平等思想不同，强调人与人之间的贵贱之分是客观存在的不变之常，社会生活中的等级名分也是天经地义的恒久之理，应慎重甄别贵贱等级、严格区分贫富之别，这是前世之成法，后世务必效仿不悖，所以《经·果章》强调"（贵）贱必谌，贪富又（有）等，前世法之，后世既员"。

之所以区别等级名分，是因为《四经》认为各归名位是天下万物秩序井然的前提条件，德育活动也是立足这一条件而展开。《经法·道法》中描述"天下有事，无不自为刑（形）名声号矣，刑（形）名已立，声号已建，则无所逃迹匿正矣……凡事无大小，物自为舍。逆顺死生，物自为名。名刑（形）已定，物自为正"，指出在自然界中，各种物体占据一定空间、具有一定名位，并以此基础上无须外力作用而自我发展。由此顺延，人类社会也"审观事之所始起，审其刑（形）名，刑（形）

① 马王堆帛书整理小组．经法[M]．北京：文物出版社，1976：149.

② 裘锡圭．古代文史研究新探[M]．南京：江苏古籍出版社，1992：561.

③ "一曰观，二曰论，三曰僮（动），四曰转，五曰变，六曰化……六仿（柄）备则王矣"（《经法·论》）。

名已定，逆顺有立（位），死生有分，存之兴坏有处”（《经法·论约》）。所谓“顺”就是指遵守君臣父子尊卑上下等级秩序，指出“凡观国有大（六）顺：主不失其立（位）则（国有本。臣）失其处则下无根……主主臣臣，上下不斥者，其国强”（《经法·大分》）。而“逆”则是违背上下尊卑等级秩序的行为，“凡观国有六逆：其子父，其臣主，虽强大不王”（《经法·大分》），“君臣易位谓之逆”（《经法·四度》），在《经·名形》中指出“子有两位者，家必乱”，“臣有两位者，其国必危”，“故立天子（者，不）使诸侯疑焉；立正敌（嫡）者，不使庶孽疑焉；立正妻者，不使婢（嬖）妾疑焉。疑则相伤，杂则相方”，只有严格区分君臣、父子、妻妾等级名分，各就其位、各行其是，决不相互混淆，社会才会稳定和谐，否则天下大乱。这种建立在“主阳臣阴，上阳下阴，男阳（女阴，父）阳（子）阴，兄阳弟阴，长阳少（阴），贵（阳）贱阴……制人者阳，制于人者阴”（《称》）的阴阳观念上的等级名分体系，是施行德育教化、维护社会稳定秩序的基本保障。只有“分之以其分，而万民不争；授之以其名，而万物自定”（《道原》），才能可以消除争战，使百姓各安其位，自我发展。《经·成法》还说：“吾闻天下有成法，故曰不多，一言而止，循名复一，民无乱纪”，这就进一步强调依循名分的规定就能“复一”而回归到天道的标准，百姓就会在自己的空间内守法自安，从而实现“上人正一，下人静之，正以侍（待）天，静以须人，天地立名，□□自生，以隋（随）天刑。天刑不悖，逆顺有类”（《经·正乱》）。

### 5.1.3 因性而施、刑德相养的育化方略

《四经》德育思想以道为基，坚持了《老子》关于“道”的基本观点，认为道是万物的源头和主宰，“无刑无名，先天地生”（《经·行守》），“虚无形，其裻冥冥，万物之所从生”（《经法·道法》），决定自然和人事的成败，“万物得之以生，百事得之以成”（《道原》），万物的生长过程就是由道而生又归向道的过程。道是“虚”的存在，又被“虚”囊括其中。其形无穷大，其状无影踪。口不能言表，手无法触摸，心无法感知。道集坚强与柔弱于一体，融无所为与无所不为于一身。“人皆以之，莫知其名；人皆用之，莫见其刑。一者其号也，虚其舍也，无为其素也，和其用也。是故上道高而不可察，深而不可测也。显明弗能为名，广大弗能为刑，独立不偶，万物莫之能令。天地阴阳，（四）时日月，星辰云气，规（蚑）行侥（晓）重（动），戴根之徒，皆取生，道弗为益少；皆反焉，道弗为益多。坚强而不撌，柔弱而不可化”（《道原》）。

《四经》认为道不仅有本体意义，更具有规律内涵，指出道虽然无名无形无为，但化生万物后依然通过天地统摄着万物，“天地无私，四时不息”（《经法·国次》），“恒常四时、晦明、生杀、揉刚”（《经法·道法》），这里的“天地”即规律，它不包含道德要素，不掺杂情感问题，亘古不变。展现一幅一年中春夏秋冬四季循环，一日之内白昼与黑夜周而复始，自然草木春生夏长秋枯冬萎，俗世男女阳刚阴柔等等，“日月星辰之期，四时之度……天之稽也。高[下]不敝其刑，美亚（恶）

不匿其请，地之稽也”（《经法·四度》）。这些规律不仅主宰自然，而且影响人类，是理政治国、为人处世遵循的基本原则。因此，《四经》强调凡事要“执道”，德育也毫不例外地要“执人道”。

“执人道”就是因人性而施教。《经·名形》中说“不受禄者，天子弗臣也。禄泊（薄）者，弗与犯难。故以人之自为，不以人之为我也”，“利不兼，赏不倍”，指出人有好利为己、自私自利的“自为”本性，每个人都会有欲望，都会为自己打算，不加倍奖赏就不加倍做事，对自己没有加倍利益就不会加倍奖赏别人，即使父对子、君对臣，如果违背这一本性也不会受到爱戴和尊敬，“行曾（憎）而索爱，父弗得子。行毋（侮）而索敬，君弗得臣”（《经·名形》）。基于这种人性观，《四经》提出要效仿天道对万物生长“因而成之”（《经·观》）的模式，“因天生也以养生，胃（谓）之文，因天之杀以伐死，胃（谓）之武，（文）武并行，则天下从矣”（《经法·君正》）。具体讲，就是坚持“刑德相养”。《四经》认为“刑晦而德明，刑阴而德阳，刑微而德章”（《经·姓争》），刑为晦阴之物，潜在地调节人的行为，重在惩逆，而德为明阳之物，正面地引导人向善不已，重在导顺。“先德后刑以养生”（《经·观》）就如文武之道一样相得益彰，“文德厩（究）于轻细，武刃于□□，王之本也”（《经法·大分》），所以，应坚持文德教育同武功杀伐相结合、促进内部转化与通过外力强制保证相补充制定和实施好德育方略。

德的主要方式是感化教育，要求为政治国的居上位者以自作则，以自身的品德树立榜样，感召下位者向善，带动百姓共同循道而进。感化的关键在于以至诚至爱之心待人，使情入人心、上下心通意投、男女互勉共励，长期坚持就可化民成俗、一致为国，政令一出即能上下同心，进可战、退可守。“若发号令，必厩而上九，壹道同心，（上）下不斥，民无它志，然后可以守单（战）矣。号令发必行也，俗也。男女劝勉，爱也”（《经法·君正》）。刑的关键在于循天道、明人事，依法推行不言之教，主要方式是针对人“自私自利”的“自为”本性，“执道生法”（《经法·道法》），通过法令约束人的行为，培养百姓遵照规范而行。这要求君主不仅要依天道制定符合人性的法，百姓有法可依，“法”一旦制定颁布实施，就要力戒朝令夕改。只有稳定性得以保障，才能树立法的权威性。否则势必引起社会的动荡和人心的惶恐。《四经》指出“人主者，天地之□也，号令之所出也”（《经法·论》），认为君主常好以权代法，将皇权凌驾于法律之上，“释法而用我”，以君主个人好恶作为治国为政的准绳这是万万不可的。要求君主“以法度治者，不可乱也；而主法度者，不可乱也”（《经法·君正》），“故执道者，主法而弗敢犯也，法立而弗敢废（也）”（《经法·道法》）。

为了使德刑相养更具操作性，《四经》还设计了实施教化具体步骤，提出“一年从其俗，二年用其德，三年而民有得，四年而发号令，（五年而以刑正，六年而）民畏敬，七年而可以正（征）”（《经法·君正》），要求为政者在第一年要了解实情，掌握臣民百姓中约定俗成的各种习性，然后，在“知民则”的基础上“用其德”“发号令”“以刑正”来达到明德正天下目的。

### 5.1.4　顺道自然的圣人理想与信朴慈俭的道德准则

《四经》在不同场合分别出现过“圣人”“贤人”“大人”“君子”“小人”等概念，观其出处，大都是立足个体修养程度对人格理想逐级分层，其中最高境界是顺天道而自然的圣人。“参于天地，稽之圣人。人自生之，天地刑之，圣人因而成之。”（《经・兵容》）和常人不同，圣人不是一般的存在，他能够体察无形、无声的“道”，而且能够把握虚静内涵，进入至虚境界，在至虚境界中万物亲密无间，精通天地实情，始终平等无偏地与民众相处，“故唯圣人能察无形，能听无[声]。知虚之实，后能大虚；乃通天地之精，通（迥）同而无间，周袭而不盈，服此道者，是谓能精。明者固能察极，知人之所不能知，服人之所不能得。是谓察稽知极。圣王用此，天下服”（《道原》），即圣人精明能干，具有认识事物本质的能力，能知道他人所不能知道的、获得他人所无法得到的。尽管如此，但圣人仍然依天道而行，以虚静应对人事，从不玩机巧聪明，“不为始，不专己；不豫谋，[不弃时]；不为得，不辞福。因天之则”（《称》），“圣人不巧，时反是守，优未（昧）有爱民，与天同道。圣人正以待之，静以须人”，（《经法・观》），一切听任自然，从不游离于天道之外而自己策划从哪里开始、通过什么途径、在哪里结合结束，凡事严格遵守法度，象天道平等滋润万物一样，关爱民众，决不为个人情感所左右。

圣人虽然坚持顺道自然，但从不消极无为，而会灵活把握、抢抓天时，一旦机遇降临决不轻易放过。《经法・观》中说：“天道已既，地物乃备。散流相成，圣人之事。圣人之功，时为之庸（用），因时秉[宜]，[兵]必有成功。圣人不达刑，不襦传（渝转）。因天时，与之皆断；当断不断，反受其乱。”可见，圣人并没有完全超越功利，他也非常重视国家、百姓的利益和自己的生活处境。只有自己愿意居住的国度，圣人会积极辅佐治理，使田猎有分寸，生活有节度，在获得福佑的同时，不为声色所惑，凡事“合于天地，顺于民，羊（祥）于鬼神，使民同利”（《经法・前道》），力求得事半功倍、“费少而有功”，“国富而民昌”（《经法・六分》），“长利国家社稷，世利万夫百姓”（《经法・前道》）。

除理想人格特征外，《四经》基本承继了老子崇信尚朴、守慈行俭的道德准则。老子提倡“言善信”（《老子・八章》），指出“信不足焉，有不信焉”（《老子・十七章》）、“轻诺必寡信”（《老子・六十三章》）、“信言不美，美言不信”（《老子・八十一章》）。《四经》也强调“诺者，言之符也。已者，言之绝也。已诺不信，则智大惑矣。已诺必信，则处于度之内也”（《经法・名理》），“言之壹，行之壹，得而勿失……一有一言，无一行，谓之诬”（《经・行守》）。老子提倡“见素抱朴”（《老子・十九章》）、“镇之以无名之朴”（《老子・三十七章》）、“道之华而愚之首……处其实，不居其华”（《老子・三十八章》）、“大巧若拙”（《老子・四十五章》）。《四经》

也强调“谷实不华，至言不饰，至乐不笑”（《称》）、“声华实寡，危国亡土”（《经法·亡论》）。老子三宝有“慈”“俭”，指出“圣人常善救人，故无弃人；常善救物，故无弃物”（《老子·二十七章》）、“报怨以德”（《老子·七十九章》）。《四经》也强调“体正信以仁，慈惠以爱人”（《经·顺道》）、“兼爱无私，则民亲上”（《经法·君正》）、“吾爱民而民不亡”（《经·立□》）。老子认为“俭，故能广”（《老子·六十七章》），指出“治人事天莫若啬”（《老子·第五十九章》）。对此，尽管《四经》看到了人的“自为”本性，不否定人欲的合理性，但也强调将“放纵心欲”（《经法·亡论》）列为“国家之三凶”之一，指出“生有害，曰欲，曰不知足”（《经法·道法》）、“黄金珠玉臧（藏）积，怨之本也；女乐玩好潘材，乱之基也；守怨之本，养乱之基，虽有圣人，不能为谋”（《经法·四度》），强调如果任欲望无限膨胀，将危及个人生命，导致社会纷争不止，所以，明确主张“节民力以使”（《经法·君正》），告诫人们“（昧）天（下之）利，受天下之患；抹（昧）一国利者，受一国之祸”（《经法·亡论》），提醒人们警觉起来，控制私欲，克制自我，自觉维护法律制度和等级名分体系，各自安心于自已等级规定的利益而勿贪求多。

### 5.1.5 虚静无为、知守立行的内化路径

《四经》认识到仅仅依靠外部力量难以实现育化目标，德育的关键在于使人们从内心深处对天道自然、法令制度、等级名分产生体认共鸣，将外在要求自觉地转化为内在品格和自觉行动，从而基于个体内化开辟了另一条修养路径。

人格修养的基本原则和要求是“虚静”。“至正者静，至静者圣”（《经法·道法》），“正生静，静则平”（《经法·论》），“静则安，正则治”（《经法·四度》），“上虚下静而道得其正”（《道原》）。“唯执道者能虚静公正，乃见□□，乃得名理之诚”（《经法·名理》）。具体讲，就是“动静参于天地”（《经法·四度》），须动则动、须静则静，否则“时静不静，国家不安定”（《经法·姓争》），正可谓“动静不时谓之逆”（《经法·四度》），“赢极必静，动举必正。赢极而不静，是谓失天”（《法经·亡论》）。

“虚静”运用于为人处世和人格修养就是要抱雌守柔、贵谦处下、无为不争。对此，《四经》专门通过对雌节、雄节的比较，明确主张贬抑雄节、推崇雌节，指出“夫雄节而数得，是谓积秧，凶忧重至，几于死亡，雌节而数亡，是谓积德，慎戒毋法，大禄将极……凡人好用雄节，是谓妨生，大人则毁，小人则亡”（《经·雌雄节》），告诫人们“刚强而虎质者丘”（《经·三禁》），指出像虎一样的刚强好勇斗狠者，实际上是空虚（“丘”字意为“空”）。《四经》还强调“刑于雄节，危于死亡”（《经·行守》），指出“形于女节，所生乃柔”（《经·顺道》），强调“以刚为柔者活，以柔为刚者伐，重柔者吉，重刚者灭”（《经法·名理》）。

从“守柔”出发，《四经》认为“以强下弱，何国不克；以贵下贱，何人不得；以贤下不肖，何事不治”（《经法·四度》），“柔节先定，善于不争”（《称》），从而进一步

提出“君子卑身以从道”(《经·前道》),主张“卑约主柔”(《经·顺道》),强调“卑而正者增,高而倚者崩”(《称》),提醒人们“功成而不止,身危有殃”(《经法·国次》),“不仕于盛盈之国,不嫁子于盛盈之家”(《称》)。《四经》还要求人们努力“抱道守度”(《道原》),凡事“常后而不先……弗敢以先人”(《经·顺道》)。期待所有人都具有守柔不争之德,不锋芒毕露、越轨生事,一切循道而行、遵法而事,人人含藏内敛、安于本分,社会就会永远安宁、不起纷争。

需要特别指出的是,《四经》基于守柔不争反对的是发起争斗和“恃强而争”,但并不反对争,进而提出“不争亦毋(无)以成功”(《经·姓争》),主张通过“不争”不可能达到“争”的目的,即“不争之争”。至于为什么争、争什么?关键取决于是否因顺天道。因顺“天道”则“争”,否则“不争”。为了便于理解这种“不争亦争”的思想内涵,《经·姓争》举例指出,“天地已定,规(蚑)侥(蛲)毕挣(争),作争者凶,不争亦毋(无)以成功。顺天者昌,逆天者亡。毋逆天道,则不失所守”,认为连蚑、蛲这类微小的生物都在生存过程中相互争斗,何况人呢?所以,“争”是万物生存过程中的必然选择,“不争”则是人基于“执道”而在行为选择上的生动诠释,其实质是告诫人们不要向外奔竞,重视内在修养,以保持虚静之心去体悟天道,遵道而行。

“天道不远,人与处,出与反”(《经法·四度》),亦曰:“惑而极(亟)反(返),□道不远”(《称》),《四经》指出天道并非遥不可及,而是体现在人事和日常生活中,与人时刻交融,息息相关。在现实中,人们之所以祸福不同,遭遇迥异,或败或成,或死或生,是因为有的人虽与道同处,却一生都不能体悟道的真谛,对道“莫能见知,故有逆成”。鉴于此,《四经》希望通过教化使每个人都能知道、守道、行道,强调人只有深通道才能遵道而行,只有守道才能立志行道。“故执道者之观于天下也,□见正道循理,能与(举)曲直,能与(举)冬(终)始。故能循名厩(究)理。刑(形)名出声,声实调和,祸材(灾)废立,如景(影)之隋(随)形,如向(响)之隋(随)声,如衡之不臧(藏)重与轻。故唯执道者能虚静公正,乃见□□,乃得名理之诚。”(《经法·名理》)指出只有掌握道的人才能指出事物的是非曲直、始终往复,才能使名称与事理就像影子与形体、回音与喊声、重量与衡器一样相互依赖吻合在一起。可见,《四经》不仅重视学道而且视其为实行人格育化重要途径,并专门针对学道进行了设计规划。

《四经》认为学道首先要立志于道。“心之所欲则志归之,志之所欲则力归之”(《称》)。只有树立远大理想才会有克服困难的坚定意志,从而保证学习行动长久坚持而不懈。《四经》指出学习的起点在于努力体悟、心有所得,终点在于强以行之、推己及人,即“始在于身,中有正度,后及外人,外内交接,乃正于事之所成”(《经·五正》),这就要求在学习过程中“卑身以从道,知(智)以辨之,强以行之,责道以并世,柔身以寺(待)之时”(《经·前道》),如此“王公若知之,国家之幸也”(《经·前道》)。

《四经》认为个体在生产、生活、学习中会积累丰富的知识,先前已经积累的知识往往因排他性而影响以后的学习,因此专门创造了“虚无有”的直觉体悟法,指出“见知之道,唯虚无有,虚无有。秋稿(毫)成之”(《经法·道法》),要求学习时,“无执也,无处也,无为也,无私也”(《经法·道法》),努力剔除人为的主观臆测和客观成见,以无私公正之心准确、客观地体验、领悟道的真谛及其运行规律。

《四经》强调学道、体道、悟道的目的在于能遵道而行,立言建功,为国家的兴旺尽一己之力,“壹言而利之者,士也。壹言而利国者,国士也”(《经·前道》)。行道既是国家大幸,也是个人价值的最大体现。行道时要应时而行,随时而动,“时若可行,亟应勿言。(时)若未可,涂其门,毋见其端”(《称》),时机一旦成熟,就毫不犹豫地去实施。时机不成熟,决不可违逆规律而动。

总之,《四经》上承老庄,兼容儒、法、名众家之长,推动了先秦时期教育思想的斗争与融合,开启了黄老道家德育思想的先河,对后世产生了极其深远的影响。

## 5.2 慎到的德育思想

慎到,战国时期赵国人。《史记》载“学黄老道德之术,因发明序其指意”(《史记·孟子荀卿列传》),“宣王喜文学游说之士,自如驺衍、淳于髡、田骈、接予、慎到、环渊之徒七十六人,皆赐列等,为上大夫,不治而议论”(《史记·田敬仲完世家》)在众多的稷下黄老学者中,慎到极负盛名,曾参与齐威王、宣王时的变法,并“著书言治乱之事,以干世主”(《史记·孟子荀卿列传》)。到齐湣王执政时,刚愎自用,大兴战争,“南举楚淮,北并巨宋,苞十二国,西摧三晋,却强秦……矜功不休,百姓不堪,诸儒谏,不从,各分散,慎到、捷子亡去……”(《盐铁论·论儒》)据《汉书·艺文志》载,慎到曾著《慎子》42 篇,现在仅存《因循》《威德》《知忠》《德立》《民杂》《君人》《君臣》7 篇残卷,以《诸子集成》中钱熙祚校本为佳。尽管《慎子》残缺不全,难以看到其思想全貌,但就现存的资料来看,在道家德育思想上,慎到基本上确立道法结合的黄老德育思想的雏形,具有开拓之功。

### 5.2.1 道法转关的思想渊源

慎到是道法结合过程中的重要人物,《四库全书总目》称其的思想为“道法之转关”,但学派的归属问题至今仍无定论。《庄子·天下》认为其“公而不党,易而无私,决然无主,趣物而不两,不顾于虑,不谋于知,于物无择,与之俱往”(《庄子·天下》),将其列入道家行列。《荀子·解蔽》称“慎子蔽于法而不知贤”,《天论》中还说“慎子有见于后,无见于先”,将他划入了法家派别。钱穆认为慎子“其持论盖为后来道法开源。其‘蔽于法而不知贤’,则韩非法家之言也。其‘有见于后，无见于先’，则老聃道家之旨也”[①]。郭沫若说：“慎到、田骈的一派是把道家的理论向法理一方面发展了的。严格地说，只有这一派或慎到一人才真正是法家。”[②]本书以为，慎到深刻地认识到“弃道术，舍度量，以求一人之识识天下，谁子之识能足焉?”[③]其思想源自老庄，以黄老哲学思想法人道为根基，立足于当时社会状况，援道入法，同时受到儒家思想影响，主张德、法、礼结合起来教育民众，提出“明君动事分功必由慧，定赏分财必由法，行德制中必由礼”(《威德》)，要求为政者行德教、法教、礼教，形成了一套既重视个体悟、又强调外部约束的刑德结合教育理论，认为德育是比社会生产更为重要的社会活动，呼吁士人君子都来从事这项活动。他说“小人食于力，君子食于道……常欲耕而食天下之人矣，然一身之耕，分诸天下，不能人得一升粟，其不能饱可知也。欲织而衣天下之人矣，然一身之织，分诸天下，不能人得尺布，其不能暖可知也。故以为不若诵先王之道而求其说，通圣人之言而究其旨，上说王公大人，次匹夫徒步之士。王公大人用吾言，国必治；匹夫徒步之士用吾言，行必修。虽不耕而食饥，不织而衣寒，功贤于耕而食之、织而衣之者也”(《逸文》)，指出一个人从事生产劳动的收获远远不能养育天下众生。但如果精研道术、行上说下教之事，则可以使君臣百姓接受教化、按道行事从而实现天下大治、百姓身修。基于这种价值认知，慎到提出了独具特色的德育原则和方法。

### 5.2.2 因循天道的理论基石

慎到继承发展了道家“道法自然”“道常无为”等思想。一方面，沿着老子提出的“故道大，天大，地大，人亦大。域中有四大，而人居其一焉。人法地，地法天，天法道，道法自然”(《老子・二十五章》)的主张，提出“天有明，不忧人之暗也；地有财，不忧人之贫也。圣人有德，不忧人之危也”(《威德》)，这就阐明了天、地、人之间是统一性，指出天、地、人存在的自然之道是天有明、地有财、圣人有德，这一切都是自然而然的，不需要任何外力的干预。在自然界以外的人类社会，他也指出“今也国无常道，官无常法，是以国家日谬”(《威德》)，认为人类社会及其一切政治活动和宇宙自然一样存在着某种不变的常道，遵常道就会“任自然者久，得其常者济”(《逸文》)，如果违背，国家则会陷入错误之中。

另一方面，慎到以老子“道法自然”“无为而无不为”为基础，借鉴《黄帝四经》中“人有其中〈才〉，物有其形，因之若成”(《皇帝四经・十大经・果童》)的主张，明确提出了推天道以明人事的“因循”观念，认为包括施行教化在内的所有人类活动必须因任自然、顺应人性。他说“天道因则大，化则细。因也者，因人之情

① 钱穆.先秦诸子系年考辨[M].北京：商务印书馆，2001.

② 郭沫若.十批判书・稷下黄老学派的批判[M].北京：东方出版社，1996：168.

③ 本节以下凡引《慎子》，仅注篇名。

也”(《因循》),主张要善于利用人性特点和人之常情来教化百姓、治理国家,从而将道从哲学范畴发展为具有实用功能的治术和教术。

### 5.2.3 顺应人性的逻辑主线

慎到主张施行教化必须始终坚持顺应人性。他认为“人莫不自为也,化而使之为我,则莫可得而用矣。”(《因循》),指出“自为”是人的自然本性,人总是自私自利而为自己打算的,经常“能辞万钟之禄于朝陛,不能不拾一金于无人之地;能谨百节之礼于庙宇,不能不驰一容于独居之余”(《逸文》)。特别是在缺乏监督的情况下,人的本性往往更容易表露。慎到还以“匠人成棺,不憎人死,利之所在,忘其丑也”(《逸文》)为例,指出人还有趋利避害本性,认为即使是亲属之间也会以利作为亲疏标准,“家富则疏族聚,家贫则兄弟离,非不相爱,利不足相容也”(《逸文》)。对于人这些本性特征,慎到认为非常正常,“盖人情每狎于所私故也”(《逸文》)。可见,他对于人性的认识不是为了评价善恶是非,而是将人性作为逻辑前提,为提出为政施教的方略措施搭建人性论基础,要求所有与人相关的治理教化活动都要围绕人性而展开。换句话说,就是在承认人性的合理性前提下,倡导德育要立足于人性,因势利导,顺应之、利用之,所以,慎到强调“用人之自为,不用人之为我,则莫不可得而用矣,此之谓因”(《因循》)。这充分体现了道家“因循为用”(司马谈《论六家要旨》)的基本特征。

沿着道家之所重的顺应人情的逻辑思路,慎到继承了老子“圣人常善救人,故无弃人;常善救物,故无弃物”(《老子・四十七章》)的思想,认为人性虽有智愚,但生而平等,指出人在道德上本不存在先天差异,善恶存在的关键在于后天的教育与环境的影响。他主张作为人君治者,对每个人都不能存有偏见,应“因人之情”加以教化养育,既利用人皆趋利的一面用情来感化引导,又利用人皆避害的一面以法进行规范制约,从而开辟了一条人君治者潜移默化的感化教育与国家法令体系等外在规范约束有机结合——即“刑德相养”这一最具黄老道家特征的德育路径。

### 5.2.4 尚君重势的化育治术

慎到认为治国施教的关键在于人君治者以德化人,指出“过修于身,而下不敢以善骄矜守职之吏;人务其治,而莫敢淫偷其事。官正以敬其业,和顺以事其上。如此,则至治已”(《知忠》),主张人君治者要修己治身,补过失、弥不足,努力成为属下的楷模,积极引导臣民百姓修养身行、尽忠守职。具体而言,就是要求人君治者做到“善为国者,移谋身之心而谋国,移富国之术而富民,移保子孙之志而保治,移求爵禄之意而求义,则不劳而化理成矣”(《逸文》),不谋自身之娱,时刻为百姓、为社稷着想,以至诚之心忧国忧民,真正成为国强民富人和事兴的引导者。这样,人君的意志就自然会被天下人了解和景仰,教化也自然深入人心、遍及群生，这种效果绝不是强行说教所能达到的。

在强调人君作用的同时，慎到也看到“亡国之君非一人之罪也，治国之君非一人之力也”(《知忠》)，“立君而尊贤。是贤与君争，其乱甚于无君”，“君立则贤者不尊”(《逸文》，面对这些矛盾，他进一步指出人君作用的充分发挥的必要条件是“重势”，“腾蛇游雾，飞龙乘云，云罢雾霁，与蚯蚓同，则失其所乘也。故贤而屈于不肖者，权轻也，不肖而服于贤者，位尊也。尧为匹夫，不能使其邻家；至南面而王，则令行禁止”(《威德》)，“贤不足以服不肖，而势位足以屈贤矣”(《威德》)，“身不肖而令行者。得助于众也”(《威德》)，强调只有维护好人君治者的权势、树立起他们的权威才能保证令行禁止，这就需要掌握好驭人之术，处理好君臣、上下级、臣民之间关系。他指出“民杂处而各有所能”，君主应“因民之能为资，尽包而畜之，无能去取焉”(《民杂》)，将民众的各种专长发挥出来。在君臣之间，做到“人君苟任臣而勿自躬，则臣皆事事矣”。慎到强调驭人之术的关键是识人，指出“乱世之中，亡国之臣，非独无忠臣也。治国之中，显君之臣，非独能尽忠也”，认为“孝子不生慈父之家，而忠臣不生圣君之下”，强调“为人君者，不多听，据法依数，以观得失”(《君臣》)，主张不能把尽忠与否作为任人标准，而要量才而用、各司其职，“明主使其臣也，忠不得过职，而职不得过官”，这样“官正以敬其业，和顺以事其上，如此，则至治矣”。

### 5.2.5 执法有道的规导方略

人君之所以能推行教化，除要依靠权势外，还要有一套完备的法令制度作保障。慎到指出“民一于君，事断于法，是国之大道也”(《逸文》)，认为法作为一种外在力量，对臣民百姓发挥着统一思想、约束言行、培养品德的规范引导和校正惩戒作用。一是能“去怨”。君主如果依法办事，就能做到陟罚臧否，标准统一，规范一致，有效地规避因“人治”而带来的主观扰乱。“法之所加，各以其分，蒙其赏罚而无望于君也，是以怨不生而上下和矣”，“上下无事。唯法所在”(《君臣》)。二是能“限私”。尽管慎到承认人的私欲存在具有合理性，但同时指出不能任其膨胀，要求必须限制在一定范围内，这样才能保证社会稳定和谐。法具有限制私欲膨胀的功能，可以使其合乎“公”的要求，实现“公而不党，易而无私”(《庄子·天下》)。“法之功，莫大于使私不行”(《逸文》)，“法制礼籍，所以立公义也。凡立公，所以弃私也”(《威德》)。三是法可禁伪止诈。“有法度者，不可巧以诈伪”(《逸文》)，就像轻重由权衡决定不能欺骗、长短由尺寸标识不容作假一样，人必须按照法律规范要求行为处事，任何机巧伪诈都难逃法律裁判。所以，慎到不但注重通过提高认识、道德感化和加强自我修养来去伪去诈，而且还强调外部约束力的作用。

尽管法具有重大作用，但慎到并不企图通过法来改变人自私自利自为的本性，其真正目的在于按照因循人性、顺乎人心的要求，针对人情之理建立法律制度以达到天下大治。他指出“法非从天出。非从地出。发于人间。合乎人心而已”(《逸文》),这实质上就为立法执法提供了依据,指出了法自道出,即依照人道、遵循人的本性和行为规律实行法治。慎到也看到人和社会在不断发展变化,法不能一成不变,指出“治国无其法则乱,守法而不变则衰”,“以道变法者君长也”(《逸文》),强调要及时顺应变化“由道变法”。可见,法的变化还是要依据“道”,这也充分说明在慎到眼里道是在法之上的,这种依照人性人道立法和变法的主张,正是黄老道家“道生法”的生动体现。慎到强调,有了法,必须“执法有道”,严格执法,“以死守法者,有司也”(《逸文》)。“有法度者,不可巧以诈伪”(《逸文》),即使人君也应该必须严格遵从法度,一切依法办事,做到“为人君者,不多听,据法依数,以观得失。无法之言,不听于耳。无法之劳,不图与功。无劳之亲,不任于官。官不私亲,法不遗爱,上下无事,唯法所在”(《君臣》)。这就为开展德育活动指明了另一条实现路径,即做到循道立法、因道变法、执法有道。

### 5.2.6 动静不离于理的调适方法

在自我道德修养方面,慎到强调道德认知的重要意义,认为正确的道德认知是树立坚定道德观念的前提条件,“明于死生之分,达于利害之变,是以目观玉辂、琬象之状,耳听《白雪》、《清角》之声,不能以乱其神;登千仞之溪,临猿眩之岸,不足以淆其知。夫如是,身可以杀,生可以无,仁可以成”(《逸文》)。指出人自己不能完全自由地决定自身的死生利害,如果能够清醒意识到在没能出生的时候不知道生的快乐,在没有死之前也没有体验过死的痛苦,从而将生死看成一种与天地运行规律相同的极其正常的自然轮回,这样,“生不足以使之,利何足以动之?死不足以禁之,害何足以恐之?”(《逸文》)这样,就能完全摆脱外在祸福和内在私欲的双重束缚,在精神上达到彻底的自由境界,即便生命瞬间逝去,品德自然会长存而不凋谢。

慎到提出人在修养道德时要坚持动静不离于理,遵循天道自然所具有的特性和规律,剔除营谋思虑,抛弃私欲巧诈,一切顺从自然之道,在符合“道”的标准下思考问题、处理事情,“不以智累心,不以私累己”。如果每个人都能消除“建己之患”和“用智之累”,同万物一起运行于天地之间,洒脱而自由,就可以“无非”“无过”“未尝有罪”而与自然、与“道”融为一体,这就是理的内涵与实质。

最后,需要特别指出的是,慎到承认个体之间具有差异性,指出“民杂处而各有所能,所能者不同,此民之情也。大君者,太上也,兼畜下者也。下之所能不同,而皆上之用也。是以大君因民之能为资,尽包而畜之,无能去取焉”(《民杂》),要求德育必须结合个体实际,实事求是地“因民之资”,使每个人都能在自己的能力水平上得到发展,这种尊重自然人性和承认天赋平等、将教育看作是人皆应享有的发展手段的观念,是中国古代人性思想和教育理论中极具光辉的一部分。

## 5.3 《管子》的德育思想

《管子》一书原有389篇，经西汉刘向删定为86篇，至唐又亡佚10篇，只存世76篇，著者被定为春秋时期的管仲。其实据考证，《管子》并不是出自一人之手，也不是同一时期成稿的。有人认为"是一部稷下丛书"①，冯友兰认为是"稷下学术中心的一部论文总集"②。学术界当前对此普遍认同。

总览《管子》全书，内容较为庞杂，汇集了道、法、儒、名、兵、农、阴阳、轻重等百家之学。但其思想的主流是黄老道家思想特点是将道家、法家思想有机地结合起来，既为法治找到了哲学基础，又将道家思想切实地落实到了社会人事当中，这同三晋法家思想是有根本区别的。《汉书》把《管子》分在道家类，《隋志》以后的类书却把它分在法家类。不同的归属恰好说明《管子》的思想特点。同时，黄老道家兼容并包，积极吸收儒、墨等学派的思想长处，将礼义和等级名分的理论纳入自己的思想体系中，主张礼法结合，倡导确立严格的等级名分体系及以之为基础的社会道德规范。这些都适应了战国中期的时代需要，反映了齐国变法时期的政治实践。

《管子》一书中着重于从道家哲学视角审视法家政治的篇章较多，如《心术上》《心术下》《内业》《白心》《形势》《水地》《宙合》《九守》《枢言》《正》《版法解》《形势解》《势》等常认定为出自黄老道家③，因为它们集中反映先秦黄老道法结合、兼容并包的特点，是《黄帝四经》之后黄老道家思想的又一大发展，它促使黄老学派的思想进一步走向成熟。本章即以上面所列篇目为主要原始资料，对《管子》书中黄老道家的德育思想进行探讨。

### 5.3.1 基于天道观和无为而治的教化理论

道家一贯推崇"推天道以明人事"，认为有关天道的哲学理论是人事的认识基础，黄老道家在《管子》中仍然遵循着这一思维模式。"道"是道家哲学范畴的

① 顾颉刚."周公制礼"的传说和《周官》一书的出现[A].文史(第六辑)[C].北京：中华书局，1979.

② 冯友兰.中国哲学史新编(修订本)(第二册)[M].北京：人民出版社，1983：197.

③ 郭沫若在其《宋锈尹文遗著考》(此文收入1945年出版的《青铜时代》)一文中认为《心术上》《心术下》《白心》《内业》四篇是宋锈、尹文的遗著。蒙文通四十年在其《杨朱学派考》(此文收入1987年巴蜀书社出版的《古史甄微》)一文中主张这四篇为慎到、田骈的学说。冯友兰在其《中国哲学史新编》(修订本)里，把这四篇包括在"稷下黄老之学"里。尽管诸贤意见存在分歧，但都认为这四篇应为黄老道家的作品。当代学者胡家聪在其《管子新探》(中国社会科学出版社，1995)和《稷下争鸣与黄老新学》(中国社会科学出版社，1998)中认为《形势》《宙合》《枢言》《九守》《正》《形势解》《版法解》《水地》《势》等也属于黄老道家之作。陈鼓应在其《先秦道家研究的新方向》(见《道家文化研究》第六辑，上海古籍出版社1995年版)一文中也持此种观点。白奚在其《稷下学研究——中国古代的思想自由与百家争鸣》(生活·读书·新知三联书店，1998)中持与胡家聪基本相同的观点。

制高点。老子认为,道生万物并促使万物发展。但毕竟因道是在万物的生育、发展、衰亡的过程中体现出来的近似规律的东西,因此较难把握和认识。但人们可以从体现在万物之上的“德”来认识“道”。《心术上》中指出:“虚无无形谓之道,化育万物谓之德”,《形势解》也说:“道者,扶持众物,使得生育,而各终其性命者也”。可见,天道是具有规律性的,“天不变其常,地不易其则,春秋冬夏不更其节,古今一也”(《管子·形势》)[①],对于蕴含在天地四时中具有稳定性的天道运行规律,人类不仅可以认识而且能够把握。“天之道也,疑今者察之古,不知来者视之往,万事之世也,异趣而同归,古今一也。”(《形势》)先哲们以为,如果对今日之事产生疑惑可以观察历史,以史为镜,可以解惑;想要预测未来发生的事情可以审视过往的经历,以古鉴今,可以不忧。道,时时有道,从古至今;事事有道,从无到有。这种始终如一的规律与人密切相关,指导着人的生活和实践,也是人安身立命的根本。所以,只要能充分而正确地认识和掌控道的主旨,人类就一定能发挥巨大的作用。“道者,一人用之,不闻有余;天下行之,不闻不足,此谓道矣。小取焉则小得福,大取焉则大得福,尽行之而天下服。”(《白心》)黄老学者还认为,如果一旦掌握了道,就一定能够兴家安国平天下,指出“其功顺天者天助之,其功逆天者天违之。天之所助,虽小必大;天之所违,虽成必败。顺天者有其功,逆天者怀其凶,不可复振也”(《形势》),强调一国的发展如果能顺应天道则必然兴旺繁荣,即使初建时势小但却具有强劲的发展势头,如果忤逆天道,虽然可能暂时取得一时一事的成果,长此以往必将由盛而衰,由成而败。国家发展尚且如此,个人发展更是概莫能外。所以,黄老学派的哲人们一直谆谆教导人们遵道行事。

遵循天道的哲学思想决定了黄老学派在政治实践上必然奉行“无为而治”。《形势解》指出“明主之治天下也,静其民而不扰,佚其民而不劳。不扰则民自循;不劳则民自试。故曰:‘上无事而民自试’”。他们提倡的施政模式是为人君则应“君出今逸”,作人臣则应“臣任力劳”。如果将人君形象地比拟为人的心脏,百官就是躯体上的九窍,只有心正了,才有可能正确而科学地掌控九窍。反之,“心不处其道,九窍亦不循其理”,刚“上离其道,下失其事”(《心术上》)。因此,他们强调治国“毋代马走,使尽其力;毋代鸟飞,使弊其羽翼;毋先物动,以观其则;动则失位,静乃自得”(《心术上》)。这正是对老子“我无为而民自化,我好静而民自正,我无事而民自富,我无欲而民自朴”(《老子·五十七章》)的传承和发展。但是,黄老道家学者们时刻关注社会现实,提出德刑相须、礼法相辅的治世思想,时代的发展使其“无为”观念具有了时代的特色。具体来说,一方面统治者制定出来的用于约束限制人们言行的法律规范必须遵循天道,深得民心。法律制度一

① 本节以下凡引《管子》,仅注篇名。

经颁布实施，君主在对百姓实施教化、引导、管理和服务的时候，就必须恪守已成文的社会制度，不能以权代法，以权谋私。君主应该做到，对人民的育化功勋卓著却绝不声张，犹如天地化生和养育万物默默无闻，犹如春雨润物却悄无声息。《白心》一言以蔽之说："天不为一物枉其时，明君圣人亦不为一人枉其法。天行其所行而万物被其利，圣人亦行其所行而百姓被其利。是故万物均、既夸众（百姓平）矣。"另一方面，要做到真正的"无为而治"绝不能逾越严苛的等级名分。《枢言》中强调："有名则治，无名则乱，治者以其名"，"名正则治，名倚则乱，无名则死，故先王贵名"。可见，在黄老学派学子们的眼中，政治生活或者是伦理社会所要坚持的某种秩序法则关切国家的生死存亡，一人拥有的名位及其应守的职分必须相符相称，如影随形、如响随鼓一样。《九守》中提出名实相符的具体方法是"修名而督实，按实而定名。名实相生，反相为情。名实当则治，不当则乱"。依名称督察实际，循实际确定名称，名称与实际互相生成，反过来又互相体现。这种定名分的措施，其"无为"的意义在于，人君"静身以持之，物至而名自治之。正名自治之，奇身名废（奇名自废）"（《白心》），"守慎正名，伪诈自止"。这样，"操分不杂，故政治不悔。定而履，言处其位，行其路，为其事，则民守其职而不乱，故葆统而好终"（《宙合》），使百姓名分不乱，各处其位，各行其是，国家就稳定有序了。名分端正，法律完备，就可以实施无为之治，即"名正法备，则圣人无事"（《白心》）。

《管子》极其重视德育的作用，对于教育的作用给予充分肯定并提到相当高度，指出"地大国富，民众兵强，此盛满之国也。虽已盛满，无德厚以安之，无度数以治之，则国非其国，而民无其民也"（《形势解》），认为国富民强之后就要行道德教化和法律教化以造就具有一定政治观、世界观和人生观的符合社会要求的人。强调人君若要维持长治久安，必须使百姓驯服，使其言行符合社会道德规范，在《版法解》中说："凡人君者，欲民之有礼义也。夫民无礼义，则上下乱而贵贱争"、"凡人君者，欲众之亲上乡意也，欲其从事之胜任矣。"要求人君一方面怀德、行德感化百姓，亲近百姓，使他们能从情感上产生共鸣，一心向往道德，同时也得靠教育使百姓发展起胜任工作的能力。显然，黄老道家学者十分重视通过教育造就德才兼备的人才。对天道的认识和无为而治的政治思想决定了其教育思想的内容，可以从以下三个方面加以阐述。

第一，黄老学者对天道的极端重视。认为认识和传授天道的规律是教育的目的，指出教育的过程既是一个遵道而行的过程，又是一个认识天道的过程。在整个教育过程中，既要有从上到下的提倡和引导，又要有个体自我的主观探索和觉醒。前者体现为施教者品德的自身完善，要求时刻行德，形成榜样示范作用，即"道以明之"（《正》）和"明教顺以导之"（《版法解》），其本质就是在强调潜移默化的教育作用。正如《宙合》中所说的君王若能"闻道而好为天下"，做到"道之所设，身之化也”的与道同体的地步，就会达成“道来者其人莫往”的教化结果。在这种情况下，社会中的个体都会得到充分的发展。因此，《枢言》概括得好：“圣人用其心，沌沌乎博而圜，豚豚乎莫行其门，纷纷乎若乱丝，遗遗（逡逡）乎若有从治。故曰：‘欲知者知之，欲利者利之，欲勇者勇之，欲贵者贵之。’”圣人以先觉觉后觉、先知知后知的方法，以一种极巧妙的无为方式，把握住天道的规律，针对个体的需求，达到发展个性、培养人才的目的。

第二，个体积极地通过自我修养体认天道是教育的重要步骤。《枢言》中提出了“既仁且智，是谓成人”的修养目标。《内业》中指出“道者，所以充形也”，认为道是人充实自我、完善自我、修德养智的途径，个体能孜孜不倦行道于天下，就可以兴家国、治天下、定万物，并可与天地并立为三。《形势》也说：“有闻道而好为家者，一家之人也。有闻道好为乡者，一乡之人也。有闻道而好为国者，一国之人也。有闻道而好为天下者，天下之人也。有闻道而定万物者，天下（地）之配也。”告诫人们要体道、悟道、行道，如此“其身不免于贼”。

第三，国家健全的法律制度和严格的等级名分体系对人行为的规范和约束，发挥着“不言之教”的强大作用。法制旨在建构起社会的秩序，等级名分的目的在于使社会达到和谐。法律与等级存在的长期性，使百姓无时无刻不处于外在力量的束缚之中，久而久之这种外在的道德规范会内化为百姓的内在坚守，由他律成为自律。从而实现“名正法备，圣人无事”（《白心》）的和谐状态。

总之，“章道以教，明法以期，民之兴善也如此（化）”，（《宙合》）这正是《管子》试图通过以上三个方面的努力而达成的教育效果和境界。

### 5.3.2 基于人性论和德法相辅的德育策略

德育是以人为对象的。《管子》非常重视人性问题，认为把握和得到民心是为政治国、施行教化的头等大事和终极目标。《白心》中指出：“自知曰稽，知人曰济。知苟适，可为天下周。内固之，一可为长久，论而用之，可以为天下王”，认为能得民心者政令畅通无阻；关怀百姓冷暖的长盛不衰；钻研分析民心所向并且充分运用的就可以称王天下。他们继承并且发展了《黄帝四经》的人性论思想并进行了深入探讨。

《形势解》指出“民之情，莫不欲生而恶死，莫不欲利而恶害”，“民，利之则来，害之则去，民之从利也，如水之走下，于四方无择也”，认为人心险恶，趋利避害、自私自利是世人的本性，得出“人故相憎也，人之心悍”（《枢言》）的结论。《管子》的进步之处在于它对人性的认识做了进一步探究。他们认为人的本性高于动物的本性，人能“虑事定物，辨明礼义”（《形势解》），即人具有社会性，人的抽象思维、道德认知、人伦情感是动物所不具备的。人的需求不仅局限于物质层次，更上升为精神层面直至人格尊严的维系，之所以能克服一己私欲锲而不舍地去追求道与德是因为人类对它们的景仰和认可。所以《形势解》中说：“常以言翘明，其与人也，其爱人也，其有德于人也，以此为友则不亲，以此为交则不结，以此有德于人则不报。故曰：‘见与之友，几于不亲；见爱之交，几于不结；见施之德，几于不报。四方之所归，心行者也。”这里所谓的“心行者”就是指能够诚心诚意施行天道的人，所以“能心行德，则天下莫能与之争矣”(《形势解》)。百姓期盼的万民推崇的统治者是能用道、德、义善待自己臣民的人。这说明人性是人的自然性：趋利避害、自私自利和人的社会性：明察万物、辨明礼义的统一。

如前所述，人的自然性：趋利避害、自私自利是客观存在的，但法律的威严和刑法的残酷又使得“凡民者，莫不恶罚而畏罪”(《版法解》)。世人为了一己之私而造成祸乱的自然本性可以利用法律刑罚的外在力量加以管控，这是缘于“人之可杀，以其恶死也，其可不利以其好利也”。黄老学者通过深刻分析，认识到了人具有社会性一面，即明察万物、辨明礼义。人们都有明辨是非、向善抑恶的本性。所以认定“民情可得而御也”(《权修》)。统治者如果能撕下自身虚情假意伪善的面纱，设身处地切实考虑百姓实际需要，定能引起被统治者内心情感的共鸣，道德教化由被动变主动，终身服膺。因此，《管子》中提出“先德后刑”(《势》)德刑、礼法相辅的文教政策。德治与德教为主为先，法律与等级约束为辅为次。

#### 5.3.2.1 德治学说及道德教育论

首先，德育教化有利于维系整个社会体系健康良性运转。《管子》中指出，社会应建构完备的道德体系，应针对不同等级和名分的人，提出与他们地位和身份适配的道德要求。“惠者，主之高行也；慈者，父母之高行也；忠者，臣之高行也；孝者，子妇之高行也”(《形势解》)。与此同时，还为每一个等级的人规定了具体的处事要求和行为规范，“主，牧万民，治天下，莅百官，主之常也。治之以法，终而复始。和子孙，属亲戚，父母之常也。治之以义，终而复始。敦敬忠信，臣下之常也。以事其主，终而复始。爱亲善养，思敬奉教，子妇之常也。以事其亲，终而复始。”(《形势解》)“常道”应是每个人的最高道德目标，人们不仅应时刻遵从，更应终生铭记，时刻自省，修身养性。“主者，人之所仰而生也，能宽裕纯厚而不苛忮，则民人附。父母者，子妇之所受教也，能慈仁教训而不失理，则子妇孝。臣下者，主之所用也，能尽力事上，则当于主。子妇者，亲之所以安也，能孝悌顺亲，则当于亲”(《形势解》)，要求每个人都遵循自己的道德要求并努力去实现，这样社会自然会和谐稳定。如果背离此常道，则“主苛而无厚则万民不附，父母暴而无恩则子妇不亲，臣下随而不忠则卑辱困穷，子妇不安亲则祸忧至”(《形势解》)。如果是这种状况，社会必然是混战不已，硝烟四起。因此，道德教育就成为关乎国家存亡的大事，必须要让社会上的每个人都意识到遵守自身道德规范的重要性。这就必须要通过道德教育，“正君臣上下之义，饰父子兄弟夫妻之义，饰男女之别，别疏数之差，使君德臣忠，父慈子孝，兄爱弟敬，礼义章明”(《版法解》)。

第二，道德教育还有利于赢得民心。《管子》中具有浓郁的民本思想，其中通过大量内容来阐述民心向背对治国理政的巨大作用，提出“人主，天下之有威者也。得民则威立，失民则威废。蛟龙待得水而后立其神，人主待得民而后成其威”(《形势解》)，认为君民唇齿相依，相生相佑。提醒国君谨记“王主积于民，霸主积于将战士，衰主积于贵人，亡主积于妇女珠玉。故先王慎其所积”(《枢言》)。强调只有真正理解和把握人具有的既向往仁德又贪财好利的双重性格，并实行“爱之，利之，益之，安之”(《枢言》)之策而合理利用，就可以达到笼络人心的目的。

总之，道德教育客观上具有维系社会道德体系正常运行的功效，而民众在实践中是否能够各守其位，各尽其职，中规中矩不逾矩，一定程度上则要依仗统治者道德教化的实施。在教育方式上，基于对民众向往仁德心理的研判，黄老道家非常重视发挥榜样的示范作用，强调统治者一定要以心行德，尽力通过行不言之教来感召引导百姓共同行德。同时，《管子》认为，统治者能够行德的前提条件是自身首先具备德行，他们的言行举止，不必做作，没有虚假，“己不正焉能正人”只有当统治者按照道德要求首先严于律己，才有可能使百姓听从教导，产生思想与情感上的共鸣。基于此，《管子》从两个层次出发架构其德育理论。

一是要重视统治者的教育。《管子》认为道德教育的本质是感化，方向是自上而下，居庙堂之高者行德从心，以不言之教感化和带领百姓一同遵从道德要求。行德需发自肺腑，出自内心，“全心在中，不可蔽匿，和(知)于形容，见于肤色”(《内业》)。因为一个人的修养程度根本无法伪装，它会通过言行自然外化显露出来。一方面，要大公无私，清心寡欲。君王执政是为了使国家安定，使百姓生活富足、使民众受到教化，这就应该像宇宙天地育化万物一样无私无欲，“故君出令，正其国而无齐其欲，一其爱而无独与是，主施而无私，则海内来宾矣”(《宙合》)。君王发号施令不是为了满足一己私利，而是追求安邦治国，日常行事能与民同乐乐而不是独乐乐，处事公道合理不掺揉私人情绪，这样天下百姓自然心悦诚服。《心术下》言，“圣人若天然，无私覆也；若地然，无私载也。私者，乱天下者也。”就是告诫统治者，只有无私方能天地宽，抑制私欲，做事才能出自公心。私心是天下祸乱产生的罪魁祸首。《宙合》中也说：“毋迩其求，言上之败，常贪于金玉马女，而郄爱于粟米货财也，厚籍敛于百姓，则万民怼怨。远其忧，言上之亡其国也，常迩其乐，立优美(笑)，而外淫于驰骋田猎，内纵于笑色淫声，下乃解怠惰失，百吏皆失其端，则烦乱以亡其国家矣。”如果君主为所欲为，横征暴敛，百姓必然会怨声载道，继而揭竿而起；如果君主沉迷酒色，属下官吏必然不会尽忠职守。这就是所谓“上梁不正下梁歪”。《枢言》强调：“人主好佚欲，亡其身失其国者，殆。”为政者如果不能寡欲清心，必然会落得一个国破家败身亡的悲惨下场。因为百姓只有真正感到没有来自统治者的压迫剥削，才能听从内心的召唤，听之信之从之。

另一方面，心态平和、内心忠厚，不妄自菲薄、自视高大。《宙合》指出："中正者，治之本也""高为其居，危颠莫之救。此言尊高满大，而好矜人以丽，主盛处贤，而自予雄也。故盛必失而雄必败"，认为如果做事总是从个人利益出发，又不能听从别人的合理化建议，其灭亡就是咎由自取。所以，一国之君一定要恪守情操，不断修炼品性。能够做到"吾日三省吾身"。"立常行政，能服信乎？中和慎敬，能日新乎？"(《正》)每时每刻思虑的是自己推行的政令是不是做到了以诚信为基础，自己的品性修养是不是达到了"日日新，苟日新，又日新"(《大学》)，长此以往，国君内心平正，公平执政，百姓安居乐业自是水到渠成。《心术下》特别强调："圣人载物，不为物使，心安，是国安也；心治，是国治也。治也者心也，安也者心也。治心在于中，治言出于口，治事加于民。故功作而民从，则百姓治矣。"在人治的古代社会中，统治者个人的作用举足轻重。社会进步的速度和方向、百姓生活的安危和富足一定程度上取决于他道德水准的高低。即使君主个人作用被夸大，这种道德榜样率先垂范的身教重于言教的德育思想也是正确的。

二是重视对百姓的感化和育化，其具体途径是道德教育。展开详细阐述，就是对百姓道德教化的前提是道德感化，其核心是统治者自身"先诚其意、正身率下"。首先关键点在于启迪与带领。"天以时使，地以材使，人以德使……所谓德者，先之之谓也。故德莫如先，应适莫如后。"(《枢言》)"明主之使远者来而近者亲也，为之在心，所谓夜行者，心行也。能心行德，则天下莫能与之争矣。"(《形势解》)统治者要成为道德践行的典范，先正其身，才能立德树人打动百姓。"上失其位则下逾其节，上下不和，令乃不行"(《形势》)，"行不正则民不服"(《心术下》)，"欲民之怀乐己者，必服道德而勿厌也，而民怀乐之"(《形势解》)，如果"言辞信，动作庄，衣冠正，则臣下肃。言辞慢，动作亏，衣冠惰，则臣下轻之"(《形势解》)。君子有诸于己而后求诸与人，国君的一言一行是臣下行动的航标和指南。只要"正形饰德"，就能够"万物毕得"(《心术下》)。此外，要心里面装着百姓，感情上亲近百姓，执政上依靠百姓，才能取信于民，拉近与百姓之间的距离，产生道德的回应。《管子》认为当人类从事同一种活动时，存在一种同步化情绪现象。所以"善气迎人，亲如弟兄；恶气迎人，害于戎兵。不言之声，疾于雷鼓。心气之形，明于日月，察于父母。赏不足以劝善，刑不足以惩过。气意得而天下服，心意定而天下听"(《内业》)，"明王之爱天下，故天下可附；暴王之恶天下，故天下可离。故货之不足以为爱，刑之不足以为恶。货者爱之末也，刑者恶之末也"(《心术下》)。有内德的君王自然会善待臣下百姓，这种发自肺腑的诚意会感化人心，唤起共鸣，比给予百姓钱财，许以高官厚禄更能笼络收服民心。一言以蔽之，"莅民如父母，则民亲爱之。道之纯厚，遇之有(真)实，虽不言曰吾亲民，而民亲矣。莅民如仇雠，则民疏之。道之不厚，遇之无实，诈伪并起，虽言曰吾亲民，民不亲也。"

### 5.3.2.2 法治教化学说

《管子》认为，对于君主而言，为政之本是爱民保民，因此对黎民百姓要“安之，利之，爱之，益之”，但又意识到光靠道德感化与引导以及依赖人们自觉服从道德规范是不够的，现实中的确有一些“狂惑之人，告之以君臣之义、父子之理、贵贱之分，不信圣人之言也，而反害伤之”(《形势解》)，认为光靠道德教育来引导和感化，光凭舆论来调节人们的言行，而缺乏赏罚标准，是不能形成和谐的社会的，还需要靠法制来约束人们的行为和惩戒违背道德的人。

《管子》秉承了《黄帝四经》中“道由法生”观念，认为道是立法的依据，法源于“事督乎法，法出乎权，权出乎道”(《心术上》)，指出“法出于礼，礼出于治，治、礼道也。”(《枢言》)这样，就把法律与礼道结合起来。何谓“礼道”?《心术上》解释“登降揖让、贵贱有等、亲疏之体谓之礼。”可见，法律和道德一样都是人们应该遵守的行为规范，其内容互相渗透，居于统治主导地位的道德规范一般会被明文规定作为法律规范。因此，法律存在的合理性就在于它建立的理论基础:道和道德。此外，法存在的关键价值还在于它是一种强制性的外在制约，约束着人们的行为处事，要求一切活动必须合天道、遵道德。所以“人故相憎也，人之心悍，故为之法”(《枢言》)。人性中天然存在着驱害就利、利欲熏心的自私性，法律的设定又是要从这个角度出发规限人性的丑陋面。《形势解》指出“人主之所以令则行禁则止者，必合于民之所好，而禁于民之所恶也”，“故上令于生、利人，则令行;禁于杀、害人，则禁止”。让百姓能够切实遵守礼义法度的基础就是帮助百姓改善物质生活条件。只有衣丰食足，人们才可能对法律产生认同、增强亲近、自觉遵守。

《管子》还要求法律应具备完整性，指出“怀绳与准钩，多备规轴，减溜大成，是唯时德之节。夫绳，扶拨以为正;准，坏险以为平;钩，入枉而出直。此言圣君贤佐之制举也。博而不失，因以备能而无遗”(《宙合》)，强调成熟而完备的法律，不仅要方向正确没有偏误，内容也必须博大精深。

国家法律制定颁布实施后，一方面要晓谕天下百姓知悉。一方面要严格训诲，树立法律的权威性。使百姓言行皆以“法律为准绳”，不仅要知法更要守法。《版法解》强调:“是以人君严教以示之，明刑罚以致(敬)之”，统治阶级要带头遵纪守法，因为“有法不正，有度不直，则治辟。治辟则国乱”(《版法解》)，处事要合情合理合法，不偏不倚。同时该赏的赏，该罚的罚，把事情处理得明明白白，清清楚楚，就会在民众心里生发出示范作用，法律由此产生一秉至上使人信服的力量。《枢言》曰:“天下无私爱也，无私憎也。为善者有福，为不善者有祸。祸福在为，故先王重为。明赏不费，明刑不暴。赏罚明，则德之至者也。”陟罚臧否，如有不当，“有无功而可以得富者，则禄赏不足以劝民”(《版法解》)，法律的威严就会丧失殆尽。因此，严格依法行事必定会产生强烈的教育作用，使善者更加勤勉，恶者为之警戒而自觉改过。“人主立其度量，陈其分职，明其法式，以莅其民，而不以言先之，则民循正”(《形势解》)，这就是法律具有的教育作用，被《管子》称为“暗化”，并指出“用赏者贵诚，用刑者贵必，刑赏信必于耳目之所见，则其所不见，莫不暗化矣”(《九守》)，从而高度提炼出法的教育意义，言简意赅，是黄老道家一贯主张“不言之教”的最佳确证。

《管子》认为立法的目的同样在于教化和约束民众，使他们的言行符合社会的道德规范，严守等级名分制度。法教与德教对民众教育的侧重点不同：德教强调感化人的内心，法教重视外在的约限，但二者相辅相成，密不可分。这种内外相结合的教育模式的提出，意义深远。

### 5.3.3 基于精气学说和德智兼求的育化目标

《管子》将原始道家的道论进一步发展，将《老子》中提出的模糊而不明确的“精”“气”概念化、理论化，完善了“精气”学说。认定“精”为“气之精”，“精气”是一种精粹细致之气，并把“精气”看作是“道”的同义语。《内业》中说：“凡物之精，此(化)则为生。下生五谷，上为列星。流于天地之间，谓之鬼神；藏于胸中，谓之圣人。是故民(此)气，杲乎如登于天，杳乎如人于渊，淖乎如在于海，卒乎如在于己。是故此气也，不可止以力，而可安以德；不可呼以声，而可迎以音(意)，敬守勿失，是谓成德，德成而智出，万物果(毕)得。”精气化生万物，流布天地之间，人如能认识、把握和保存住它，就成为圣人。守住精气必须通过修养品德，坚定意念，用内心来体悟和持守。修养成功意味着精气进入人心，可掌握万物运行的规律，智慧就产生了。因此，个人修养和学习的目的就在于把握和持守精气，即道。《管子》理想的人才，就是能使精气入主内心既仁且智的德智兼备的人。

基于这一观点，《管子》提出了德智兼求的人才观。《宙合》中说：“人而无良焉，故曰虚也。凡坚解而不动，堵堤而不行，其于时必失，失则废而不济。失植之正而不谬，不可贤也，植而无能，不可善也。所贤美于圣人者，以其与变随化也”，指出为人如果没有好品德，就会流于虚浮；具有优良品德，为人正直无私却才能平庸也不配“贤”的赞誉，只有品性高雅，德高望重同时兼具实际才能的人才被称之为“贤者”。《宙合》强调“成功之术，必有巨获，必周于德，审于时。时德之遇，事之会也，若合符然。故曰，是以唯时德之节”，要求处理事情时既要行之以信，做之以德，还要凸显时机的重要性。《管子》将育人目标定位为“既仁且智”“信之者，仁也；不可欺者，智也。既仁且智，是谓成人”(《枢言》)。所谓“成人”是敦朴老诚、操行方正的人，同时又能掌控自己的命运，不会任人宰割的人。《管子》多强调“与物随变”，即“一事能变曰智”(《心术下》)。《管子》认为，天地无边无垠，无限广阔，世间万物倚赖之，生存之，繁衍之，生生不息，变化万端。要使不变之天道应人事之万变，必须使天道待时而动，相机从事。但是掌握天道谈何容易。《管子》中于是生出了“道，不远而难极也，与人并处而难得也”(《心术上》)的喟叹。因其艰难，因其不易，《管子》才将能否以动态的视线审视事物，能否把握时机抓住事物之间内在的必然联系，视为衡量智能高低的判定标准。《宙合》曰："圣人之动静、开阖、诎信、逞儒、取与之必因于时也。时则动，不时则静。"点明"强言以为谬，而功泽不加，进伤为人君严之义，退害为人臣者之生，其为不利弥甚，故退身不舍端，修业不息版，以待清明"，臣下谏言要找准时机，否则可能会伤及君主的颜面而使龙颜不悦，甚至会龙颜大怒危及进谏者生命安全。如此不仅无济于事，更是得不偿失。《管子》认为"智"的条件是"比较轻重，左右权衡；驾驭契机，相机而动。"正如《势》中曰："夫静与作，时以为主人，时以为客，贵得度。知静之修，居而自利；知作之从，每动有功。"认识大道之内蕴，把握事物的规律，动静咸宜，时机合适，就会立言、立德、立功。《管子》认同世界的不变性，同时也指出了万物的变化性。

《管子》文中认为世人必须兼具两种素质："贤者作风"（也就是人伦至善，此即为儒、墨所追求）和"智者气象"（也就是讲求对人事和自然内在规律的探索，此即为道家所主张）。将二者结合在一起并通过对人的要求体现出来，使得黄老道学对人的培养更加合理和完整。

### 5.3.4 基于学习思想和修养方法的自我提升路径

#### 5.3.4.1 学习思想

天道是《管子》试图通过学习而认识和把握的核心内容，认为"道在身则言自顺，行自正，事君自忠，事父自孝，遇人自理"（《形势解》），因此，其学习理论也是围绕天道而展开。《管子》认为万物运行遵循天道规律，天道规律就蕴含在万物发展之中。"虚无无形谓之道，化育万物谓之德"（《心术上》），个体如果能把握住天道，就会"小取焉则小得福，大取焉则大得福，尽行之而天下服"。因此，通过研究、修养来体会和把握道是学习的主要任务和首要目标。

《管子》主张博学厚积。认为尽管道体现在万物中，但万物纷繁复杂，规律就不会一目了然，认识规律的历程也必须循序渐进，从个别到一般、从特殊到普遍的路径，《宙合》中说："天育阳（养），无计量；地化生，无法（泮）崖。所谓是而无非，非而无是，是非有，必交来。苟信是，必有不可先规之，必有不可识虑之，然将卒而不戒。故圣人博闻多见，畜道以待物，物至而对形，曲均存矣。"是非界线的确定有其客观的标准，同时也随着人的认识水平的提高而发生变动。"是"的确定前提是"非"已确定，反之亦然。是非标准就要通过学习来确定、认识。在当时人类认识的初期，无确定的科学理论来指导人们的认识，只有博学多闻，通过在认识的过程中不断尝试失败、积累经验，最终形成对自然、社会、人性的正确认识和把握。《管子》重视博学积累的意义，认为通过博学和多见，可以从中体悟到道的运行规律，可以认识新生事物而不为其迷惑。

《管子》强调要通过学习达到深通规律，千万不可局于一囿、蔽于一曲。"明者察于事，故不官于物，而旁通于道。道也者，通乎无上，详乎无穷，运乎诸生。

是故辩于一言，察于一治，攻于一事者，可以曲说，而不可以广举”(《宙合》)，唯有通晓全部的事物，而不为部分所局限，才能掌握通达于无上之高、翱翔于无穷之境的道。黄老道家中一以贯之的特点就是兼容并包，特别反对囿于一家之成说，死守一己之私意，成为井蛙夏虫。他们认为一种学说应当是发展而与时俱变的，指出“圣人之道，贵富以当。奚谓当？本乎无妄之治，运乎无方之事，应变不失之谓当。变无不至，无[不]有应当，本错不敢忿。”(《宙合》)在他们看来，一家之言已决然无法解决新形势下的新问题，必须兼采众学之长，方可应付当时社会巨变提出的要求。黄老道家以一种开放的态势容纳了诸家学说之精华，铸就成一个多元的学说体系，正是这种学习思想的成效。

《管子》还就具体的学习过程方法提出了精彩观点。一是强调虚静体悟。《心术上》认为“大道可安而不可说。真人之言不义不颇，不出于口，不见于色，四海之人，又孰知其则”，指出大道的规律、圣人的义理既不能书诸于典籍，又不能用言语准确表达出来，个中真味必须要学习者自己体会把握、自觉领悟。《管子》认为心是认识大道的器官，唯有修养内心方可达到认识的目的，指出“其所[以]知，彼也；其所以知，此也。不修之此，焉能知彼？修之此，莫能虚矣，虚者，无藏也。”(《心术上》)，认为修养内心要达到极致，即虚静的状态，内心要不存留机智、诈伪、欲念，也就是“无藏”的境界。“虚其欲，神将人舍；扫除不洁，神乃留处。人皆欲智而莫索其所以智。智乎，智乎，投之海外无自夺，求之者不得处之者。夫圣人无求之也，故能虚无。”(《心术上》)，认为智慧强求不得，有其成法可依，只有排除嗜欲，虚静内心，才能体会到规律，达到“神”的境界，所以说：“去欲则宣，宣则静矣，静则精。精则独立矣，独则明，明则神矣。神者，至贵矣，故馆不辟除，则贵人不舍焉。”(《心术上》)这样才能达到“心静气理，道乃可止”(《内业》)。而人们往往嗜欲充塞，内心尽管想得道，却由于方法不对，终将一无所获。

二是强调专一精思。《管子》认为学习重在体悟，学习者必须将全部精力专一地投入到对道的研究上，进行深入思考，专一探究，逐渐建立起关于道的认识的广泛联系，才有可能产生灵感或顿悟，在顷刻之间融会贯通，把握住道的运行规律。“专于意，一于心，耳目端，知远之近。”(《心术下》)专心一意，知远如同知近一样。人能达到专一的程度，才能掌握事物变化的规律，“一气能变曰精，一事能变曰智”(《心术下》)。专一于气而掌握其变化，大道就能落入内心而达到精的境界；专一于事而掌握其变化规律，就能达到智的境界。达到精和智就意味着掌握了道的实质，学习的目的就达到了。专一的同时还必须深入思考不懂处，“思之，思之，又重思之。思之而不通，鬼神将通之。非鬼神之力也，精气之极也”(《内业》)。反复不断地精思，人之精气全部集中于难题上，即使有难解之处，也会在长久而专一的精思基础上一朝释然。

三是强调勤勉务进。《管子》认为“受业问学而不加务则不成”(《形势解》)。

为学若散漫懒惰，则会一事无成。《形势解》说："解惰简漫，以之事主则不忠，以之事父则不孝，以之起事则不成。"反对懒散怠惰，提倡积极奋进，认为"怠倦者不及，无广者疑神，(疑)神者在内，不及者在门；在内者将假，在门者将待。曙戒勿怠，后稚逢殃。朝忘其事，夕失其功"(《形势》)，即懒惰之人总是落后于人，珍惜时间的人，办事神速，如有神助。因此，早晨告诫自己不要懈怠，落后就要遭殃；早上忘记要做的事，晚上就失去本应得到的成果。号召有志于学问的人要"疾之，疾之，万物之师也；为之，为之，万物之时也；强之，强之，万物之指也"(《枢言》)。面对广泛众多、随时流逝、旨意深远的万物，必须加快步伐，努力探索，永不停止。求学问道的紧迫感跃然纸上，催人奋进，并用"士不厌学，故能成其圣"(《形势解》)的美好前景来鼓励广大学者为真理为道德而奋斗不息。

#### 5.3.4.2 修养方法

《管子》特别重视个人修养，认为道德修养的主要目的在于清除内心的贪欲和杂念，保持内心清明，从而使精气能落入心中，达到体道、悟道的境界，其主要方法如下。

(1) 宁静寡欲

《管子》认为体会道的真谛，必须排除心中杂念，达到虚静的状态，《内业》中说："心静气理，道乃可止"，"静则得之，躁则失之"，"心能执静，道将自定"。心静就是要去掉过多的欲望，专心致志于对道的体认，用心去体会道的存在，去把握道的运动。这并非玄不可及的神秘境界，而是排除一切干扰，全神贯注地将全部注意力集中到道上，在这种情况下才有可能激发灵感，体会到道的本质。但人往往由于内心嗜欲充溢而目不见色、耳不闻声，因此，心静首先要寡欲。《心术上》中多处提到："去欲则宣，宣则静矣，静则精，精则独立矣，独则明，明则神矣"，指出人是有理智的动物，必须用理智来节制欲望。还说："岂无利事哉？我无利心，岂无安处哉？我无安心，心之中又有心。""心之中又有心"中前一个"心"指思维的实体心，后一个"心"指人心之理性思维能力。这就是说人并不是无欲，贵在能运用理性来控制，达到心静的状态。因此，人要努力达到"无以物乱官，毋以官乱心，此之谓内德"(《心术下》)。"中(义)守不忒，不以物乱官，不以官乱心，是谓中得。"(《内业》)不为外物所左右，不被外部感官的喜好摆布，保持一颗寡欲清静之心，这就叫具有"内德"，内心有所得即为"中得"。通过节欲，"人能正静者，筋韧而骨强……正静不失，日新其德，昭知天下，通于四极"(《心术下》)。不受外物之左右，心中必定达到宁静，然后努力去体认大道，必定会把握道的规律。

(2) 专一持久

道德品质的修养是一个长期的过程，决非一蹴而就，因此必须长期坚持，意志专一。首先要有专一的目的，曰："一以无贰，是谓知道。将欲服之，必一其端，而固其所守。"(《白心》)其次要树立坚定的道德信念，长期服从。道德修养的起初阶段需要意志力来强制自己去持守善道，才能逐渐地培养起道德行为的习惯。"守善勿舍，逐淫泽薄，既知其极，反于道德。"（《内业》）在日常生活中，要不间断地培养好的品德行为，减少不良习气，心中孜孜以求，"日益之而患少者，唯忠；日损之而患多者，唯欲"（《枢言》），好的品德唯恐太少，坏的欲望又怕太多，因此时刻要督促自己修养自身，持久不懈，最终才会由道德的他律到自律再到"习惯成自然"的自为境界。

（3）以理智节制情绪

《管子》认为人皆有喜怒爱憎哀恶等情绪情感，但若不加以节制，使之达到平和，对于道德修养有极大危害，"凡民之生也，必以正平。所以失之者，必以喜乐哀怒"（《心术下》），"忧则失纪，怒则失端。忧悲喜怒，道乃无处"（《内业》），认为情绪失调必定会使人内心混乱，行为失常，重者导致违法乱纪，为世人所不容，经常失调也会影响到健康。《管子》提出要用理智来控制人的情绪情感。指出"忿怒之失度，乃为之图。节其五欲，去其二凶，不喜不怒，平正擅匈"（《内业》）。过于愤怒，就要调节，对于耳、目、口、鼻、心五种情欲，喜乐、愤怒二凶都要加以节制甚至去除，让平和中正占据胸中。《内业》中强调："能去忧乐喜怒欲利，心乃反济"。《管子》发现礼乐对情绪情感控制确有独到之功，提出："止怒莫若诗，去忧莫若乐。"（《内业》）主张通过学习主外之礼和主内之乐，内外结合予以调节，这体现出黄老道家学者意识到必须提高理性认识水平来调节情绪情感，这非常值得重视。

## 5.4 《鹖冠子》的德育思想

战国时期学属黄老的楚国隐士鹖冠子，据《汉书·艺文志》记载他"居深山，以鹖为冠"，作《鹖冠子》以阐述思想学说、描绘政治理想、宣扬教育主张。关于《鹖冠子》一书，历来争议很多，唐人柳宗元在《辩鹖冠子》中认为"禁闭浅言也，吾意好事者伪为其书"，后世多视此书为伪书。同时，历代对其篇、卷的数目记载差别很大，《汉书·艺文志》记载有一篇，随后的《隋书·经籍志》《唐书》《宋书》均记载为三篇。唐朝的韩愈在《读鹖冠子》中称有十六篇。宋《四库书目》记载有三十六篇。宋晁公武《郡斋读书志》说："今书乃八卷，前三卷十三篇，与今所传《墨子》书同；中三卷十九篇，愈所称两篇皆在，宗元非之者，篇名《也兵》，亦在；后两卷有十九篇，多称引汉以后事，皆后人杂乱附益之。今删去前后五卷，止存十九篇，庶得其真"。现存的陆佃注本《鹖冠子》正是十九篇。清人王阁运认为："道家《鹖冠子》一篇，纵横家《庞媛》二篇。《隋志》道家有《鹖冠子》三卷，无《庞媛》书，而篇卷适相合。隋以前误合之。"张岱年在《中国哲学史科学》中指出，今本可能是把《汉书·艺文志》中道家和兵家的《鹖冠子》合编而成的。吕思勉在《先秦学术概论》

中也富有预见地指出："盖庞子赵将，而《鹖冠子》则庞子之师，此其所以误合也。此书义精文古，决非后世所能伪为。"[①]1973年，马王堆汉墓大量帛书出土，学者研究发现，《鹖冠子》与帛书相合，可证此书并非伪作，从而使《鹖冠子》的关注逐渐由文本真伪争辩转入思想体系研究。本书拟以最能代表《鹖冠子》思想的《近迭》《度万》《王鈇》《兵政》《学问》等五篇入手，对其德育化主张略作管窥。

### 5.4.1 基于理性的哲学起点

有什么样世界观就有什么样的方法论，这是德育思想的哲学起点。《鹖冠子》把"道"作为最高哲学范畴，指出道是万物"所以然"，"随而不见其后，迎而不见其首，成功遂事，莫知其状。图弗能载，名弗能举，强为之说曰：芴乎芒乎，中有象乎；芒乎芴乎，中有物乎。窅乎冥乎，中有精乎。致信究情，复返无貌，不能为人业"（《鹖冠子·夜行》[②]）"所谓道者无已者也，所谓德者能得人者也。道德之法，万物取业。"（《环流》）这与老子"天地之母""万物之宗"之道异曲共工，这也是将《鹖冠子》列为道家著作的根本原因。《鹖冠子》凸显了"道"的规律性内涵，指出"道有稽，德有据"（《著希》），"道凡四稽，一曰天，二曰地，三曰人，四曰命"（《博选》）用天道、地道、人道来描述自然领域、社会领域和人自身存在的规律。在自然领域，规律独立于人的意识之外，既具有客观性又存在必然性，既有度、数可考，又有法式可循，"日信出信入，南北有极，度之稽也。月信死信生，进退有常，数之稽也。列星不乱其行，代而不干，位之稽也"（《泰鸿》）；"天者诚其日德也，日诚出诚入，南北有极，故莫弗以为法则。天者信其月刑也，月信死信生，终则有始，故莫弗以为政。天者明，星其稽也，列星不乱，各以序行，故小大莫弗以为章"（《王鈇》）。在社会领域，是否按规律办事会影响国家兴亡、人事好坏，顺道而行，则"小大皆举。先无冤仇之患，后无毁名败行之咎。故其威上际下交，其泽四被而不鬲"（《天则》）；逆道而施，就会"非其天诛逆夫人僇"（《天则》），天灾人祸接连不断。就君主而言，如果"动逆天时，不详有祟，事不仕贤，无功必败"（《道端》），就可能"过生于上，罪死于下"（《天则》）的地步。这种用天道、地道、人道分别说明各种具体事物的运行变化规律的思想，克服了把"道"理解为脱离具体物质载体来理解抽象规律不足，将规律和具体对象联结起来，从而强化了道作为规律的客观实在性，这是老子之后关于"道"即规律思想的一次重大拓展。

在把"道"作为最高哲学范畴的同时，《鹖冠子》还提出了"天""天地"概念[③]，并将其视为有本体价值的自然实体。"所谓天者，物理情者也"（《博选》），是具有寒暑、日月、昼夜、四时、星辰、风雨等造化之工，是千变万化的物理世界；"所谓天

① 商原李刚.《鹖冠子》的政治态度[J].长安大学学报，2002，(2)：14-17.

② 本章内凡引《鹖冠子》，只注篇名。

③ 史婷婷.《鹖冠子》宇宙观的哲学解读[J].安阳师范学院学报，2010，(4)：9-12.

者，非是苍苍之气之谓天也；所谓地者，非是膊膊之土之谓地也。所谓天者，言其然物而无胜者也；所谓地者，言其均物而不可乱者也”；“天者神也，地者形也……天地者形神之正也。”（《度万》）这里的“神”，不具有神秘意志品格，而是指各种自然变化的神奇之工，旨在与相对稳定的“地”相对应。《鹖冠子》认为，人可以把握作为自然实体的天，“天高而可知也，地大而可宰也”（《备知》），这进一步肯定了天的客观性，从唯物论的角度将天上升为宇宙的根本存在和化生万物的根源。“天也者，神明之所根也。醇化四时，陶埏无形，刻镂未萌，离文将然者也”（《泰鸿》），“天者，万物所以得立也。地者，万物所以得安也。故天定之，地处之，时发之，物受之，圣人象之”（《道端》）。整个物质世界因天而千变万化并呈现出生动和谐的状态。《鹖冠子》还进一步指出尽管“天”具有本体价值，是世界产生的根源，但天不能背离“道”，“天之不违，以不离一；天若离一，反还为物”[①]（《天则》），“其得道以生者，天能生之。其得道以死者，天弗能生也。其得道以存者，天能存之。其得道以亡者，天弗能存也”（《能天》），“一为之法，以成其业，故莫不道一之法立，而万物皆来属”（《环流》）。可见，“道”是“天”的内在规律，“天”是自然万物的总称，“道”是隐藏在自然成物之中。

根源于“天”而具有“道”性的万物由什么构成？《鹖冠子》借鉴文子等前人思想，提出“气”是构物之始基，“精微者，天地之始也……故天地乘于元气，万物乘于天地”（《泰录》）。“气”有阴阳，它们共同作用产生万物，“阴阳不同气，然其为合同也”（《环流》）。在化生万物过程中，“气”“道”相通，“有一而有气，有气而有意，有意而有图，有图而有名，有名而有形，有形而有事，有事而有约，约决而时生，时生而物生。故气相加而为时……万物相加而为胜败，莫不发于气，通于道。”之所以区分“道”与“气”，是因为它们在化生万物的过程中呈现的状态和作用不同，“空之谓一，无不备之谓道，立之谓气，通之谓类”（《环流》）。可见，空虚无形的叫“一”，包含一切的为“道”，形成有形万物的是“气”。从这一逻辑出发，《鹖冠子》指出宇宙未分化的前对象世界是一个混沌的整体存在，即“一”，这为天地万物产生提供了可能，可称之为“道”，“气”使“道”产生分化并与道相通形成了世界万物，“故物无非类者，动静无非气者”（《环流》）。这不仅强调了“气”的重要性，而且说明气已经超越了具体的物质形态而成为以所有物质存在的哲学概括，这是《鹖冠子》对道家思想发展的另一个重大贡献。虽然老子说过“万物负阴而抱阳，冲气以为和”（《老子·第四十二章》），庄子说过：“阴阳者，气之大者也”（《庄子·则阳》），但他们均没有指出“气”对于宇宙的本体作用，其哲学立足点是道论而不是气论。而《鹖冠子》纳气入道，使无形无名的道可以借助“气”落实到现象世界或形下之物，使道家思想更具理性光彩。

---

① 这里的“一”即是“道”。

## 5.4.2 基于治世的功能主张

为什么要德育、德育为什么？这是阐述教育时必须回答的首要问题。和同时期的许多思想家一样，立足人性论教育是《鹖冠子》的显著特点。《鹖冠子》以不同动物都嗜死尸充饥为例，推断人和其他动物本性相同，“虎狼杀人，乌苍从上、螾蛾从下聚之。六者异类，然同时俱至者，何也？所欲同也。由是观之，有人之名，则同人之情耳，何故不可乎？”（《王鈇》）认为如同动物对利都趋之若鹜，人也都“恶死乐生”（《博选》）、趋利避害，都有求治图安的追求和生活在安逸盛世的渴望。与动物不同，人的本性会因外部环境的作用而改变，有向善发展的可能。所以，要通过教育将自然人培养成社会人，“使百姓释己而以上为心者”，这既是“教之所期”（《天则》），也是治国救世的基本要求，更是为政者的首要任务。《鹖冠子》指出，在乱世暴君治下，往往导致人性扭曲，“上有随君下无直辞；君有骄行，民多讳言，故人乖其诚”（《著希》），“父子相图，兄弟相疑，何者？其化薄而出于相以有为也”（《备知》）。这不仅从另一个角度说明了人性会因外部影响而变化，而且进一步论证了教育对化民成俗的巨大作用。《鹖冠子》强调“教苦利远”（《度万》），教育虽然辛苦艰难，但收益很大，可以穷天道之至理，扬人性之至善，对个人和社会发展产生重要而积极的影响①。

教育的任务是培养人才，核心是培养明君。《鹖冠子》认为，“天者，神也；地者，形也。地湿而火生焉，天燥而水生焉。……水火不生，则阴阳无以成气，度量无以成制，五胜无以成埶，万物无以成类。百业俱绝，万生皆困”（《度万》），“神备于心，道备于形”“气由神生，道由神成”（《度万》）。作为社会管理的决策者和社会秩序的维护者，明君的心神修养与阴阳两气密切相关，神是天地、阴阳两气之间最重要的枢纽，阴阳两气若能与神相配，心则能摄神，进而就能把握阴阳神道、参贯天地人三才。所以明君要通过提高自己的心神修养来“神化”臣民。明君的心神修养程度不同，其治理天下的境界亦不同②，心神修养越高，百姓就越拥护，政治就越清明。为此，《鹖冠子》提出的五正论，既是政治理论，又是教育实践论。

五正论以心神境界为标准依次描绘了神化、官治、教治、因治、事治五种治理形态，这是《鹖冠子》最具特色的思想部分③。其中，神化是最高境界。“神化者于未有”（《度万》），“定天地，豫四时，拨阴阳，移寒暑，正流并生，万物无害，万类成全，名尸气皇”（《度万》）。在这一境界，明君司职气皇，能得元气之本、定天地之位、序四时之次、拔阴阳之变、解自然之道。他无须开展礼乐刑罚教化，却能够参与天地万物造化，灵活按照自然规律，自然而然地达到天下自治自化的效果。

① 陈德安. 中国道家道教教育思想史（先秦至隋唐卷）[M]. 北京：社会科学文献出版社，2008：1-37.

② 杨兆贵，杨康哲. 论鹖冠子的教育思想[J]. 管子学刊，2011，(4)：60-65.

③ 杨兆贵，杨康哲. 论鹖冠子的教育思想[J]. 管子学刊，2011，(4)：60-65.

官治是圣人之治，比神化低一级。“官治者道于本”(《度万》)，“师阴阳，应捋然，地宁天澄，众美归焉，名尸神明”(《度万》)。君主司职神明，效法阴阳变化之道治理天下。官治以下是教治，这是贤圣之治。“教治者修诸己”(《度万》)，“置四时，事功顺道，名尸贤圣”(《度万》)。君主顺从四时，使臣民循时行事有时。第四层是因治。“因治者不变俗”(《度万》)，“招贤圣而道心术，敬事生和，名尸后王”(《度万》)。君主(后王)重视文教，招徕贤圣因应心术。贤圣注重内在之德，不断修身进德、顺道立功、佐治天下。在这里，置贤圣于后王之上，充分体现了《鹖冠子》重视文化而甚于政治。最低的是事治。“事治者矫之于末”(《度万》)，“招仁而道知焉。苟精牧神，分官成章，教苦利远，法制生焉。法者使去私就公，同知壹敬，有同由者也，非行私而使人合同者也。故至治者弗由而名尸公伯”(《度万》)。公伯为政，已是天下失道之时，只能从制度、用人等末处着手实现拨乱反正。在用人方面不能招致贤圣则招徕仁者。

明君神化只是理想，在现实中各级官员的作用也非常重要。《鹖冠子》以君成鸠氏以“制邑理都”之法治理天下一万八千年为例，就强化各级官员的教化职责提出了一套为政策略。成鸠氏以五家为一伍，设伍长。十伍为一里，设有司。四里为一扁，设扁长。十扁为一乡，设乡师。五乡为一县，设啬夫。十县为一郡，设大夫。从伍长到郡大夫都是地方官员，主要职责是治理好所属的官吏和百姓。此外，扁长、乡师、县啬夫、郡大夫的另一重要职责是对所辖百姓“以时循行教诲”(《王鈇》)，如果措施不力、效果不佳，他们将会受到相应处罚，扁长、乡师会被治罪并“贰其家”(割分其家财)，县啬夫、郡大夫会被诛无赦(《王鈇》)。与此同时，官员也要不断提高自己的修养，可谓“化立而世无邪，化立俗行”(《王鈇》)。对于普通百姓，《鹖冠子》主张“使矔习者五家为伍”(《王鈇》)，把生活习惯相同的百姓编在同一组织里一起生活，“父与父言义，子与子言孝。长者言善，少者言敬。旦夕相熏芗以此慈孝之务”(《王鈇》)，“少则同侪，长则同友，游敖同品，祭祀同福，死生同爱，福灾同忧，居处同乐，行作同和，吊贺同杂，哭泣同哀，欢欣足以相劝”。(《王斧》)这样人与人不仅能融洽相处，而且会互相鼓励帮助、熏陶影响，形成良好风气，平时“莫敢道一旦之善，皆以终身为期”(《王鈇》)，战时则能互相保护，“入以禁暴，出正无道，是以其兵能横行诛伐，而莫之敢御”、“车甲不陈，而天下无敌矣”(《王鈇》)。

“天高而可知，地大而可宰。”(《备知》)《鹖冠子》充分肯定人的能力，认为人类完全可以认识世界、改造世界。天地不是控制和摆布人的异己力量，人可以识天道而执一以应万物。“贤者万举而一失，不贤者万举而一得。其冀善一也，然则其所以为者不可一也，知一之不可一也，故贵道”(《环流》)，“汤能以七十里放桀，武王以百里伐纣。知一不烦，千方万曲能杂齐同；胜道不一，知者计全”(《世兵》)。《鹖冠子》以德行出类拔萃的伊尹、管仲、百里奚等人为例，强调除了吃、睡的本能，任何人的任何才能不是先天所生而是学习所致，其他无一不是学而所成。“凡可无学而能者，唯息与食也，故先王传道以相效属也”(《道端》)，“伊尹酒保，太公屠牛，管子作革，百里奚官奴，海内荒乱，立为世师，莫不天地善得，日月不息，乃成四时，精习象神，孰谓能之，素成其用，先知其故”(《世兵》)，“冥材乃健，弗学孰能，此天下至道”(《学问》)。这就告诉人们，硕学鸿才并非天生，而是长期学习积累、求知问道的结果，只有通过学习才能识道、悟道、体道，从而获得才能。

### 5.4.3 基于学性的模式架构

“学什么、怎么学”是教育思想的核心。《学问》对此展开了专门论述，像这样专门对学问或知识进行论述，先秦诸子中并不多见，这也是《鹖冠子》的特别之处[①]。《鹖冠子》指出学问是反映现实活动的知识和道理，具有正确性、实践性、实用性、时效性、系统性等特点。他认为，真正的学问不是单纯的观念存在，而是在实践活动中发现并经过实践验证的正确道理。“贱生于无用。中河失船，一壶千金。贵贱无常，时使物然”(《学问》)一切学问都是有用、有价值的，学问的价值和其他物品的价值一样，不是一成不变的，而会随环境影响而改变，物以稀为贵，所以，“时”对学问很重要。如果所学为当时所急需，那么其价值就最大。学问有本有用，是系统的“终始之学”，“始于初问，终于九道。”(《学问》)面对“战道不绝，国创不息”的局势，《鹖冠子》坚信九道是“天下至道”，是当时天下分崩离析状态下最有用、最有价值的学问。

“九道”的内容非常丰富广泛，包括“操行所以为素”的道德、“分数所以观气变”的阴阳、“主道治乱国之”的法令、“表仪祥兆下之应”的天官、“风采光景所以序怪”的神徵、“无独异”的技艺、“小大愚知、豪杰相万”的人情、“世用国备”的械器、“威柄所持立不败之地”的处兵，涉及品德操行、天文地理、为政治国、气候风光、工艺技巧、日用器械、军事作战等许多方面。“九道”之中，道德是操行之本，只能由神化者等圣人明君拥有，他们掌握了天地万物和自然社会的运行规律，与天地正道相辅相成，正所谓“圣人之道与神明相得，故曰道德”(《泰鸿》)。阴阳是“参政”“知命”之术，明君通过观察历数之分、天象凶吉来把握阴阳变化，并据此处理军国大事。法令是明君治国的重要手段，“化万物者，令也……制万物者，法也”(《度万》)，均事关国家存亡。法和令是有严格区别的，令只能由拥有最高权力的君主掌握，以杜绝政出多门；法必须依道而定，超越政治、权力而永远存在。法一旦制定，包括君主在内都必须严格遵守，依法办事。《学问》还指出“道德已明而阴阳次之，阴阳已明而法令次之，三者备矣，然后可以言治矣”，特别强调明君治国理政最重要的方式是利用好道德、阴阳、法令三个主要手段。在重视其他

---

① 杨兆贵，杨康哲. 论鹖冠子的教育思想[J]. 管子学刊，2011，(4)：60-65.

内容的同时,《鹖冠子》还特别关注用兵和军事教育,把它列为八道、九道,告诫君主只要牢牢地掌握好军权和兵器,就不要害怕反对自己的人作乱,这样既能保持国内安定,又能在对外用兵时战无不胜。所以,重视“九道”,不断学习,是提高心神境界的必然要求和必要途径。

学习必须注重方法。《鹖冠子》指出“九道形心,谓之有灵”,“若心无灵辞,虽搏捆,不知所之”,学习一定要“形于心”才会“有灵”,不能局限于“拾诵记辞”(《学问》)。如果学习仅局限于背诵记忆,不能灵活掌握运用,那么学到的就不是真学问,就失去了学习的意义。《鹖冠子》强调,学习时一要善于“度变观本”(《度万》),从已经察觉到的感性知识中,通过理性思维深刻领会和把握事物的内在本质,从而总结出一般规律和普遍原理,从而实现“欲近知而远见,以一度万也”(《度万》),这是学习之“要”。二要善于理解道的精义和内涵,“知宇故无不容也,知宙故无不足也,知德故无不安也,知道故无不听也,知物故无然也,知一而不知道未能裹也”,否则就会“蔽象鬲塞之人,未败而崩,未死而禽”(《天权》)。三要注重外部环境的影响,尤其是法令的重要作用,要制定合情理顺人心行为处世准则,这些准则会发挥重要的外化作用,时间长了许多行为习惯就会变为自然行为。“法不败是,令不伤理,故君子得而尊,小人得而谨,胥靡得以全,神备于心,道备于形,人以成则,士以为绳。”(《度万》)

在注重外部环境教化熏陶的同时,就个人道德修养,《鹖冠子》还提出要重精贵神①。“精神者,物之贵大者也;内圣者,精神之原也。莫贵焉故靡不仰制焉。制者,所以卫精擢神,致气也,幽则不泄,简则不烦,不烦则精明达,故能役贤,从而豫。神明者,积精微全粹之所成也”(《泰铢》),认为精神决定着人,是人了解世界的主宰,不可随意外流、过多耗费。“夫得道者务无大失。凡人者务有小善,小善积则多恶欲……多欲则不博,不博则多忧,多忧则浊浊,则无知。欲恶者知之所昏也。”(《世兵》)因此,重精贵神必须有远大的目标和长远的眼光,以深通道为终极目标,不求小善之名,不为小利、小财所动。“圣人捐物从理与舍,众人域域迫于嗜欲,小知立趋,好恶自惧,夸者死权,自贵矜容,烈士徇名,贪夫徇财,至博不给,知时何羞?”(《世兵》)他特别告诫“至得无私,泛泛乎若不系之舟,能者以济,不能者以覆”(《世兵》),提醒人们天道得来并非易举,稍有不慎就如不系之舟会陷入汪洋之中,希望每个人每时每刻都以审慎的态度和高远追求,克服名利私心,聚精会神悟道体道,达到与道为一的境界。

教育是培养人才的。“明主之治世也,急于求人,弗独为也”(《道端》),“贤人不用,弗能使国利,此其要也”(《度万》),“置人不安,上不可以载,累其是也”(《王斧》),认为贤才关系国家长治久安,任人不良则会导致国破家亡。“进贤受上赏,

① 陈德安.中国道家道教教育思想史(先秦至隋唐卷)[M].北京:社会科学文献出版社,2008:1-37.

则下不相弊，不待事人，贤士显不蔽之功，则任事之人莫不尽忠，乡曲慕义，化坐自端，此其道之所致，德之所成也。”（《道端》）如果明君能请贤人居上位，不仅能保证政令顺利推行，而且能传道布德、感化百姓，潜移默化地引导老百姓从良行善。“是以先王之置士也，举贤任能，无阿于世。仁人居左，忠臣居前，义臣居右，圣人居后。左法仁则春生殖，前法忠则夏功立，右法义则秋成熟，后法圣则冬闭藏。先王用之，高而不坠，安而不亡。此万物之本，天地之门户，道德之益也。此四大夫者，君之所取于外也。”（《道端》）因此，一定要保证仁人、忠臣、义臣、圣人位居国家要职。《鹖冠子》从治者角度对人才进行了分类，指出“权人有五至，一曰伯己，二曰什己，三曰若己，四曰厮役，五曰徒隶”（《博选》），根据人才的智慧德性行事高下优劣可分为百倍于己、十倍于己、不分伯仲、侍奉自己及受人驱使的五个等级。不同层次人才的数量和质量及其比例会影响到事业的发展和成就的大小，“故帝者与师处，王者与友处，亡主与徒处。故德万人者谓之俊，德千人者谓之豪，德百人者谓之英”（《博选》）。《鹖冠子》提出，人才任用要坚持功德兼备的原则，“计功而赏，权德而言”（《博选》），否则，“不仕贤，无功必败”（《道端》）。在对待人才的态度上，一定要礼贤下士，认为人才对统治者信服的程度取决于治者对其的重视和赏识程度。如果统治者颐指气使，出言不逊，非无耻之人不会甘心。只有尊重人才、爱护人才、尊敬人才，优秀人才才能汇聚在治者的麾下，“故北面而事之，则伯己者至；先趋而后息，先问而后墨，则什己者至；人趋己趋，则若己者至；凭几据杖，指麾而使，则厮役者至；咄则徒隶之人至”（《博选》）。这种德能兼备的人才选拔标准以及爱才、尊才的思想，前辈既已提出，后世当须光大。

# 6　先秦道家德育思想的基本特点

先秦道家思想文化从天地人相统一的高度探寻宇宙大化、天地运行以及社会变迁、人事兴废的内在规律及其本根智慧，构建了一个涵盖真善美、容摄天象物理、理国要旨、处世奥蕴的博大深邃的德育思想体系，以鲜明而独具特点在中国德育史上闪耀光彩。

## 6.1　尊道贵德的理论基础

道家之所以为道家，根本原因在于其对道的效法和对德的推崇，《老子·五十一章》中所说的"道生之，德畜之，物形之，器成之。是以万物莫不尊道而贵德。道之尊，德之贵，夫莫之爵而常自然。故道生之，德畜之，长之育之，亭之毒之，养之覆之。生而不有，为而不恃，长而不宰，是谓玄德"，不仅论述了道与德的含义、本质与特性，而且提出了尊道贵德理论，这一理论是它全部思想的总纲，也是先秦道家德育思想的理论统摄。

老子从哲学的角度思考世界起源和存在根据，第一次提出了"道"的概念，并将其视为天地万物的总根源和所有思想的最高范畴，这标志着中国人的理论水平和思维能力的深化与提高，昭示着中国人开始告别宗教或神话传说以及比附臆测的感性直观，步入了理性思维的新天地。其后的文子、庄子、黄老道家都多有论述，究其内涵，尽管语境不同，但其要旨大体相同，即在本体论上把"道"视为天地万物的总根源；在生成论上将道作为创生宇宙万物的动力和源泉；在发展论意义上，把道视为天地万物运动变化的内在规律及法则；在人生论上将道作为人类生活的规律准则、理想目标、人民交际以及人伦关系的道德规范，即修身齐家、治国治学、为人处世等之道。

"德"与"道"密切相关，先秦道家以道为天地万物的本原和总规律，以德为每个具体事物因得到道而获得的存在和发展的根据，道与德的关系是体用关系，即道是德的体，德是道的用。这种体用关系具体体现在 4 个方面。一是无形之道必须作用于有形之物，通过物的中介显现道的功能。道在物上显现出的功能正是德。通俗地讲，即道是德的内容，德是道的形式。对此，苏辙《老子解》解释说："道无形也，及其运而为德，则有容矣，故德者道之见也。"二是天下万物都因道而生、由道而成，这种蕴含在万物之中道所表现出的属性就是德。德是万物的内在规定性，是道的功用的体现。三是道落实到人生层面时，也称之为德。尽管道惟恍惟惚、深远暗昧而不清楚，但显现在人的世界时就体现德。四是从人类道德生活的整体性与个体性看，道多指社会的道德原则和道德规范，是客观存在的"法"。德通常指个人的德性、品质和修养，属于主观上的"法"。道内化即为德。德者得也，得其道于心而不失谓之德。总之，如唐君毅在《中国哲学原论·老子言道之六义贯释上》中说，"自道之别于德上说，即道乃以天地万物之共同之本始或本母上言，即自天地万物之全体之公上言；德乃以道之关联于分别之人物言。人物之德，即以人物之个体之私（私犹自己）之所得上言；道之玄德，则为再就此德之属于道体之自己而言"。因此，具体到人类的道德生活，道就是规律和法则、是总的价值和目标，德是品质和德性、是个体在体道行道过程中所表现的水平和境界。

先秦道家普遍认为，道作为天下母，万物皆由道而生，道是包括人类社会在内的所有天地万物产生与发展的总根源，是天下万化之本源。德是道的具体表现和功能效用，所以万物皆由德蓄。道生万物不塞其原，德蓄万物不禁其性，二者是构成世界的基础。如果道是世界总的根源和本质，那么德则是具体物象的内在本性和依据。正是因为万物由道生、被德蓄，所以万事万物莫不尊道而贵德。然而，道虽尊、德虽贵，但从来不会自以为尊、自以为贵。道生万物、德蓄成物是自然而然而不妄加作为的，没有任何主宰浮沉的神秘力量，这正是道之尊、德之贵的内在原因。

因为"道法自然"，所以尊道贵德理所当然地要顺其自然、无为而治。自然无为并非不为，并非什么都不做，而是强调不要矫揉造作、不要强行武断、不要刻意妄为。"老子的无为，乃是不恣意行事，不孜孜营私，以舍弃一己的一切心思计虑，一依天地自然的理法而行的意思。在天地自然的世界，万物以各种形体而出生，而成长变化为各样的形态，各自有其一份充实的生命之开展；河边的柳树抽发绿色的芽，山中的茶花开放粉红的花蕊，鸟儿在高空上飞翔，鱼儿从深水中跃起。在这个世界，无任何作为性的意志，亦无任何价值意识，一切皆是自尔如是，自然而然，绝无任何造作。"①庄子也认为，天地虽博大，无为自化的道理却是一致的；万物虽繁杂，率性自得的道理却无不同。因此，尊道贵德必然会遵循自然的法则立身行事，以无为的态度处理问题，不偏私占有、不崇尚奢华、不爱慕虚荣，一切顺任自然，力行不言之教。

---

① 陈鼓应. 老子注译及译介[M]. 北京：中华书局，1984：67.

## 6.2 道法自然的本质追求

自然是贯穿先秦道家德育思想的基本精神，是先秦道家德育成果的基本特征，这也是道家区别于儒、墨、名、法诸家的内在特质。先秦道家德育思想也是以“道法自然”为其理论起点和基础，并贯穿始终。“道之尊，德之贵，夫莫之爵而常自然”(《老子・五十一章》)，“是老子千古不易的密语，为老子思想的精华所在”①。先秦道家普遍认为，道、天、地、人都是自然存在，“人法地，地法天，天法道，道法自然”，指出道不仅以自然为本，而且本身也是自然而然的，没有为什么，也不为什么，本来就是这样，无始无终，无前无后，生生不息。道的至高无上地位也是自然而然的，它生养万物却不占有万物，成就万物而不自恃有功，使万物成长也不主宰它们，一切顺其自然。所以自然万物和人类社会都要以道以自然为自身法则。基于这一认识，先秦道家德育思想中的诸如无为、见素抱朴、少私寡欲、柔弱谦恭、知足不争、致虚守静等一系列概念和命题都是围绕“道法自然”而展开。

道是先秦道家思想的最高范畴，法自然是德的标准和方法。先秦道家视人为自然界的一个重要部分，并认为人是自然界中一个自成系统的小天地，要求人效法自然、遵循规律、依照法则来处理事务，反对任何形式的矫饰行为。法自然要循道修德，尊重规律，按规律办事。只有循道之自然来修身便能使人心清静和谐，这样来处世便可保社会安定和谐，来治国可使天下太平和谐。对个体而言，法自然要像水一样，《老子・八章》提出“上善若水”，认为水具有滋养万物、使万物得利而又不与之争利的德性，“处众人之所恶”而甘愿自居下流，不求占据高位，所以水“几乎近于道”。人法地就像水那“利万物而不争”，藏污纳垢而包容一切，同时又激浊扬清、重现清澄而不为外物所污的自清自净本色。

先秦道家德育思想提出自清自净首先要涵养保育“见素抱朴”“少私寡欲”的自然本性。没有染上颜色的丝为素，未经雕刻原始木头是朴，朴素本自然，是没有任何加工文饰的自然状态。道家强调，包括人在内的宇宙万物都是自然质朴的，自然而生、自然而有、自然而灭，在待人接物、立身处世上不以物喜、不以己悲，不标榜高深、不自欺欺人，切实做到顺任自然、纯真诚恳。

“少私寡欲”是人性自然的基本特征和基本要求。在道家看来，五色缤纷使人眼花缭乱，五音纷杂使人听觉不灵，五味鲜美使人味觉失常，骋马狩猎使人癫狂放荡，难得的财货使人行为不轨，所以圣人治理天下，教导百姓只取生活所必需而不为外物所诱惑。多私纵欲只会伤生害性、自取其辱。人越是投入外在贪

① 南怀瑾.老子他说[M].北京:国际文化出版公司,1991:263.

欲的漩涡里，越是流连忘返而难以自拔，就越会产生自我疏离、心灵日愈空虚的感觉，最后厌弃自我，否定生命。需要特别指出的是先秦道家并不禁欲，认为人决不可完全无欲无私，而应该是少私寡欲，不纵情于声色物欲的诱惑，保持内心的安足，确保固有的天真。老子强调“罪莫大于可欲，祸莫大于不知足，咎莫大于欲得，故知足之足常足矣”(《老子·四十六章》)。世间一切纷争祸害，都产生于人的不知足与贪得无厌。所以，他极力推崇从人的自然本性出发，倡导知足不争和“不贵难得之货”(《老子·三章》)。

总之，自然无为、见素抱朴和少私寡欲不仅有助于抨击社会的贪欲之风和个人的自私利己行为，更有助于净化人的灵魂，提升人的精神境界，使每一个人都注重自然的和谐，保持自然质朴的品质，彻底根绝那和世界的本质和世界的整体相对立的一切。当前，在传统德育过程中，重理论灌输、轻行为实践的空洞说教，缺乏道德体验，忽视了受教育者对真善美的真实体验，使受教者难以产生情感共鸣；重单向传授、轻双向交流，忽视了受教者的主体地位，教者与受育者之间缺乏沟通交流，影响教育效果；重共性、轻个性，忽视了个性差异，背离了以人为本的基本要求。如何克服传统德育的缺点和不足，通过分析不难看出，现代德育也应该遵循“自然无为”的而达到“无为而治”的效果。具体讲，德育过程中的“无为而治”就是要求教者应遵循受教者的身心发展规律和教育规律，按照一定的社会目的和要求，运用多种受教育者喜闻乐见的手段，把教育内容渗透到教育对象的日常生活之中，使他们自觉自愿、自然而然地接受，这正是现代德育理论中一起强调的隐性道德教育的具体实践措施。

## 6.3 针砭时弊的批判精神

对现实道德的不满特别是对儒家推崇的伦理道德观念的猛烈抨击与批判，是道家德育思想的突出特点之一。如果说儒家的德育理想是为了维持现存社会秩序和道德秩序，重在处理世俗世界的各种伦常关系，教育人改造自身以适应社会道德生活的要求，那么道家的德育理想则是冲破现存社会秩序和道德秩序，重在培植人们潜在的道德素养以追求心灵的解放和道德的自由，从而抵抗世俗的虚伪，教育人从人际间的“道德”束缚中挣脱出来，过一种真正符合人的自然本性的自由自在的生活。

先秦道家蔑视王侯，不为权贵困、不为世俗扰而鄙视功名利禄，这就使他们能够超越功利、站在较高的角度、以理性的态度来审视社会和人生，更加能清醒地察觉到世俗道德的弊端。尽管老子作过周朝掌管文献典籍的史官，但还是不能与当朝权贵相容而愤然离职、隐逸而居，这才能著书上下篇，“言道德之意五千余言而去，莫知其所终”(《史记·老子韩非列传》)。庄子虽然贫寒潦倒，但依然孤傲清高，“其学无所不窥，然其要本归于老子之言”，“其言恍洋自悠以适己，故自王公大人不能器之”《庄子·秋水》。面对楚使来邀请为相，庄子不为所动并以神龟为例，论证与其扬名显世于庙堂、位列卿相，倒不如在乡间草泽中隐踪敛迹，过清贫淡泊却自由自在的生活。庄子说：“吾闻楚有神龟，死已三千岁矣。王巾筒而藏之于庙堂之上。此龟者，宁其死为留骨而贵乎？宁其生而曳尾于涂中乎？”两个使者说“宁生而曳尾涂中”时，庄子欣慰地说，那么请你们回去吧，我将愿意做一个拖着尾巴在泥里爬来爬去的龟。庄子“假灵龟以托喻，宁掉尾于涂中”表明了自己安于贫贱而不愿与权贵为伍的生活态度。老庄的愤世嫉俗、不为功名利禄所动的精神使得他们能以旁观者的身份来剖析芸芸众生的真相，探寻这个世界失衡的原因，追问世风日下、道德堕落的个中奥秘。

老子、庄子对现实道德生活中的虚伪现象进行无情批判。老子提出上德与下德，把孔墨宣扬的仁义道德视为下德，认为这种下德是对上德的破坏与损害。史载孔子问礼于老子，老子曰：“子所言者，其人与骨皆已朽矣，独其言在耳。且君子得其时则驾，不得其时则蓬累而行。吾闻之，良贾深藏若虚，君子盛德，容貌若愚。去子之骄气与多欲，态色与淫志，是皆无益于子之身。吾所以告子，若是而已”（《史记·老子韩非列传》）。在老子眼里，孔子所信奉的周礼与仁义均是对人的自然本性的破坏，是“忠信之薄而乱之首”，是“下德”。老子认为，天地万物都是按其自然本性而生长演变，人的本性也应当自然、顺道而行。人遵循自然的本性，按照自然之道为人处世便是“有德”。反之，如果像儒家那样到处宣扬礼义，故意“有为”，就会破坏自然之道，失去上德。老子指出：“上德不德，是以有德；下德不失德，是以无德。上德无为而无以为，下德为之而有以为。上仁为之而无以为，上义为之而有以为，上礼为之而莫之应，则攘臂而扔之”（《老子·三十八章》）。庄子也说：“大道不称，大辩不言，大仁不仁，大廉不嗛，大勇不忮。道昭而不道，言辩而不及，仁常而不成，廉清而不信，勇忮而不成”（《庄子·齐物论》），基于这一道德观，先秦道家认为世俗的仁义礼乐伤生殒命、桎梏人性，破坏人性的纯朴自然。老子说：“我无为而民自化，我好静而民自正，我无事而民自富，我无欲而民自朴”（《老子·五十七章》），认为自然无为才是真正的道德。庄子指出：“有虞氏招仁义以挠天下也，天下莫不奔命于仁义，是非以仁义易其性与？故尝试论之，自三代以下者，天下莫不以物易其性矣。小人则以身殉利，士则以身殉名，大夫则以身殉家，圣人则以身殉天下。故此数子者，事业不同，名声异号，其于伤性以身为殉，一也”（《庄子·骈拇》），他认为仁义的伤生害性与富贵的伤生害性是一样的，伯夷为了名死于首阳山下，盗跖为了财死于东陵山上，二人死的原因虽然不同，但在伤生害性这一点上是一样的，因此有什么必要去赞颂伯夷而贬损盗跖呢？有人为仁义而牺牲，孔子却称他们为君子，有人为货财而牺牲，孔子却称他们为小人，本质上都是在残害人的生命、伤害人的天性，为什么要将人区分为君子、小人呢？他反对将仁义道德作为尊卑贵贱的评价尺度，指出："爱利出乎仁义，捐仁义者寡，利仁义者众。夫仁义之行，唯且无诚，且假乎禽贪者器。是以一人之断制利天下，譬之犹一双也。夫尧知贤人之利天下也，而不知其贼天下也。"（《庄子·徐无鬼》）正是由于对仁义道德的宣扬与吹捧，才使人们为得到一个善名竞相追逐争夺，成为名"为之仁义以矫之"，实"则并与仁义而窃之"，最终导致"窃钩者诛，窃国者为诸侯，诸侯之门而仁义存焉"（《庄子·胠箧》）。面对这些弊病，庄子希望人们效法天地，自然而然，处厚重实，返璞归真。

老子、庄子道家针对当世统治者横征暴敛、巧取豪夺、醉生梦死、腐朽糜烂的生活方式以及随意践踏生命、残杀无辜的暴行进行了严厉谴责，认为废弃了大道必然会出现国家昏乱、六亲不和的混乱现象。他揭露出当时一方面"朝甚除，田甚芜，仓甚虚"，另一方面权贵们"服文采，带利剑，厌饮食，财货有余"（《老子·五十三章》），怒骂统治者是掠人财物的强盗，称他们为"盗竽"（即强盗头子）。在老子看来，人民饥寒交迫的原因是统治者横征暴敛、赋税太多；民难治，是由于统治者强作妄为使百姓无所适从；民不怕死，是因为统治者奉养过奢，百姓已经不堪搜刮而舍死求生。老子认为，治者的富庶与百姓的贫困这种社会不平等是违背自然的，指出尽管"天之道，损有余而补不足。人之道则不然，损不足以奉有余"，天之道"高者抑之，下者举之，有余者损之，不足者补之"（《老子·七十七章》），但现实社会状况却是贫富对立、两极分化、阶级压迫，剥夺不足而供奉有余的人，富贵人家不劳而获、苛敛榨取，弱肉强食随处可见。用什么方式和办法来消除这一有违天道的现象呢？老子从当时实际出发，提出了自己的解决方案，寄希望富有者效法天道，"去甚，去奢，去泰"（《老子·二十九章》），要求体道者不要积聚财富，尽可能帮助别人。他称那些能损有余以补不足的人为"善人"，提出要常和那些能帮贫扶困的善人在一起。他要求还体道者能放债于人，手执借据而不去讨债，"圣人执左契，而不责于人。有德司契，无德司彻"（《老子·七十九章》）。尽管这些主张很难成为现实，但表达了老子对人民的深切同情。

老子还批判了统治者为自身利益而发动战争、残害无辜的暴行。他指出"夫兵者，不祥之器，物或恶之，故有道者不处"（《老子·三十一章》），"师之所处，荆棘生焉。大军过后，必有凶年"（《老子》三十章），主张"不以兵强天下"（《老子》三十章），提出了"胜而不美""恬淡为上""治大国若烹小鲜"（《老子·六十章》），主张治理国家要像烹小鱼一样小心谨慎，不能反复折腾，否则鱼会散碎而无法吃。制定政策不能朝令夕改，过于多事，否则人民不堪其扰，便会造反。"民不畏威，则大威至。"（《老子·七十二章》）人民到了忍无可忍、不怕威胁的时候，国家大难就来了。老子警告统治者"民不畏死，奈何以死惧之？"（《老子·七十四章》）希望他们不要损害百姓生存、压榨百姓财物。只有不威胁生存和财物，百姓才不会厌恶你，才不会带来莫大的祸乱。老子提出，治理人事、对待自然都要有爱，不能肆意妄为、随意杀戮,人死亡由“司杀者”即自然规律来决定,而不应该由统治者违背自然规律随意杀人。老子向统治阶级提出的严厉警告,表达和反映了人民的愿望和心声。从这个意义上讲,道家道德思想与其他诸家相比,更具人道精神和民本思想。

老子之后,庄子也对当时的残酷社会现实和统治阶级进行了更加尖锐的批判。在《在宥》篇中,庄子借老子之口,说出了当时社会的黑暗和政治的腐败以及统治阶级的暴虐专横,指出“今世殊死者相枕也,桁杨者相推也,刑戮者相望也”,“故举天下以赏其善者不足,举天下以罚其恶者不给。故天下之大,不足以赏罚。自三代以下者,匈匈焉终以赏罚为事,彼何暇安其性命之情哉!”在仔细考察了知识阶层所处的天下嚣嚣、纷争不断的混乱时代和“昏上乱相之间”的贫苦、困窘境界之后,庄子无奈叹惜“善人少而不善人多”(《胠箧》),即使圣人也只能苟且图生,所以一个人希望自由自在地发展、实现个人理想目标谈何容易。庄子把当时士阶层的处境比作在睡龙颔下摘取宝珠,一旦睡龙醒来,就有粉身碎骨的危险,于是他提出了自己的道德主张和人生处世理论,即宁肯“曳尾于涂中”而不肯“留骨而贵”(《庄子·秋水》),宁肯“游戏污渎之中自快”而不愿“为有国者所羁”(《史记·老子韩非列传》),表现了坚决不与统治者同流而追求个人精神自由的独特个性。

先秦道家正是在对社会现实和统治阶级的种种丑恶行径进行揭露和批判的基础上,建立了具有自己特色的道德理论。他们以粪土王侯的批判精神,深刻地审视着现实与人生,努力寻找克服社会弊端、解脱人生桎梏、重建理想的社会和适意的人生的途径和方法。

## 6.4 明道守德的理想人格

“圣人”是老子按照推天道、行人道的原则确立的理想人格,是自然性和社会性的统一。“圣人”首先是人不是神,在外形上和常人没有区别。圣人之所以为圣人是因为“圣人被褐而怀玉”(《老子·七十章》),像“道法自然”一样做到了人法自然,以道之真来求人之真,从而实现身心和谐、身形相通,达到和光而不污其体、同尘不渝其真的“其精甚真”状态(《老子·二十一章》),就像富有生命力的婴儿一样精气神饱满充实,无知无欲无争而与外界和谐共处,互不伤害,“含德之厚比於赤子。毒虫不螫,猛兽不据,攫鸟不抟。骨弱筋柔而握固。未知牝牡之合而全作,精之至也。终日号而不嗄,和之至也”(《老子·五十五章》)。这既从形上对求真提出要在日常生活中“专气致柔”(第十章),抟聚精气,培本固元,返璞归真,返老还章,从实现“骨弱筋柔而握固”(《老子·五十五章》);也从神上要求人应该“我独泊兮其未兆,如婴儿之未孩;乘乘兮若无所归”(《老子·二十章》)。像婴儿一样不沾世昧之尘，无思无虑，做到“见素抱朴，少私寡欲”（《老子·十九章》），这样，“常德不离”就可以“复归于婴儿”（《老子·二十八章》）。在求真上，老子还强调“质真若渝”（《老子·四十一章》），认为人生之真并不是要人处处标新立异、特立独行，而要“明道若昧，进道若退，夷道若颣，上德若谷，广德若不足，建德若偷，质真若渝，大白若辱，大方无隅，大器晚成，大音希声，大象无形，道隐无名。夫唯道善贷且成”（《老子·四十一章》），主张人在明白大道后应大智若愚，奋力疾行却不与人争先，而做到“外其身”“后其身”“方而不割，廉而不刿，直而不肆，光而不耀”（《老子·五十八章》）。

与老子清静无为的圣人既应是“无为”理念的完美体现者，又是政治上的最高领袖不同，庄子从自然人性出发，在圣人之外描写了真人、至人、神人等具体描绘了理想中的人格形象，他们没有社会伦理意识，也不从事任何社会政治活动，而以超脱世俗态度将老子的圣人从入世引向出世。“古之真人，不逆寡，不雄成，不谟士……古之真人，其寝不梦，其觉无忧，其食不甘，其息深深……古之真人，不知说生，不知恶死；其出不诉，其人不距；倏然而往，倏然而来而已矣。不忘其所始，不求其所终；受而喜之忘而复之，是之谓不以心捐遣，不以人助天，是之谓真人。”（《庄子·大宗师》）真人不计得失、不自恃成功、不谋虑事情，睡觉时不做梦，醒来后无忧虑，饮食不求可口，气息稳重深沉，对生不悦、对死不恶。“独与天地精神往来”（《天下》），“乘天地之正，而御六气之辩，以游无穷”（《逍遥游》），这正是庄子的最高人格理想。真人之所以能够成为真人，关键在于他“能体纯、素”（《刻意》），能够保守住自然纯朴的本性，能够超然物外、身心静泊、参透生死，“有人之形，无人之情”（《庄子·德充符》），“喜怒哀乐，不入于胸次”（《庄子·田子方》）。

除精神上绝对“逍遥”的真人外，至人无为守静而不为外物所动，“乘云气，骑日月，而游乎四海之外，死生无变于己，而况利害之端乎”（《齐物论》）。神人心神凝静，外物不能伤，“不食五谷，吸风饮露，乘云气，御飞龙，而游乎四海之外。其神凝，使物不疵疠而年谷熟”（《逍遥游》）。圣人无为而治，恬淡宁静而超然物外，“不从事于务，不就利，不违害，不喜求，不缘道，无谓有谓，有谓无谓，而游乎尘垢之外”（《庄子·齐物论》）。“其生也天行，其死也物化”（《庄子·刻意》），“圣人之静也，非日静也善，故静也，万物元足以铙心者，故静也”（《庄子·天道》）。可见，不论是真人还是至人、神人、圣人，庄子的理想人格已经完全不食人间烟火而超脱人世之外，可以乘云气、御飞龙，心灵上淡泊宁静、精神上逍遥自由。这说明庄子面对无法逃避的现实，更希望心中处庙堂之上的理想人物能虚心静气，摒除人世间的利害纷争而任从自然，这与老子确立的无为而无不为的态度相比，更强调精神的自由与心性的静泊，更为道家的人格理想增添了一份自然超越和虚无神游，更体现出超然出世的“因任自然”和“逍遥无为”。

## 6.5 小国寡民的圣人之治

如果说求真是对圣人个体的品性要求，那么从社会责任来讲，老子对圣人境界的追求则更强调功业和能力。圣人是社会秩序的建立者、维护者，关注的是群体的幸福与安康，并因建立功勋而深受老百姓爱戴。在老子看来，起码具备四个基本条件。一是明道，老子说“孰能有馀以奉天下，唯有道者。是以圣人为而不恃，功成而不处。其不欲见贤邪！”(《老子·七十七章》)圣人是识道、行道之人，他效法天道，崇尚自然，为而不争，损有余补不足，治理天下却不以天下为私，更不居功自傲，以到功成即退，与民相忘于道。其行为正如老子所指“无为而无不为”，“是以圣人处无为之事，行不言之教。万物作焉而不辞。生而不有，为而不恃，功成而弗居。夫唯弗居，是以不去”(《老子·二章》)。二是有德，心怀天下苍生，“常善救人，故无弃人。常善救物，故无弃物”(《老子·二十七章》)。“报怨以德”(《老子·六十三章》)，他不与老百姓争先，置身于利益之外，不为自己蓄财积利，而是不断地成人之美。他有自知之明，摒弃自见，不贪功，不逞能，始终“以百姓心为心”，不存私心，更没有自圣之心、自圣之行。他鄙视并坚决反对自是、自见、自矜、自伐、自贵，而主张“绝圣弃智”。三是智慧，圣人奉行“自知者明”的道理，努力求知，以期大正无妄，大明无昧。“圣人不病，以其病病，是以不病。”(《老子·七十一章》)也就是说，圣人的聪明才智在于重视自己的缺点与不足，并以之为“病”，严肃认真对待。即便他“明白四达”(第十章)，但还是以“无知”自守。四是身国共治。圣人不是以智治国，而是以道治国。他讲究无为、好静、无事、无欲，重视率先垂范，以自身强大的道德感召力，以德感人，以德化人，引导老百姓自我约束、自我教化，而不依赖法令迫使老百姓服从。他“治大国若烹鲜”(《老子·六十章》)，坚持“处无为之事，行不言之教”(《老子·二章》)。“善行无辙迹，善言无瑕谪；善数不用筹策；善闭无关楗而不可开，善结无绳约而不可解”，治理天下应顺应自然，因势利导，“不尚贤，使民不争，不贵难得之货”(《老子·三章》)，教化百姓尊道贵德，“虚其心，实其腹，弱其志，强其骨”(《老子·三章》)，最终实现“我无为而民自化，我好静而民自正，我无事而民自富，我无欲而民自朴”的“圣人之治”(《老子·五十七章》)，回到“鸡犬之声相闻，民至老死不相往来”的理想家园。

庄子对老子“圣从之治”下的“小国寡民”的进行了理想化发挥，提出了“至德之世”“建德之国”。“夫至德之世，同与禽兽居，族与万物并，恶乎知君子小人哉！同乎无知，其德不离，同乎无欲，是谓素朴，素朴而民性得矣。”(《庄子·马蹄》)除此之外，“南越有邑焉，名为建德之国。其民愚而朴，少私而寡欲；知作而不知藏，与而不求其报；不知义之所适，不知礼之所将；猖狂妄行，乃蹈乎大方；其生可乐，其死可葬”(《庄子·山木》)。以上描述不难看出,不论是在“至德之世”还是在“建德之国”,生产方式是原始的、物质生活是素朴的、精神状态是虚静的、处世交往是淳朴的,没有欲望、没有私利,人始终与自然和谐相处、与万物融为一体,任何思维和行为都自然而生,毫无智巧狡诈,这样的社会无所谓道德不道德,也不存在君子与小人,更不“尚贤”“使能”,也没有为政治国的策略和道德规范的约束,“大块载我以形,劳我以生,佚我以老,息我以死”(《庄子·大宗师》)。可见,“建德之国”与“至德之世”在目标上是一致的,唯一的区别是“至德之世”更侧重原始的生活状态,是远古的过去,“建德之国”则侧重古朴寡欲的道德世界和精神面貌,在遥远的边陲。在庄子眼里,蒙昧未化的远古才是真正的“至德之世”,儒家鄙夷的不知礼乐的蛮荒之地才是真正的“建德之国”,只有生活在远古的或偏远边陲的不知礼义的纯朴民众,才是真正的自然之民,这正是他期望实现的社会理想。

## 6.6 “反者道之动”的辩证思维

“反者道之动”(《老子·四十章》)的辩证思维是先秦道家的基本思维方式。就德育思想而言,老子、庄子认为德是相对的而不是绝对的,是变与不变的矛盾统一,是善恶对立斗争和相互转化的产物。

道德生活的首要问题是善恶,德育的首要问题是如何评价善恶,并处理好善恶之间的矛盾。在老子看来,善与恶总是在比较中存在、在斗争中发展,他说:“天下皆知美之为美,斯恶已;皆知善之为善,斯不善已”(《老子·二章》),指出天下都知道美之所以为美,丑的观念就产生了,都知道善之所以为善,恶的观念就产生了。美丑、善恶是一个矛盾统一体中的两个方面,既相互依存统一,又相互排斥斗争。人们一旦知道美之为美的原因,那么就必然同时知道了丑之为丑的原因;一旦知道了什么善,那么也必然同时知道了什么恶。美丑善恶相因而有,有美即有丑、有恶即有善,知道此之谓美,则彼为丑矣;知道此之为善,则彼为恶矣。正如德谟克利特所说:“善从那里来,恶和避免恶的办法也从那里来。”① 人们之所以肯定和推崇善,完全是因为社会生活中存在着许多恶。如果没有恶的存在,善就无法体现,同时也就不会为人们所认可了。善的价值是在与恶的比较中显示出来的,恶的行为也是人们依据与之相对应的善的理解而予以界定的。善之可亲系之于恶之可憎,如果恶不可憎,那么善也就不可亲了。道家“知善之为善,斯不善矣”的善恶相互依存、互为存在条件的辩证思维有助于客观认知德育规律、驾驭德育规律。

① 周辅成.西方伦理学名著选辑(上卷)[M].上海:商务印书馆,1964:79.

老子强调事物总会在发展中有转化为对立面的可能，指出："祸兮福之所倚，福兮祸之所伏。孰知其极？其无正也？正复为奇，善复为妖。人之迷，其日固久矣。"(《老子·五十八章》)这表明，道德的善恶对立面不仅相互依存，而且可能也一定会相互转化。灾祸中孕育着幸福种子，幸福里潜伏着灾祸隐患。正常可能转变为反常，善行也会带来"妖孽"。每一个人从主观上说都是喜福厌祸或迎福避祸的，但福祸却是总是相辅相成、相互转化的。一个人如果沉醉于幸福、习惯于安逸，精神就会松弛而慢慢失去奋发图强的精神，甚至会产生侥幸心理，这样福祚就不会长久，而且可能潜伏着灾祸。反之，如果一个灾祸临境的人，如果能正确认识、深刻反省灾祸产生的原因并采取行之有效的措施克服补救、吸取教育、总结经验、不断改进，那么灾祸就一定能转化为幸福。古今中外，像"塞翁失马"(《淮南鸿烈集解》)"满招损，谦得益。忧劳可以兴国，逸豫可以亡身……祸患常积于忽微，而智勇多困于所溺"(《新五代史·伶官传》)等经典传颂的祸福相因相生、相互转化的事例不胜枚举，这正是先秦道家"祸福倚伏"的思想现实表现。

先秦道家还认为人们道德观念的变化、道德习惯的养成以及道德风貌的形成，都有一个从量变到质变过程，"图难于其易，为大于其细。天下难事，必作于易。天下大事，必作于细"(《老子·六十三章》)，"合抱之木，生于毫末；九层之台，起于垒土；千里之行，始于足下"(《老子·六十四章》)，主张道德实践和道德追求要重视小事、重视少量，小可积大、少可成多，从细节点滴开始，不能贪多求快、贪大求全，更不能有一曝十寒、好高骛远和不切实际的虚浮空想。这种"天下难事，必作于易"的思想，对于个人加强道德修养、躬行践履道德规范，对于在社会中倡导而形成务实求实重实尚实的风气，都具有重要的时代意义和现实意义。

老子还认为一切事物都要向自己的对立面转化，都要走向自己的对立面，肯定的东西必然要走向否定，否定的东西也必然要走向肯定，指出"曲则全，枉则直，洼则盈，敝则新，少则得，多则惑，是以圣人抱一为天下式。不自见故明，不自是故彰，不自伐故有功，不自矜故长。夫唯不争，故天下莫能与之争，古之所谓曲则全者，岂虚言哉？诚全而归之"(《老子·二十二章》)。"穷则反，终则始，此物之所有"(《则阳》)。主张人们用"反者道之动"和"物极必反"的观点观察社会生活和评价善恶是非，揭示了"贵以贱为本"和"柔弱胜刚强"的辩证关系，提出有贱才会有贵、有柔弱才有会刚强，认为"天下莫柔弱于水而攻坚强者莫之能胜，以其无以易之。弱之胜强，柔之胜刚，天下莫不知，莫能行"(《老子·七十八章》)、"人之生也柔弱，其死也坚强。草木之生也柔脆，其死也枯槁。故坚强者死之徒，柔弱者生之徒。是以兵强则不胜，木强则折。强大处下，柔弱处上"(《老子·七十六章》)。指出坚强属于死亡型，柔弱属于生存型。凡自夸强大、欲高居人上者，必被厌弃；凡自守柔弱、甘居人下者，终受人推崇爱戴而反居人上。老子还说："天长地久，天地所以能长且久者，以其不自生，故能长生。是以圣人后其身而身先，外其身而身存。非以其无私邪，故能成其私”(《老子·七章》)，指出天地之所以能长久，是因为它生养万物但不为自己，所以才长生。圣人明白了这个道理，所以常置自身利益于脑后，凡事让人占先、重人益、施人利，但收获却出其本意，有时反而占先。面对危难，圣人置之度外反而能安存。知雄守雌、知荣守辱、以退为进、以无为而致无不为、为长生而不自生、为先身而后身、为存身而忘身、以无私而成私，这些都是人类道德生活中以反求正、对立转化的具体例证，既反映了德育的目标，也体现德育的原则与方法，这些都是中华民族德育思想中的宝贵财富。

## 6.7 身重于物的价值取舍

人生活在现实中，面临着功名利禄的诱惑和考验，面对这些身外之物，如何安身立命，是所有德育理论必须回答的问题之一。先秦道家注重身物关系，提出了身重于物的价值准则，这是对中国德育思想史的一个重要贡献。

先秦时期，国与国争胜，家与家争强，人与人争名夺利，面对由此而来的祸害弊端，促使老子、庄子等先秦道家哲人以强烈的社会责任感，开始探求人生的真谛以及考虑如何教人在动荡中安身立命。老子视人为自然的一部分，将人作为“域中四大”之一，树立了重视生命、薄鄙名利的价值意识。他指出：“名与身孰亲？身与货孰多？得与亡孰病？甚爱必大费，多藏必厚亡”(《老子·四十四章》)，认为人的生命比名利重要得多，置名利于生命之上、为名利而害生丧生是舍本逐末，主张人应该爱惜和重视生命，不要过分追求名利，更不可为名利而奋不顾身。面对世俗之人多轻身而殉名货、贪得而不顾危亡的现象，他强烈呼唤，人应效法天地自然之道、遵循自然本性而生活。

庄子认为，追求仁义之名与追求财货之利在本质上没有区别，因名而殉仁义和求利而殉财货的人是一丘之貉，他们都是因求名利失本性无道之人。所以，有道之人应了解性命之情，抛弃名利之争，不做无益生命之事。他强调“无以人灭天，无以故灭命，无以得殉名”(《秋水》)，指出悉道之人定能通达事理，通达事理者定能随机应变，随机应变者定能不被名利外物所伤害。执道之人的任何行为都出于自然，绝不会毁灭天然、伤害本性，更不会因贪还应名利去伤害自己和他人的生命。庄子对高官厚禄不屑一顾，视其为勾魂之物而将其比作死老鼠，把争官抢爵之人比作猫头鹰，明确地表示自己“宁生而曳尾涂中”也不愿“死为留骨而贵”(《秋水》)。他所向往的是不为功名利禄所累、自由自在的生活，主张无待于世俗之物，不以物为事，不物于物，以游无穷。他对世俗之人以功名利禄为人生的快乐大惑不解，怀疑名利能不能带来快乐，更怀疑名利是否能带来真正的快乐。他说“今俗之所为与其所乐，吾又未知乐之果乐邪？果不乐邪？吾观夫俗之所乐，举群趣者，径径然如将不得已，而皆曰乐者，吾未之乐也，亦未之不乐也。果有乐无有哉？吾以无为诚乐矣”(《至乐》)，认为求利求富而劳苦身体、聚积钱财而不能使用，求名求贵、思虑他人的善恶评价都是与道相背，是不道德的表现。

对于个人身物关系处理，先秦道家主张要着重在修身之方和处世之道方面树立生命高于物欲的价值观念，超脱世俗的羁绊与束缚，变“为物所役”为“物物而不物于物”，努力去主宰外物而不被外物所主宰，把自由自在的、合乎自然的生活方式作为个人的理想追求。《老子·九章》指出“金玉满堂，莫之能守；富贵而骄，自遗其咎”，认为“金玉满堂”对人来讲会腐蚀灵魂、败坏道德，使人生活糜烂；也会遭人嫉妒而难以终守。他告诫人们，如果富贵之后不加以警惕，便很容易滋生骄傲从而引来祸患。老子倡导淡泊名利、知足不争。他认为人一旦知足就不会受屈辱、不会带来危险，所以只有知足、知止才能保持长久。老子还提倡不要争名利货财，要无条件地向社会贡献个人力量，而不要向社会索取任何回报和好处。他认为，“天之道，不争而善胜”(《老子·七十三章》)。人道如天道，“夫唯不争，故天下莫能与之争”(《老子·二十二章》)，只有“利而不争”才不会产生烦恼、招来怨恨。庄子认为，为名利牺牲生命是违背自然之道的，没有任何价值。真正的道德在于顺乎自然之道，不失其性命之情。只有按照自然本性而生活才是道德的根本要求，只有淡泊名利并将其置之度外才是最符合道德的表现。

在社会和国家治理上，先秦道家提出要确立崇尚和谐无为、不以名利为荣的价值观念，引导百姓摆脱名利桎梏的束缚，为而不争、功成弗居而宁静生活。老子主张“不尚贤”“不贵难得之货”(《老子·三章》)，认为名会引争逐、利会招贪婪，争名逐利会生发巧夺伪诈，导致人与人关系紧张，引起国家纷争、社会动乱而不已。只有不标榜贤才异能，方使人淡泊名利而不争；只有不以难得之货为珍贵，方使人不起贪心而成盗贼。所以治国理政关键在于净化百姓之思欲、满足其安饱、减损其心志、增强其体魄，常帮百姓消除诈伪的心智和争盗的欲念，使那些自以为聪明的人只能以自然无为的态度处理世务而不敢妄为。老子强调，解决社会纷争与人际关系的冲突，一方面要给人适度的安饱，另一方面要净化人们贪图的心念，削减他们攘夺的心机，使他们不争名夺利，不欺世盗名，不唯利是图。庄子非常推崇老子“不尚贤”“不贵难得之货”的主张，认为至德之世不标榜贤人、不任用能人。他认为，选贤举能、赏善罚恶搅乱了人的心智。赏完天下的所有宝藏也不足彰善显贤，用尽天下的任何惩罚也不能惩恶抑丑。如果仅仅将赏善罚恶作为治理天下的手段，那么三代以后，百姓将很难有机会使达到宁静境界。因此，只有“绝巧弃利”“绝仁弃义”，使百姓不竞利争名而“甘其食，美其服，乐其俗，安其居”。

道家“身重于物”观念，对人真正的发现，是中国德育思想史上一次重大的理论突破和价值观念转变，在以轻视一己形体、践踏个人生命为普遍风习的先秦时期不能不说是惊世骇俗之论。它对于唤醒人类的主体意识、体证人类的生命价值、尊崇和谐平静的生活、抗御功名利禄的侵扰、激励人们做自己心灵和命运的主人都具有非常重要的意义。

"身重于物"能帮助人们体悟出许多人生真谛，视名利为身外之物而淡泊处之，追求生活的怡然宁静、和谐平稳会令人以超然达观的态度处世为人。后世谙明此道者，均认为名利尽管其对人生有一定作用但是不能构成生命的本质，不能伴生而来、随死而去。强调人应为自己的生命而活，极力效法自然，决不可为名利而活，生为名利的奴隶，死为名利的祭品。

"身重于物"不仅可以使人保持一种对名利不刻意追求的淡漠恬然态度，而且也淡化着人们从政做官的心理，视权力名誉为伤生害性的东西而轻蔑，把人们从名缰利锁中解脱出来，做一个自完其身、自得其乐的人。谙熟道家的汉代名人扬雄在其《解嘲文》说："当涂者人青云，失路者委沟壑。旦握权而为卿相，夕失势则为匹夫。""且夫闻之也，炎炎者灭，隆隆者绝。观雷观火，为盈为实，天收其声，地藏其势。高明之家，鬼瞰其室。位极者亲危，自守者身全。"扬雄本人也坚持以道家的德育主张自律，《汉书·杨雄传上》记载，他"不汲汲于富贵，不戚戚于贫贱。不修廉隅以徼名当世，家产不过十金，乏无儋石之储，晏如也"。

"身重于物"也启示现世当今之人，一个人如果能够切实体悟践行天道自然，能够善于利用生命中的自然禀赋，能够知足而不争，那么人生必然会充实平和而自得其乐。反之，如果拼命追名逐利，必会带来无限的痛苦与祸患，人生也就因失去本真意义而生发异化。应该说，这个问题的提出是尖锐的，基于此而建立的德育主张也是隽永深刻，值得今人咀嚼品味。

## 6.8 淡泊超然的义利观念

先秦时期儒墨道法诸家均在各种矛盾斗争和社会冲突思考着"为治治国"、"养身修德"的有效路径，并以义与利、个体利益与社会利益的关系为核心开展了激烈争辩，在争辩中为中华民族的道德价值评判标准理清脉络。以孔孟为代表的儒家从维护周礼和宗法等级秩序的目的出发强调义的价值与尊严，力主"谋道不忧食"、"忧道不忧贫"，建立了重义轻利、贵义贱利的德育价值体系。以墨翟为代表的墨家主张义利并重、义利合一，一方面认义为天下之良宝，提出"天下莫贵于义"的命题；另一方面又肯定利人利天下的意义与价值，主张以利人、利天下为至善的标准。以商鞅、韩非子为代表的法家从人各自为、人各自利的人性论出发，提出了重利轻义的道德价值论，指出人"去求利之心，出相爱之道"违背了人趋利避害的自然本性，用道德来调节人际关系无济于事，唯一有效的方式就是动之以利害、诉诸法律。这实际上是在中国古代家国同构、君权至上背景下，以国家名义出现的以利国为幌子的功利主义。

与儒家墨家法家不同，先秦道家在道德评判方面具有强烈的非功利色彩，他们既不为人们求财取货的物质奢求辩护，主张无知无欲和少私寡欲；也不为现实的功名利禄所左右，主张淡泊宁静和自然无为。老子提出："不尚贤，使民不争；不贵难得之货，使民不为盗；不见可欲，使民心不乱。是以圣人之治，虚其心，实其腹，弱其志，强其骨。常使民无知无欲。使夫智者不敢为也。为无为，则无不治"(《老子・三章》)，认为过分争名求利就会给自己和他人甚至社会带来祸害。他指出："名与身孰亲？身与货孰多？得与亡孰病？甚爱必大费，多藏必厚亡"(《老子・四十四章》)，认为名声与生命、生命与货利相比，过分爱名就要付出重大的耗费，过多的货藏会招致重大的损失。老子告诫世人要贵重生命，不可为名利而不顾身。庄子通过塑造舐痔者(据说宋国有个叫曹商的人，替宋王出使秦国。他刚到秦国，秦王就赏给他几辆车子，后来秦王很喜欢他，加赐他一百辆车子。曹商得意地返回宋国，见了庄子，嘲弄地说："夫处穷闾陋巷，困窘织屦，槁项黄馘者，商之所短也；一悟万乘之主而从车百乘者，商之所长也。"庄子听了曹商的话，深为他以名利侮人的行径所愤慨，于是对他说了一则舐痔得车的寓言：秦王有病召医。破痈溃痤者得车一乘，舔痔者得车五乘，所治愈下，得车愈多。子岂治其痔邪？何得车之多也？子行矣！)形象、辛辣地讽刺了宋人曹商攀权附贵、热衷物利的行为，体现了对那些名利之徒的蔑视和嘲笑。庄子认为，正是世俗人生处处为物所役、为欲所累，为功名利禄而争，这些都成为人生的重负并诱发了人际纷争、家庭内乱以及国家战争，这样趋利求利的人生与社会，对人对己对家对国都没有意义，是可悲可哀、可怜可恨的！庄子面对"天下所尊者，富、贵、寿、善也，所乐者，身安、厚味、美服、好色、音声也；所下者，贫、贱、夭、恶也；所苦者，身不得安逸，口不得美味，形不得美服，目不得好色"(《庄子・至乐》)等世俗社会的纷扰，以冲破功利主义樊篱的勇气与精神，破译人生真谛的密码，探寻真正的安身立命之道。庄子认为，求富的人辛勤劳作、劳累身体，积聚财物而不能全部使用，这与养护形体背道而驰；求贵的人，日夜思虑他人的善恶评价以求保全实名声官位，这对于养体修神并无益处。"人之生也，与忧俱生。寿者惛惛，久忧不死，何苦也！其为形也亦远矣。"(《庄子・至乐》)庄子主张，人应从世俗功利的重负下解脱出来，淡泊名利，超然富贵利禄之外，"恬淡寂漠，虚无无为"，"不为福先，不为祸始，感而后应，迫而后动，不得已而后起。去知与故，循天之理。故无天灾，无物累，无人非……其寝不梦，其觉无忧，其神纯粹，其魂不罢。虚无恬淡，乃合天德"(《刻意》)。

先秦道家不仅提出淡泊名利，而且主张超越仁义，提出"大道废，有仁义"，认为仁义是大道废弃之后的产物，它既是世俗道德堕落的表现与确证，又加速着世俗道德的堕落。他们认为靠儒家提倡的仁义并不能教风化俗、净化人心，它对世俗道德不仅无功反而有过。在他们看来，大道如果不废，何需仁义教化；性情如果不偏离正道，何需礼乐制度；五色如果不混乱，何需做文采；五音如果不离，何需制定六律？可见，雕琢木材毁其本性来制作器皿，是工匠的过错；毁坏自然纯朴的道德以行仁义，则是圣人的不是。道家认为仁义伤身害性、违背自然，主张绝弃违背天性的仁义，人们才能恢复孝慈的德性而返璞归真，所以老子强调“天地不仁，以万物为刍狗；圣人不仁，以百姓为刍狗”(《老子·五章》)。庄子也认为，天地有大美但不言语，圣人只是推原天地之美、通达万物之理、效法天地之法。他调和万物却不以之为义，泽及万物却不以之为仁，刻画出天地万物的形象却不自矜其技巧。庄子主张齐善恶是非，认为无论是从道的立场还是从趣的立场，都不可能有统一划清是非善恶的客观标准。“自我观之，仁义之端，是非之涂，樊然淆然，吾恶能知其辨！”(《庄子·齐物论》)人们都认为毛嫱、西施最美，然而鱼看见了沉入水中，鸟儿看见了高飞而走，麋鹿看见了立即逃开，人鱼鸟鹿四者究竟谁知天下的真正美色？在庄子看来，仁义之端，是非之途，错乱纷然，如何能够分辨清呢？“道”本无分界，圣人不会争论是非善恶，而怀抱宇宙与万物合而为一。他对世间是是非非置而不问，对世俗的尊卑贵贱等量齐观。他糅合古今、总揽变化，自己却精纯不杂，忘掉是非仁义，遨游于无穷之境。庄子认为，只有当道被小成就所掩盖，才能产生像儒家墨家所主张的是非善恶辨。“道恶乎隐而有真伪？言恶乎隐而有是非？道恶乎往而不存？言恶乎存而不可？道隐于小成，言隐于荣华。故有儒墨之是非，以是其所非而非其所是。欲是其所非而非其所是，则莫若以明。”(《庄子·齐物论》)儒墨各家相互肯定对方所非议的，又相互非议对方所肯定的。如果要相互是其所非而非其所是，则不如以空明之心面对事物之本然。庄子还把善恶同对人的保身、全生联系起来分析，认为“烈士为天下见善矣，未足以活身；吾未知善之诚善邪，诚不善邪？若以为善矣，不足活身；以为不善矣，足以活人”(《庄子·至乐》)。烈士被天下人赞颂，然而却保不住自己的性命。不知道这是真的完善呢，还是不完善呢？说是完善，却不能保全自己的生命；若说是不完善，却足以保全他人性命。由此看来，天下的是非善恶确实是说不清楚的，是非原无定论，善恶亦无标准。庄子说：“以道观之，物无贵贱；以物观之，自贵而相贱；以俗观之，贵贱不在己。以差观之，因其所大而大之，则万物莫不大，因其所小而小之，则万物莫不小……以功观之，因其所有而有之，则万物莫不有；因其所无而无之，则万物莫不无。知东西之相反而不可以相无，则功分定矣。以趣观之，因其所然而然之，则万物莫不然；因其所非而非之，则万物莫不非。”(《庄子·秋水》)

## 6.9 清静无为的处世方略

在身重于物准则的指导下，如何进行社会交往，处理好纷繁复杂的人际关系，先秦道家面对着纷纷攘攘的人际冲突和永无休止的世俗纷争，以及因追功求名贪利谋禄而致的人情冷暖、世态炎凉等状况，主张避世求全生、超世求自立、出世求清静，宣扬从世俗生活中解脱出来以求无为无待而逍遥，在为人处世上方面提出了许多深具智慧的见解，从而在道德学说体现中顺世与超世的统一、入世与出世的结合、应世与避世的融和，被历代帝王、无数匡扶时政、经邦济世的政治家、军事家推崇。正如南怀瑾在《老子他说》一书中指出的，在儒道释三家，佛家偏重出世，儒家偏重入世，道家思想非常玄妙，“可以出世，亦可以入世，或出或入，都任其所欲。像一个人，跨了门槛站在那里，一只脚在门里，一只脚在门外，让人去猜他将入或将出，而别人也永远没有办法去猜，所以道家的学问，是出世的亦是入世的，可出可入，能出能人，在个人的养生之道上，亦有如此之妙”①。从这个意义上讲，道家德育既教人知足不争和光同尘，又教人卓立独行、一尘不染，这种出世不超尘、入世不流俗的基本特质决定了其所推崇的处世方略和做人惯用模式就是清静无为。

先秦道家看来，清静无为首先要冲虚谦下，和光同尘。《老子·四章》指出：“道冲，而用之或不盈。渊兮，似万物之宗；挫其锐，解其纷；和其光，同其尘；湛兮，似或存。吾不知谁之子，象帝之先。”这一段话指出了道体是虚空无形的，但其作用是无穷无尽的。所以，一个人行世立身，凡事都不可过于执着、尖锐，要努力平息钝锉呆滞不化的心念和焦虑，钝锉出人头地、舍我其谁的自满和自负，化解居功自傲、目空一切的思想和行为。老子强调，要达到“玄同”境界就应“挫其锐，解其纷，和其光，同其尘”(《老子·五十六章》)，要求人“不可得而亲，不可得而疏；不可得而利，不可得而害，不可得而贵，不可得而贱”，认为与人交往，只有消除固蔽、化解隔阂，超越亲疏利害贵贱的局限，以开阔豁达的胸襟和毫无偏执的心境去对待所有人和物，这才有可能为天下世人所尊敬。正如车载所说：“锐、纷、光、尘就对立说，挫锐、解纷、和光、同尘就统一说。尖锐的东西是容易断折不能长保的，把尖锐的地方磨去了，可以避免断折的危险。各人从片面的观点出发，坚持着自己的意见，以排斥别人的意见，因而是非纷纭，无所适从，解纷的办法，在于要大家从全面来看问题，放弃片面的意见。凡是阳光照射到的地方，必然有照射不到的阴暗的一面存在，只看到了照射着的一面，忽略了照射不着的另一面，是不算真正懂得光的道理的，只有把‘负阴’‘抱阳’的两面情况都统一地加

① 南怀瑾.老子他说[M].北京：国际文化出版公司，1991：24.

以掌握了，然后才能懂得‘用其光，复归其明’的道理。宇宙间到处充满着灰尘，人世间纷繁复杂的情况也是如此，超脱尘世的想法与做法是不现实的，众人皆醉我独醒的想法与做法是行不通的，这些都是只懂得对立一面的道理，不懂得统一一面的道理。只有化除成见，没有私心的人，才能对于好的方面，不加阻碍的让它尽量发挥作用，对于不好的方面，也能因势利导，善于帮助它发挥应有的作用，‘同其尘’是对立的统一道理的较高运用。”①

清静无为还要与时俱化，顺世安命。庄子发展了“和光同尘”，提出“安时处顺”“顺世安命”，主张人既要能混迹世俗，又要保持人格独立而不被世俗吞没，努力做到“游世不僻”“虚己游世，以和为量”“虚而待物，与世沉浮”。可见，庄子顺世态度本质在于虚和化。因为在他看来，“唯道集虚”，道体的虚空是其作用永不穷竭的源泉。道像大海一样深邃，反复推进永无止境，运转万物永不疲乏，在道的作用下，“万物皆化”。所以“虚而能和”“化而不僻”成为得道者的处世态度。《庄子・徐无鬼》指出：“故无所甚亲，无所甚疏，抱德炀和，以顺天下，此谓真人。”“无所亲疏”就是心无成见而虚己游世。《庄子・则阳》又说：“夫圣人未始有天，未始有人；未始有始，未始有物，与世偕行而不替，所行之备而不恤；其合之也若之何。”“与世偕行而不替”就是游世不僻而与时俱化。“唯圣人乃能游于世而不僻，顺人而不失己”（《庄子・外物》），“若乎乘道德而浮游则……无誉无訾，一龙一蛇，与时俱化，而无肯专为；一上一下，以和为量，浮游乎万物之祖，物物而不物于物，则胡可得而累邪！”（《庄子・山木》）庄子提出处世要顺乎自然，尚“处乎材与不材之间”的处世艺术，欣赏“为善无近名，为恶无近刑，缘督以为经”（《庄子・养生主》），主张于世“无所可用”。庄子的顺天安命因主张“缘督以为经”和“知不可奈何而安之若命”带有一定的混世色彩和消极因素，反映了对外在必然性压抑而无力反抗、改变的心理状态，但庄子并不只强调安命顺时，而将其与免害保身结合起来，与“游乎尘垢之外”的超世精神联结起来，这也具有一定的合理因素和积极意义。庄子的理论前提是人必须活着，自由才有可能；只有先顺世随俗，然后才能谈得上超凡而圣。

清静无为表现在社会生活中就是大智若愚，大巧若拙。《老子・五十八章》对圣人的德性品质的进行了形象描述：“圣人方而不割，廉而不刿，直而不肆，光而不耀。”“方而不割”是说圣人虽然方正但却表现为“无隅”，能够与世推移、随俗方圆做到无棱角。“廉而不刿”指出棱角会伤害人，圣人虽有棱角，但能做到谦下不争；“直而不肆”指出圣人坦率真诚直白但从不会放肆言行，光明磊落但从不会耀目刺眼，能够合光“而不耀”。这实际上是老子从圣人的方而不割推演出与世移变、随俗方圆而不拘泥于某种特定的处世范式和规则。所以老子说：“明道若昧，进道若退，夷

① 车载.论老子[M].上海：上海人民出版社，1956：48.

道若纇；上德若谷，广德若不足，建德若偷，质德若渝，大白若辱，大方无隅，大器晚成，大音希声，大象无形”（《老子·四十一章》），“大成若缺，其用不弊。大盈若冲，其用不穷。大直若屈，大巧若拙，大辩若讷”（《老子·四十五章》）。《庄子·山木》篇也借大公任之口这样描述：“直木先伐，甘井先竭。子其意者饰知以惊愚，修身以明污，昭昭乎如揭日月而行，故不免也。昔吾闻之大成之人曰：‘自伐者无功，功成者堕，名成者亏。’孰能去功与名而还与众人？道流而不明居，德行而不名处，纯纯常常，乃比于狂，削迹捐势，不为功名。是故无责于人，人亦无责焉。”在庄子看来，老想文饰才智以惊骇愚俗、修身养德以反衬别人污浊的人，就好像挑着日月游行一般招摇过市，一定会成为众矢之的，当然免不了招致祸患。只有消除形迹，不炫耀自居、不自求声名的纯朴平常之人才能免于祸患，成全自身。可见，在先秦道家看来，道德本身不仅是自然的、普通平凡的，而且决不能脱离社会生活和世俗大众，只有深入其中才能够认知、体悟和把握道德。所以，上德不德、大巧若拙、大智若愚是尊道贵德之人的基本原则，他们不标榜炫耀自己的道德，更不以有道德而目中无人、自以为是，甚至脱离于百姓世俗生活之外。

## 6.10　返璞归真的生活方式

以老子、庄子为代表的先秦道家针对春秋战国的社会状况对道德文明进行了反思。在老、庄看来，儒、墨宣扬的仁义道德不但没有消除人类文明的根本弊端，反而加重了道德的堕落与沦丧，导致了“捐仁义者寡，利仁义者众。夫仁义之行，唯且无诚，且假乎禽贪者器”（《庄子·徐无鬼》）的恶果，从而使人们无意于实践真正的道德，仅以求得形式上的善名为目的，甚至欺世盗名、借仁义礼智之名以掩饰自己丑恶的行径和灵魂。老子、庄子都认为，真正道德是人们依循自然本性而不知善恶、不谈道德与不道德。大家都不用智巧，顺应自然而纯朴；都不计名利，清静自然而无为。老子指出：“大道废，有仁义。”（《老子·十八章》）庄子也说：“道德不废，安取仁义！性情不离，安用礼乐”“毁道德以为仁义，圣人之过也”“及至圣人，屈折礼乐以匡天下之形，悬跂仁义以慰天下之心，而民乃始提跂好知，争归于利，不可止也”（《庄子·马蹄》）。他们认为正是由于宣扬仁义道德的圣人的出现，才使天下产生困惑，造成了道德堕落。庄子甚至进一步指出“圣人之利天下也少而害天下也多”“圣人不死，大盗不止”“为之仁义而矫之，则并与仁义而窃之。何以知其然邪？彼窃钩者诛，窃国者为诸侯，诸侯之门仁义存焉，则是非窃仁义圣知邪？故逐于大盗，揭诸侯，窃仁义，并斗斛、权衡、符玺之利者，虽有轩冕之赏弗能劝，斧钺之威弗能禁。此重利盗跖而使不可禁者，是乃圣人之过也”（《庄子·胠箧》）。在庄子看来，圣人炮制出仁义礼智用来矫正盗贼之行，结果却让盗贼连仁义也一块偷走了。总之，在先秦道家看来，形式上的道德和为了谋取私利的道德不仅是社会道德沦丧的结果，而且还是天下大乱的祸因。

基于这种认识，以老庄为代表的先秦道家极力倡导"返朴归真""复归于朴"，强调"大丈夫处其厚，不处其薄；居其实，不居其华"(《老子·三十八章》)，认为大丈夫立身处世应以守道为务，极力消除浮华浅薄等不符合道德要求的陋习恶风，培育基于自然的真情善性。他们认为，真正的道德是厚重深邃、质实真切的。既自然而然地显现人的本性、人的真情，没有丝毫矫揉造作，又幽深玄奥无穷的，像"道"一样"无状之状，无物之象""迎之不见其首，随之不见其后"(《老子·十四章》)。所以老子指出"古人善为道者，微妙玄通，深不可识。夫唯不可识，故强为之容。豫兮若冬涉川，犹兮若畏四邻，俨兮其若客，涣兮若冰之将释，敦兮其若朴，旷兮其若谷，浑兮其若浊。孰能浊以静之徐清，孰能安以动之徐生。保此道者，不欲盈。夫唯不盈，故能蔽而新成"(《老子·十五章》)。

正是因为"道"的精妙深玄，才使得能够体道悟道的人"深不可识"。"微妙玄通，深不可识，乃所以成圣而尽神也。微而后妙，妙而后玄，玄而后通，则深不可识矣"(《老子·十五章》)，而不像世俗之人"嗜欲深者天机浅"(《庄子·大宗师》)。得道之人更是幽微精妙玄奥通达，精神涵养道德修养远远超出一般人所能理解的水平。他们谦虚、谨慎、冷静、庄重、敦厚、纯朴，不好大喜功，不居功自傲、不自恃而骄，永远慎惕自养，静定持心，在动荡的状态中透过静的功夫转人清明的境界，在沉静的安定中徐徐而动，去故生新，实现创化的妙用。

老子视"见素抱朴，少私寡欲"(《老子·十九章》)为返朴归真而复归道德的重要方式。认为社会中人与人的冲突纠纷都是由于欲望过多而产生。"天下多忌讳，而民弥贫；朝多利器，国家滋昏；人多伎巧，奇物滋起；法令滋彰，盗贼多有"(《老子·五十七章》)，禁忌太多会使人不知所从难以安心工作，导致生活陷入贫苦之境。权谋越多会使统治者之间的钩心斗角越严重，导致国家陷入混乱之地。技巧太多百姓便会起而效尤，导致智伪丛生、邪恶不穷。法令过于繁多苛严，不但对解决百姓生计困难无益，反而会使盗贼越来越多。面对这些问题，只有通过无为而治，使每一个人都能返璞归真而持守自然纯朴的品质，削减个人的一己欲望和私念，才能实现人际间和社会中的和谐安宁。

"见素抱朴，少私寡欲"要"不尚贤"，使人们不为功名而奔竞；"不贵难得之货"，使百姓不致沦为盗贼。其次要使人"不见可欲"，思想不受到扰乱。所以，圣人治国最重要的是让百姓饱食暖衣、骨强筋健而思想单纯质朴，"不欲以静，天下将自定"(《老子·三十七章》)。老子指出，人一旦产生欲望，就会想方设法来满足，一般来讲，而满足方法越多欲望越难以满足，并且在争相满足欲望中人们也会因此自受其苦、社会也因此深受其害。所以，解决这个问题的根本在于"少私寡欲"。欲望越少人越简单、越容易满足。所以说"物或益之而损""或损之而益"(《老子·七十七章》)。

“见素抱朴，少私寡欲”要求“无欲”“寡欲”，但并不是要求禁欲，而是倡导人们在满足衣食住行的前提下不追求过分的奢华或非分的享受，引导人们在物质上摒弃基本生存条件之外的“甚”“奢”“泰”等贪欲，在思想上消除追功求名、攫利索禄的渴求，树立尚俭崇啬的观念。老子认为“俭”“朴”密切相关，明确指出“俭”为三宝之一，“俭故能广”(《老子·六十七章》)。他警示人们如果舍弃“俭”就会远离“朴”，就会陷入沉湎享乐、生活腐化的泥潭，最终导致身丧家亡国灭。所以老子特别强调“啬，指出”，“治人事天，莫若啬。夫唯啬，是谓早服；早服谓之重积德；重积德则无不克”(《老子·五十九章》)。“啬”的精要在于爱惜和保养，这不仅包含对自然资源和人类所创造的一切劳动成果的保护与合理使用，而且也包含对人的心智和精力的珍惜与量力而为。在老子看来，不论是治国理家还是养护身心，没有比爱惜精力、积蓄能量、厚藏根基更重要的。“祸莫大于不知足，咎莫大于欲得”(《老子·四十六章》)，只有知道满足、安于已经拥有的东西；才能得到经常的满足；才不会受到侮辱、遇到危险；才能维持身心平衡，长久地拥有人生的快乐与幸福；才能够免除人生的许多痛苦与祸患。“知足”与“不争”紧紧相连，只有“不争”的人才会“知足”，也只有“知足”的人才能“不争”。所以老子极力地推崇和倡导为而不争，主张像水一样“处众人之所恶”，“善利万物而不争”(《老子·八十一章》)，从而告诫人们抑制贪欲、不与人争名夺利。

## 6.11　虚怀若谷的情怀胸襟

老子指出“既以为人己愈有，既以与人己愈多”(《老子·八十一章》)，主张不“弃人”，“善者吾善之，不善者吾亦善之，得善。信者吾信之，不信者吾亦信之，得信”(《老子·四十九章》)，“善人者，不善人之师；不善人者，善人之资”(《老子·二十七章》)。他认为，有德之人不仅能善待善良者，而且对不善良者也能报之以善良。在老子看来所有的善人与不善人、善物与不善物都有可用之处。“善人者，不善人之师”，可以育化不善人为善人；“不善人者，善人之资”，可以成为善人的借鉴。“善人者，继道之人，先觉者也，非强行善，乃循本然之善也。不善人，未觉者也；非本不善，未明乎善也。师者，人之模范，故先觉者，是未觉者之模范也。资，质也，未觉者亦有先觉者之资质也。人皆可以为善人，特其未觉，而藉先觉者觉之耳。”[①]善人之所以能够为不善人之师者，正以不善人为善人之资也。所以，真正的有道德之人能够用头脑智慧来观察分析人和物的价值所在，从而可以因人性以用其能，做到人尽其才，“故无弃人”；可以顺物性以展其功，做到物尽其用，“故无弃物”。他能够坚持顺应自然地接人待物，对善者和不善者，都能一律

---

① 王锌.老子新编译解[M].沈阳：辽宁古籍出版社，1995：195.

善待。特别对不善者,不因其不善而鄙弃之,相反晓之以理、动之以情,使其复归于朴,与众人一道前进。从善待一切出发,老子进一步提出要"以德报怨",提出"上德若谷",认为真正高尚的道德常常空虚深藏,能够容纳无数土石花木和鸟兽昆虫;又提出"上善若水",认为水善利万物而不争,常常处众人之所恶的卑湿垢浊之地。同时,老子还由水善利万物论及到了江海之德,认为江海之所以能为百谷王者,就在于"善下"。"善下"表达了一种利万物而不与万物争利的博大气概。

庄子通过描写河神见到海后的"望洋兴叹"(《秋水》)来彰显他对海洋所具有的容纳江河百川的宽广襟怀的惊羡与赞美,其实质是告诉人们要努力不断超越自身之局限,用广阔地胸怀去认识宇宙自然的无限与永恒。在庄子看来,大海虽广阔无涯,然而在天地之间不过像一块石头一棵树木一般渺小。比起天地之大,大海不必欣然自喜。即便是天地,也并没有自以为博大无限。北海神的伟大就在于它从来不以自己浩瀚无涯而自以为伟大,进而洋洋自得。他对河伯说:"天下之水,莫大于海,万川归之,不知何时止而不盈,尾闾泄之,不知何时已而不虚;春秋不变,水旱不知。此其过江河之流,不可为量数。而吾未尝以此自多者,自以比形于天地而受气于阴阳,吾在天地之间,犹小石小木之在大山也,方存乎见少,又奚以自多!"(《庄子·秋水》)容纳江河百川、容量无法计算的大海尚且能以天地中的小石小木自居,并没有因自己的从不盈满、从未亏虚而沾沾自喜,这是一种何等谦逊、何等博大的胸怀。人效法天地,就应该体会学习北海神海洋气度,以宽大为怀,立宽容为尚,凡事超脱达观、善待万物群类,任何时候都不自执于一得一孔之见,不在意一时一地之荣辱得失。

先秦道家从以德报怨、虚怀若谷和"善者吾善之,不善者吾亦善之"的思想观点出发,主张"和光同尘",推崇"方而不割,廉而不判,直而不肆,光而不耀"(《老子·五十八章》)。在道家看来,真正有道德的人方正而不戕人,锐利而不伤人,直率而不放肆,光亮而不刺耀,他既不伤害别人,也不伤害自己。他内心虽方但却能与世推移,随俗方圆,出世而不超尘,入世而不流俗,既能够与世人同舟共济、和睦相处,又能够卓立独行、遗世独立。道家既教人追求个性的自由和精神的超越,不以众人昭昭而强求于己,不以众人察察而放弃自己的清明洒脱,又教人破除自我中心主义和自我本位主义,做到"不自见""不自是""不自伐""不自矜"。老子认为,自己好表现反不能显达,自以为是反不能昭著;自我炫耀反不能见功;自我矜持反不能长久。总之,道家的德育思想向世人展现了一个崭新的精神空间和生活天地。人们是需要道家德育思想的点播、启迪和教导的。容人才能够得人,容物方能够得物。心胸宽大以忘忧,高瞻远瞩以却怒。一个人,只有自己不断超越自我,勇于、善于接纳认可别人,才可能会得到认可接纳;只有不断突破自我,以宽阔的胸怀面对世界中的一切事物,才能使自己的道德心灵得以纯化、净化,从而建立起和谐的人际关系和生活空间。

# 7 结 语

以老子、庄子、黄老学派为核心代表的先秦道家出于对社会和人生的关注，以充满智慧的辩证思维模式和价值视角，构建了一套以“尊道贵德的理论统摄”“身重于物的价值判断”“外圆内方的处世态度”“深邃厚重的品德追求”“不计得失的道德襟怀”“超越义利的评判标准”为基本骨架的德育思想体系和实践路径方略，是中国传统社会基本的德育模式和主要范式之一，对于历代中国人在理想追求、人格修养、为人处世、日常生活等各个方面产生了深远的影响，在中国社会发展的各个历史时期以其独特的方式对维护社会稳定和谐、提供个人情操修养发挥了积极作用。当前，进一步加强先秦道家德育思想研究，全面梳理，系统分析，深入探究，以理性的态度正确认识、科学评价先秦道家德育思想，以与时俱进的精神，取其精华、去其糟粕，对于进一步弘扬民族精神，加强当代社会主义文化建设特别是德育工作具有重要理论意义和现实意义。为此，迫切需要深入挖掘先秦道家德育成果的内在价值优势，按照党和政府对传统文化批判继承的要求，遵循传统文化发展规律，去粗取精、去伪存真，由此及彼、由表及里，通达古今、吃透两头，结合时代特色、找准结合点、扩大相融度，努力探索现代价值转换的新方法、新途径，使先秦道家德育思想在新的历史时期能够再放光芒！

# 附　　录

## 附录一　基于自然的育化：从无为而圣到逍遥以游

关注人格是中国思想史的一个显著特点，因儒家正统观念的长期影响，道家人格育化思想经常被忽视，甚至被否定。在现实历史中，一部分中国人一直遵循道家思想的基本原则，在与儒、佛思想的竞争融合和互补吸收中构建了完整独特的育化体系。自然是道的本性和特征，自然而然是道家的实践原则和要求，这既是道家人格理论的哲学发端和理论基础，也是道家人格育化的实践指南和价值标准，深刻蕴含在老子“无为而无不为”的“圣人之治”理想和庄子“安时处顺”“逍遥游”的追求之中。“圣人之治”要求“被褐而怀玉”的圣人身国共治，推天道、行人道，“处无为之事，行不言之教”，引导世人抱朴守道而自化、自正、自富、自朴，回归“鸡犬之声相闻，民至老死不相往来”的理想家园。庄子在“至德之世”“建德之国”理想难以实现的无奈中，渴望真人超然出世，“游乎尘垢之外”而无待、无用，在“天地与我并生，万物与我一”的境界中“逍遥乎无为之业”。

自然是贯穿道家思想的核心概念，被道家认为是世界万物所必须遵循的基本原则。这一原则既是道的本性所在，也是世界运行的总规律。自然在世界总体层面上表现为“道法自然”(《老子·二十五章》)[①]；在社会活动层面要求尊道贵德“常自然”(《老子·五十一章》)；在个体行为层面意味着“百姓皆谓我自然”(《老子·十七章》)和“辅万物之自然”(《老子·六十四章》)。虽然在这三个层面上自然分别有不同的要求和体现，但其要义始终贯穿在世界运行、社会存在和个体活动的各个方面，在道家思想理论体系中具有本体论和方法论的意义，也是包括身心修养和人格育化在内的所有人类活动的哲学起点

① 陈鼓应.老子今注今译[M].北京：商务印书馆，2003.

和理论基础。

自然的核心要义是“自然而然”，通俗讲，就是本来就这样，没有为什么也不为什么；一直就这样，不会中止也不会改变；始终就这样，没有开始也没有结束。这是包括道在内的世界万物所具有的基本特质。一方面，道生万物自然而然，正是道坚持了自然原则才先天地而生并化生了万物。这既说明自然也和道一样“先天地生”（《老子·二十五章》），又强调道生万物没有任何目的，也不是有意而为，更不存在人为因素。另一方面，道与其化生的万物在关系上保持了自然而然。“道生之，德畜之，长之育之，亭之毒之，养之覆之。生而不有，为而不恃，长而不宰，是谓玄德。”（《老子·五十一章》），这除了进一步说明道生万物、德育万物不具有目的性外，更强调了道生万物却不占有万物，成就万物却不主宰万物，从不自恃有功，一切听从自然。所以，不论从道的自身生发维度看，还是从道生万物及其与所生万物的关系维度分析，自然而然既是道的固有本性和存在方式，也是道的最高原则和基本方法。人是自然界的一部分，“人法地，地法天，天法道，道法自然”。人应当效法天地，自然而然地活动，自然而然地思维，时刻保育和涵养人自身固有的自然，这是道对人的基本要求，也是人体道、悟道、行道的基本原则和主要方法。基于此，老子主张治世育人要“自然无为”以实现“圣人之治”（《老子·三章》），庄子在此基础上更进一步，提出“常因自然”“逍遥游”，构建了基于自然的具有鲜明道家特色的人格育化体系，在先秦思想乃至中华文化中独树一帜，影响深远。

## 一、道法自然：人格育化的根干与生发

作为道家思想创始人，老子首开道家学说，以道为基本范畴和理论根基，用道来阐述事物产生、发展、变化的规律。在老子看来，“道”是世界的本原，万物皆由道化生养育。他说：“有物混成，先天地生。寂兮寥兮，独立而不改，周行而不殆，可以为天地母”（《老子·二十五章》），“道生一，一生二，二生三，三生万物”（《老子·四十二章》），道“渊兮，似万物之宗”（《老子·四章》），“万物恃之以生而不辞”（《老子·三十四章》）。这些主张说明正是禀受了道的化育，万物才具备了道的本性，这就决定了道的本性便是万物的本性，道的规律为万物的规律。道的本性是自然无为。“道法自然”，“道常无为而无不为。侯王若能守之，万物将自化。化而欲作，吾将镇之以无名之朴，镇之以无名之朴，夫亦

将不欲。不欲以静，天下将自定”（《老子·三十七章》）。道所具有的这一本性贯穿了世界运行的全过程，是不依赖人的主观意识而存在的，不受任何外物支配和影响。万物随道而行，道具有自身独立的运作规律，“反者，道之动。弱者，道之用”（《老子·四十章》）。一方面，任何事物都不是静止不动、一成不变的，都存在对立转化的正反两面，并且在道的作用下会向其相反的方向发展。任何纷繁复杂的事物最终都返朴归根，“归根曰静”（《老子·十六章》），回到虚静的起始状态。另一方面，因为道的自然无为本性，道作用万物时的力量是柔弱的，以至万物难以感知，甚至体会不到道的存在和压力。尽管柔弱，但道却能使万物依然应时而生、应运而生。

在社会生活领域，道是人类活动的准则。老子把人与天、地、道并列为宇宙的“四大”，认为人具有与天、地、道并立的崇高地位，指出“人法地，地法天，天法道，道法自然”（《老子·二十五章》）。他从“天道”推演“人道”，认为道作用于万物以后，就会使万物得道而内化为德，“道生之，德畜之”（《老子·五十一章》）。同样，当道作用于人时就使人有了体现自然无为的人性。“含德之厚，比于赤子”（《老子·五十五章》），这种自然无为的人性就像初生婴儿一样质朴淳厚。所以，老子强调，人应该随道而行，以德蓄养，任何与道相背、有违自然的行为将使人失去本性，即失德。

老子最忧虑的就是人会随着涉世渐深而不断地求欲谋利，违道而行以失德，导致自然本性丧失殆尽。为了避免这种情况发生，老子认为最好的办法就是注重人格育化，通过“不言之教”使人复归婴儿时的淳厚，找回失落的德性，重返自然本性。“圣人在天下，歙歙焉为天下浑其心。百姓皆注其耳目，圣人皆孩之”（《老子·四十九章》）。可见，老子对人格育化赋予了重要的功用，希望在圣人、有道之人的导引下，“绝圣弃智……绝仁弃义……绝巧弃利……故令有所属。见素抱朴，少私寡欲”（《老子·十九章》），归浑淳朴，无知无欲，保持善良，达到清静，实现自正，自觉效法天道、遵道而行，努力“自化”而成“圣”。

“其要归本于老子”（《史记·庄周传》）的庄子基本沿袭了老子关于道的思想，指出“夫道，有情有信，无为无形；可传而不可受，可得而不可见；自本自根，未有天地，自古以固存，神鬼神帝，生天生地。在太极之先而不为高，在六极之下而不为深，先天地生而不为久，长于上古而不为老”（《庄子·大宗师》）。[①] 可见，在庄子看来道至少还具有三个主要特征：一是超感觉的客观存在，“有情有信”说明道是客观存在的，“无为无形”，说明道具有非物质性，这和《齐物论》中的“可行已信，而不见其形，有情而无形”一样，都是强调道虽然深奥莫测不见形，但却是真实存在的。二是道“自本自根”，以己为本而自存，自己产生了自己，具有自存性与先在性。三是道在时空上先于天地鬼神，是天地万物的本源。从以上三个特征看，庄子与老子一样，认为道是无形无名，是天地万物的本源。但不同的是，在内涵上，老子之道本体论意味较重，而庄子之道则强调道的非物质性，注重将道转化为心灵的境界，认为道是人追求的最高精神境界和绝对自由状态，道一旦与人的心灵契合，就会使人的心灵得道，使人的精神获得超然与逍遥。

与老子相比，庄子在尊道的同时强调“天地与我并生，而万物与我为一”（《庄子·齐物论》），将“道”与“天地”视为一体“和之以天倪”（《庄子·齐物论》），提出“有天道，有人道”（《庄子·在宥》），人应“与天为徒”（《庄子·人间世》），主张通过对天的了解来认识人的自然本性，“知天之所为，知人之所为”（《庄子·大宗师》），天道自然故人性亦自然。庄子指出人的自然本性要求人素朴而不受文饰，人的活动要顺应天道而不受师教，仁义、善恶等都受后天教化影响而成，所谓性善、性恶、性好利或其他的有关人性的描述，都不符合人的自然本性。他认为如果一定要用善恶来描述人性，那么自然率性才是善、人为矫饰就是恶。庄子主张任人自然而反对人为，认为仁义礼乐皆属人为，这不符合自然人性的要求。他抨击“失性”或“伤性”，指出“失性有五：一曰五色乱目，使目不明；二曰五声乱耳，使耳不聪；三曰五臭熏鼻，困惾中颡；四曰五味浊口，使口厉爽；五曰趣舍滑心，使性飞扬。此五者，皆生之害也”（《庄子·天地》）；儒者以礼、乐、名、教枷之于人，伤人之性；墨者“以绳墨自矫天下”，自苦其身；辩者“饰人之心，易人之意，胜人之心，能胜人之口，不能服人之心……逐万物而不反”（《庄子·天下》）；世俗之人更是弛其形性，竞逐荣华，这些都会“丧己于物，失性于俗”（《庄子·缮性》）。他强调正是由于自然人性被君臣、父子、礼乐、刑政、是非、毁誉等外物所左右，从而导致“小人则以身殉利，士则

① 郭庆藩．庄子集释[M]．北京：中华书局，1961．

以身殉名，大夫以身殉家，圣人则以身殉天下……天下尽殉也”（《庄子·骈拇》）。

## 二、辅万物之自然：圣人之治的域境与流变

“圣人”是老子按照推天道、行人道的原则确立的理想人格，是自然性和社会性的统一。圣人首先是人不是神，在外形上和常人没有区别。圣人之所以为圣人是因为“圣人被褐怀玉”（《老子·七十章》），像“道法自然”一样做到了人法自然，以道之真来求人之真，从而实现身心和谐、身形相通，达到和光而不污其体、同尘不渝其真的“其精甚真”（《老子·二十一章》）状态，就像富有生命力的婴儿一样精气神饱满充实，无知无欲无争而与外界和谐共处，互不伤害，“含德之厚，比于赤子。毒虫不螫，猛兽不据，攫鸟不搏。骨弱筋柔而握固。未知牝牡之合而全作，精之至也。终日号而不嗄，和之至也”（《老子·五十五章》）。求真要形神兼炼，在炼形上要求日常生活“专气致柔”（《老子·十章》），抟聚精气，培本固元，返璞归真，返老还童，实现“骨弱筋柔而握固”。在炼神上要求“我独泊兮其未兆，如婴儿之未孩。儽儽兮若无所归”（《老子·二十章》），不沾世昧之尘，无思无虑，做到“见素抱朴，少私寡欲”（《老子·十九章》），这样就可以“常德不离，复归于婴儿”（《老子·二十八章》）。老子还强调，求真要“质真若渝”，认为人生之真不是处处标新立异、特立独行，而是“明道若昧，进道若退，夷道若纇。上德若谷，大白若辱，广德若不足，建德若偷，质真若渝。大方无隅，大器晚成，大音希声，大象无形”（《老子·四十一章》），主张人在明白大道后应该大智若愚，奋力疾行却不与人争先，而做到“方而不割，廉而不刿，直而不肆，光而不耀”（《老子·五十八章》）。

如果说求真是对圣人个体的品性要求，那么从社会责任来讲，老子对圣人境界的追求则更强调功业和能力。圣人是社会秩序的建立者、维护者，关注的是群体的幸福与安康，并因建立功勋而深受老百姓爱戴。在老子看来，起码具备四个基本条件。一是明道无私。老子说“孰能有馀以奉天下？唯有道者。是以圣人为而不恃，功成而不处。其不欲见贤。”（《老子·五十八章》）圣人是识道、行道之人，他效法天道，崇尚自然，“为而不争”（《老子·八十一章》），损有余补不足，治理天下却不以天下为私，更不居功自傲，以功成即退，与民相忘于道。“是以圣人处无为之事，行不言之教。万物作而不辞，生而不有，为而不

恃，功成而弗居。夫唯弗居，是以不去。”(《老子·二章》)也正是圣人不存私心，更没有自圣之心、自圣之行，所以人们就归功于他。二是有德利民。心怀天下苍生，“是以圣人常善救人，故无弃人。常善救物，故无弃物。”(《老子·二十七章》)“报怨以德”(《老子·六十三章》)，“善者吾善之，不善者吾亦善之”(《老子·四十九章》)，“圣人亦不伤人”(《老子·六十章》)。他不与老百姓争先，置身于利益之外，不为自己蓄财积利，不断地成人之美，“执左契而不责于人”(《老子·七十九章》)，始终“以百姓心为心”(《老子·四十九章》)，主张为“利民百倍”而“绝圣弃智”(《老子·十九章》)。三是智慧自知。圣人信奉“自知者明”(《老子·三十三章》)，努力求知，以期大正无妄，大明无昧。“知不知，上。不知知，病……圣人不病，以其病病。是以不病。”(《老子·七十一章》)，也就是说，圣人的聪明才智在于重视自己的缺点与不足，并以之为“病”，严肃认真对待。即便他“明白四达”(《老子·十章》)，但还是以“无知”自守，主张“不自见，故明。不自是，故彰。不自伐，故有功。不自矜，故长。夫唯不争，故天下莫能与之争”，这种“曲则全”(《老子·二十二章》)的策略是自然之道的灵活体现，充满了以退为进、以守为攻的智慧。四是身国共治。圣人不是以智治国，而是以道治国。他讲究无为、好静、无事、无欲，重视率先垂范，以自身强大的道德感召力，以德感人，以德化人，引导百姓自我约束、自我教化，而不依赖法令迫使老百姓服从。他“治大国若烹小鲜”(《老子·六十章》)，坚持“处无为之事，行不言之教”(《老子·二章》)。“善行无辙迹，善言无瑕谪，善数不用筹策，善闭无关楗而不可开，善结无绳约而不可解”，治理天下顺应自然、因势利导，“不尚贤，使民不争。不贵难得之货，使民不为交盗”(《老子·三章》)，教化百姓尊道贵德，“虚其心，实其腹，弱其志，强其骨”(《老子·三章》)，最终实现“我无为而民自化，我好静而民自正，我无事而民自富，我无欲而民自朴”(《老子·五十七章》)的“圣人之治”，回归“鸡犬之声相闻，民至老死不相往来”(《老子·八十章》)的理想家园。

与老子主张的圣人既是“清静无为”理念的完美体现者，又是政治上的最高领袖不同，庄子从自然人性出发，除圣人外，还描绘了真人、至人、神人等人格形象，他们没有社会伦理意识，也不从事任何社会政治活动，以超脱世俗的态度将老子的圣人从入世引向出世。“古之真人，不逆寡，不雄成，不谟士……古之真人，其寝不梦，其觉无忧，其食不甘，其息深深……古之真人，不知说生，不知恶死，其出不訢，其入不距，翛然而往，翛然而来而已矣。不忘其所始，不求其所终；受而喜之忘而复之，是之谓不以心捐道，不以人助天，是之谓真人。”嵫真人不计得失、不自恃成功、不谋虑事情，睡觉时不做梦，醒来后无忧虑，饮食不求可口，气息稳重深沉，对生不悦、对死不恶。“独与天地精神往来”，“乘天地之正，而御六气之辩，以游无穷”（《庄子·逍遥游》），这正是庄子的最高人格理想。真人之所以能够成为真人，关键在于“能体纯素”（《庄子·刻意》），能够守住自然纯朴的本性，能够超然物外、身心静泊、参透生死，“有人之形，无人之情”（《庄子·德充符》），“喜怒哀乐，不入于胸次”（《庄子·田子方》）。

除精神上绝对“逍遥”的真人外，至人无为守静，不为外物所动，“乘云气，骑日月，而游乎四海之外，死生无变于己，而况利害之端乎”（《庄子·齐物论》）。神人心神凝静，外物不能伤，“不食五谷，吸风饮露；乘云气，御飞龙，而游乎四海之外；其神凝，使物不疵疠而年谷熟”（《庄子·逍遥游》）。圣人无为，恬淡宁静而超然物外，“不从事于务，不就利，不违害，不喜求，不缘道，无谓有谓，有谓无谓，而游乎尘垢之外”（《庄子·齐物论》），“圣人之生也天行，其死也物化”（《庄子·刻意》），“圣人之静也，非曰静也善，故静也，万物无足以铙心者，故静也。”（《庄子·天道》）可见，不论是真人还是至人、神人、圣人，庄子的理想人格已经完全不食人间烟火而超脱人世之外，可以乘云气、御飞龙，心灵上淡泊宁静、精神上逍遥自由。这说明庄子面对无法逃避的现实，更希望心目中处庙堂之上的理想人物能虚心静气，摒除人世间的利害纷争，一切任从自然，这与老子确立的无为而无不为的态度相比，更强调精神的自由与心性的静泊，更为道家的人格理想增添了一份自然超越和虚无神游，更体现出超然出世的“因任自然”和“逍遥无为”以及渴望回到“至德之世”“建德之国”的迫切与必然。

“至德之世”“建德之国”是对老子“圣人之治”下的“小国寡民”的理想化发挥。“夫至德之世，同与禽兽居，族与万物并，恶乎知君子小人哉！同乎无知，其德不离；同乎无欲，是谓素朴。素朴而民性得矣。”（《庄子·马蹄》）除此外，“南越有邑焉，名为建德之国。其民愚而朴，少私而寡欲；知作而不知藏，与而不求其报；不知义之所适，不知礼之所将；猖狂妄行，乃蹈乎大方；其生可乐，其死可葬”（《庄子·山木》）。从以上描述不难看出，不论是在“至德之世”还是在“建德之国”，生产方式是原始的、物质生活是素朴的、精神状态是虚静的、处世交往是淳朴的，没有欲望、没有私利，人始终与自然和谐相处、与万物融为一体，任何思维和行为都自然而生，毫无智巧狡诈，这样的社会不尚贤使能，无所谓道德不道德，也不存在君子与小人，更没有为政治国的策略和道德规范的约束，“夫大块载我以形，劳我以生，佚我以老，息我以死”(《庄子·大宗师》)。可见，“建德之国”与“至德之世”在目标上是一致的，根本区别是“至德之世”更侧重原始的生活状态，是远古的过去，“建德之国”则侧重古朴寡欲的道德世界和精神面貌，在遥远的边陲。在庄子眼里，蒙昧未化的远古才是真正的“至德之世”，儒家鄙夷的不知礼乐的蛮荒之地才是真正的“建德之国”，只有生活在远古的或偏远边陲的不知礼义的纯朴民众，才是真正的自然之民，这正是他期望实现的社会理想。

## 三、莫之爵而常自然：守道自化的范式与本要

基于社会理想，老子强调“广德”而不弃人，提出“其政闷闷，其民淳淳”(《老子·五十八章》)，认为“善建者不拔，善抱者不脱……修之于身，其德乃真。修之于家，其德乃馀。修之于乡，其德乃长。修之于邦，其德乃丰。修之于天下，其德乃普”(《老子·五十四章》)，主张通过“无为之事”和“不言之教”，导引常人守道修德，努力育化六种品质。

一是无为。这是天道的基本品质，也是圣人的处世原则，常人必须效仿。“天下神器，不可为也，不可执也。为者败之，执者失之。”(《老子·二十九章》)因此，无为应是一个人立身处世的根本态度，凡事不可妄为，更不可蛮干，否则会自取灭亡。老子希望理想家园中的每一个人都能崇尚自然，力求无为，注重修养，抛弃虚诈，这样社会就自然而自然无为而治。

二是不争。“上善若水，水善利万物而不争，处众人之所恶，故几于道。”(《老子·八章》)老子认为水所具有的不争精神最符合道的要求，希望人也要把不争作为基本品质。不争不是无所追求，也不是无原则地退缩，而是“居善地，心善渊，与善仁，言善信，正善治，动善时。夫唯不争，故无尤”(《老子·八章》)。正要具备不争之德，天下就莫能与之争。达到这种境地，对个人而言则具备了高尚的人格，对社会来讲则不起纷争，永远和谐宁静。

三是贵柔。“弱者，道之用”，道的作用尽管柔弱，但确如滴水穿石一样化

育万物而不止。“天下之至柔，驰骋天下以至坚”(《老子·四十三章》)，“天下莫柔弱于水，攻坚强者莫之能胜……柔之胜刚，弱之胜强”(《老子·七十八章》)，至柔的水之所以能克至坚，是因为柔中蕴含着无穷的动能生机，是生的象征。相反，刚强则意味着僵化呆板，是走向灭亡的前奏，“人之生也柔弱，其死也坚强……坚强者死之徒，柔弱者生之徒……强大处下，柔弱处上”(《老子·七十六章》)，所以，“守柔曰强”(《老子·五十二章》)，只有持守柔弱才能保持蓬勃生机，才能随机而变，不断进步发展。

四是有爱。老子指出：“我有三宝，持而保之：一曰慈，二曰俭，三曰不敢为天下先”(《老子·六十七章》)。之所以将这三项列为“三宝”并以“慈”为首，是因为“慈，故能勇；俭，故能广；不敢为天下先，故能成器长。今舍慈且勇，舍俭且广，舍后且先，死矣！夫慈，以战则胜，以守则固。天将救之，以慈卫之。”(《老子·六十七章》)这是“道法自然”、“无为而无不为”要求在现实生活中的具体践行，其中“慈”为首。当然，老子也指出“甚爱必大费”(《老子·四十四章》)，主张遵循天道自然，提出了“爱国治民”(《老子·十章》)、“爱以身为天下”(《老子·十三章》)、“自爱不自贵”(《老子·七十二章》)等奉行基于“天道无亲”(《老子·七十九章》)的“不仁”之爱。

五是无私。老子希望人与人之间和睦相处，不谋私利，和衷共济，利人不虑己，这是和谐的基础，这一基础必须建立在立身处世不存私念之上。“天地之所以能长且久者，以其不自生，故能长生。所以圣人后其身而身先，外其身而身存。以其无私，故能成其私”(《老子·七章》)。如果倾己之力，解人之急，不贪私利，时刻利人，而且自己不宣扬也不被他人宣扬，这样往往会被人尊为圣贤，正可谓“既以为人己愈有，既以与人己愈多”(《老子·八十一章》)。

六是知足。老子洞察人事，认为“祸莫大于不知足，咎莫大于欲得。故知足之足，常足矣”(《老子·四十六章》)。人生在世，最大的灾祸就是贪得无厌、贪心不足，欲壑难填必会引起钩心斗角、争杀掠夺。面对诸多事实，老子告诫人们长生久治之道在于知足常乐，唯此方能少私寡欲、消除争斗杀伐，“甚爱必大费，多藏必厚亡。知足不辱，知止不殆，可以长久”。

在老子眼里，以上六种品质的塑造过程，是人效法天道和坚守自然本性并将其凝化为自身德性的过程，除圣人无为而导、无言而化之外，就个人自身而言，更应固本抓要，自觉自正，自化而成。

固本的关键在于抱朴守道。老子的理想人格品质是由道而来，“我独异于人，而贵食母”，圣人与众不同之处在于始终依道而行，吸取道的营养。“天得一以清，地得一以宁，神得一以灵，谷得一以盈，万物得一以生，候王得一以为天一正，”这里的“母”和“一”均为道。老子的这一主张不仅了说明了万物生存发展的途径，也指出了圣人之所以成为圣人的根本原因。“圣人抱一为天下式”，只有像圣人一样抱朴守道才有可能形成完美人格，这是一条必须恪守的准则。

抱朴守道一要“致虚静，守静笃”，在与外界接触和社会交往中时刻警惕私欲杂念，经常反躬自省，“涤除玄鉴”，以静胜躁，“虚其心，实其腹，弱其志，强其骨”(《老子·三章》)，达到无思无欲、无求无争。二要“见素抱朴”，“常德不离，复归于婴儿……知其荣，守其辱，为天下谷。为天下谷，常德乃足。常德乃足，复归于朴。朴散则为器，圣人用之，则为官长”(《老子·二十八章》)，每个人都要守信朴质，保持婴孩般的纯朴天性，少私寡欲，抛弃智伪巧诈，“为腹不为目”(《老子·十二章》)，以朴为根本，这样会离道越来越近。三要“挫其锐，解其纷，和其光，同其尘”(《老子·五十六章》)，不露锋芒，消解纷扰，含敛光耀，混同尘世，不自见，不自是，不自伐，不自矜，“大直若屈，大巧若拙，大辩若讷，大赢若绌”(《老子·四十五章》)，以宽广的包容精神与他人和谐相处。

抓要的关键在于悟道行道。以前曾认为老子主张“绝圣弃智”、“绝学无忧”(《老子·十九章》)进而反对学习，这是片面的理解。实际上，老子认为道无处不在，体现在万物和各种社会活动之中，人们只有认真观察、深刻领悟，才能透过现象看到本质，感知道的存在，体悟道的本质，坚守道的原则，践行道的精神。概括地讲，就是会观、能明、笃行。

会观是前提。道“寂兮寥兮”(《老子·二十五章》)，难以探寻，但它却始终作用于世间万物，是可以通过观察表象、积累经验而总结认识的。老子说：“以身观身，以家观家，以乡观乡，以邦观邦，以天下观天下，吾何以知其然哉，以此。”(《老子·五十四章》)可见，老子正是以“观”知天下的。老子也看到，万物繁杂，简单通观难求真相。他强调“万物并作，吾以观复”(《老子·十六章》)，“常无，欲以观其妙。常有，欲以观其徼”(《老子·一章》)，正是通过静观、细观、反复观，才发现了深隐于万物之中的循环往复的运作规律。

能明是关键。尽管道隐秘难寻，恍惚幽深，但“恍兮惚兮，其中有物。窈兮冥兮，其中有精”(《老子·二十一章》)，往往会在细微中显露端倪，这就要求人观细微、查微妙，在小中明。知人易，知己难，人经常会主观臆断、固执己见，“知不知，上。不知知，病。”(《老子·七十一章》)自知之明是人进步发展的关键，人应该具备强烈的自我意识，在公正对待他人的同时正确客观地评价自己。“不知常，妄作，凶”(《老子·十六章》)，“常”是道的一个基本特征，人应“执古之道，而御今之有，以知古始”(《老子·十四章》)，“以阅众甫”(《老子·二十一章》)，在“常”中明道。

笃行是目的。老子认为“上士闻道，而勤行之”，能学以致用，“知其雄，守其雌……知其白，守其黑……知其荣，守其辱”(《老子·二十八章》)，将所悟付诸实践、用所悟指导实践，唯道是从、遵道而行才是教化悟道的真正目的。这一目的实现不会一蹴而就，而是一个循序渐进的过程，不能背道而驰、急于求成，“企者不立，跨者不行”(《老子·二十四章》)，盲目进取，则会以失败而告终。“合抱之木，生于毫末。九层之台，起于垒土。千里之行，始于足下”(《老子·六十四章》)，“天下难事必作于易，天下大事必作于细”(《老子·六十三章》)，从识道、体道，到悟道、行道以及弘道都需要树立必胜的信念，以点滴积累汇涓成海。“民之从事，常于几成而败之。慎终如始，则无败事”(《老子·六十四章》)，只有持之以恒，历经磨炼和考验，克服困难与纷扰，才会将道之性最终内化为自身的德性，从而得道成“圣”。

可见，德也是老子修身养性的目标追求，但老子的德与儒家主张的以仁义礼智信为核心、以家国一体为基础的修身、齐家、治国、平天下的道德追求不同。老子反对所谓正统的道德规范约束，主张追求超乎世俗道德之上的德，他更注重个人的德性修养，更强调自然而然地育化，“万物莫不尊道而贵德。道之尊，德之贵。夫莫之爵，而常自然”(《老子·五十一章》)。他指出“上德不德，是以有德；下德不失德，是以无德”(《老子·三十八章》)，认为因为德常在，所以有德之人决不会刻意追求德。如果一味地讲道德、守道德最终却可能会失德、无德，因为他违背了道的要求，失去了自然的本性。

长期以来，虽然“道法自然”“复归于朴”与儒家道德观相对，但在中国文化的积淀发展过程中，两者并没有完全割裂，更不存在对抗，而是相互补充。儒家的道德追求用以调整人与人之间的社会关系，从遵守社会必要的伦理关系角度来实现人格理想，强调人格的社会责任感，主张积极进取。而老子强调人与自然的和谐，倾向于人的自然发展，反对外在的礼义教化，主张通过超功利的自然内化使理想人格得以完善，这对中国人的处世态度产生了深远影响，形成了大智若愚、难得糊涂、静心寡欲、知足常乐、以柔胜刚、顺天安命等价值取向，陶冶了中国知识分子淡泊名利、清高自赏的性格和志趣。儒家主张思想灌输和行为制约，而老子注重潜移默化地使人对自身进行反思进而产生自觉行动。儒家的目的是治国平天下，老子的目的改造人，引导人回归自然，构建和谐，达到人与自然、社会的统一，这些都是中华民族的心理和性格的充分营养元素，渗透到中国文化的各个层面。

## 四、常因自然：逍遥而游的境界与逸驰

面对诸侯争霸的大势，庄子清醒地认识到"至德之世"、"建德之国"不可能被任何一个欲称霸天下的诸侯所接受，现实中只能"安时而处顺"(《庄子·大宗师》)，"逍遥游"于"尘垢"和"四海"之外，保全自己于乱世，坚守本性于不容，无心于尘俗，无情于人世，无求于功名，求得精神的自由和心灵的宁静。

安时处顺首要的是哀乐不能入，"有人之形，无人之情"(《庄子·德充符》)，不以喜怒哀乐骚扰宁静的心，"不以好恶内伤其身，常因自然而不益生"(《庄子·德充符》)，不因好恶而伤害身心，不要人为增益生命。"无人之情，故是非不得于身"，(《庄子·德充符》)这样就不会去做劳心伤神的事，生命就可以终其天年。"安时而处顺"要正确对待生死。庄子主张"死生如一"，"死生，命也，其有夜旦之常，天也"(《庄子·大宗师》)，指出人有死有生，命中注定，生生死死如昼夜交替、四季轮回，循环往复、生化不休，无所谓得失。认为自然化人如大冶铸金，处于熔炉而无法选择，当生则生、当死则死(《庄子·大宗师》)，"人之生，气之聚也；聚则为生，散则为死"(《庄子·知北游》)，人力不能改变，所以应安生顺死，生而不欢、死而不哀。庄子强调，生的意义并不比死的意义重大，死意味着接近天地、回归自然，昭示着更新再造的可能。"生也死之徒，死也生之始，孰知其纪！"(《庄子·知北游》)人出于天地万物而又入于天地万物，"天地与我并生，而万物与我为一"(《庄子·齐物论》)。如果一个人理解了这种生不如死的意义，就会一切顺其自然，"不以心捐道，不以人助天"(《庄子·大宗师》)，这表面看是对天人关系的态度，实质上点破了安时处顺的关键。

庄子所说的天，既不是物理物质上的天，也不精神意志上的天，而是指非人力所能及的境地。生和死非人力所能左右，属于天，只能顺从，不能干预，这仅仅只是在生死选择上，或者更进一步说是自然现象上的“不以人助天”。其实在社会生活领域，一切社会现象也属于庄子天的范畴，在这里“不以人助天”表现为命里注定，这就要求在社会问题和人事关系的处理上也只能顺从，“无以人灭天，无以故灭命，无以得殉名，谨守而勿失”(《庄子·秋水》)，一切听任自然，“知不可奈何而安之若命”(《庄子·德充符》)，不要进行任何人为的努力和变革，努力做到超世、遁世和顺世。

超世就是遵道而返归自然，摆脱世俗道德规范对自然本性的约束和戕害，“既已黥汝以仁义，而劓汝以是非矣，汝将何以游夫遥荡、恣睢、转徙之涂乎？”(《庄子·大宗师》)真正意义的人生是“茫然彷徨乎尘垢之外，逍遥乎无事之业”(《庄子·达生》)，自觉遁世，潜隐于世，浪迹山林，“其声销，其志无穷”(《庄子·则阳》)。这实质上是对道的追求，努力使内心宁静、合乎自然，达到自由洒脱的境界。客观讲，这种境界要以个人孤立于现实社会之外为前提，但在现实生活中，任何人都无法逃避衣食住行、人伦世情等社会交流交往活动。“子之爱亲，命也，不可解于心；臣之事君，义也，无适而非君也，无所逃于天地之间”(《庄子·人间世》)，所以，面对活生生的现实社会，安时处顺更多地表现为顺世而隐。“古之所谓隐士者，非伏其身而弗见也，非闭言而不出也，非藏其知而不发也”(《庄子·缮性》)，而是“能游于世而不僻，顺人而不失已”(《庄子·外物》)，“其口虽言，其心未尝言；方且与世违，而心不屑与之俱”，“外化而内不化”(《庄子·知北游》)，既能隐逸于俗，又能在不受拘束的生活中保持人格独立，达到“逍遥游”的境界。

“逍遥乎无为之业”(《庄子·大宗师》)是庄子对老子“无为”思想的继承发展和形象表述，他在《逍遥游》中寓深奥于神话和寓言，形象阐述了“逍遥游”一要“无待”(《庄子·逍遥游》)，二要“无用”(《庄子·逍遥游》)。庄子在《逍遥游》中通过塑造高飞九万里的大鹏、“枪榆枋而止”的蜩与学鸠以及野马(游气)、尘埃和“知效一官，行比一乡，德合一君，征一国者”(《庄子·逍遥游》)以及宋荣子、列子等人物形象，深刻说明世间万物都有大小之别，在本质上都不是完全自由的，都受外部条件限制而不能自由支配自己，处于“有待”状态，即使偶有条件而获取暂时的自由，也会随条件的变化而变化甚至消失。要想从

“有待”到“无待”，不受外界制约，真正实现逍遥游，就要“乘天地之正”“御六气之辩”，从世俗生活中解脱出，忘掉自我、不求功名、顺任自然，达到“无己”（《庄子·逍遥游》），这样才能“肌肤若冰雪，绰约若处子，不食五谷，吸风饮露；乘云气，御飞龙，而游乎四海之外”（《庄子·逍遥游》），“出六极之外，而游无何有之乡”（《庄子·应帝王》），不受任何牵累，“物莫之伤，大浸稽天而不溺，大旱金石流、土山焦而不热”（《庄子·逍遥游》），自由存在地生活。

逍遥游另一个途径在于“无用”。庄子在《人间世》中一连用了栎社树[①]、南伯子綦论不材之木[②]、支离疏[③]几个寓言故事说明“无用之用”的道理，指出“山木，自寇也；膏火，自煎也；桂可食，故伐之；漆可用，故割之。人皆知有用之用，而莫知无用之用也”（《庄子·大宗师》）。他强调“有用”会自招意想不到的麻烦甚至自戕生命。只有“无用”才会无忧，才会过上平安清静的日子。主张一个人应该把自己当成一个无任何用处的废物。正由于是废物，才没有人会关注，才不会招来是非攻击和外部伤害。所以，无用反而是大用，在无用与有用之间选择时，首先应选择无用以保全自己不受任何外来侵扰，这是享受逍遥生活方式的基本条件。但是在现实中，绝对的有用和无用很少，人往往会处于有用与有用之间，于是，《山木》中通过童仆杀鹅[④]的寓言指出这时要根据具体情况选择决定，提出“材与不材之间，似之而非也，故未免乎累。若夫乘道德而浮游则不然，无誉无訾，一龙一蛇，与时俱化，而无肯专为。一上一下，以

---

① 《庄子·人间世》：匠石之齐，至于曲辕，见栎社树。其大蔽数千牛，絜之百围，其高临山十仞而后有枝，其可以舟者旁十数。观者如市，匠伯不顾，遂行不辍。弟子厌观之，走及匠石，曰：“自吾执斧斤以随夫子，未尝见材如此其美也。先生不肯视，行不辍，何邪？”曰：“已矣，勿言之矣！散木也。以为舟则沉，以为棺椁则速腐，以为器则速毁，以为门户则液樠，以为柱则蠹，是不材之木也。无所可用，故能若是之寿。”

② 《庄子·人间世》：南伯子綦游乎商之丘，见大木焉，有异，结驷千乘，隐将芘其所藾。子綦曰：“此何木也哉？此必有异材夫！”仰而视其细枝，则拳曲而不可以为栋梁；俯而视其大根，则轴解而不可以为棺椁；咶其叶，则口烂而为伤；嗅之，则使人狂酲，三日而不已。子綦曰：“此果不材之木也，以至于此其大也。嗟乎，神人以此不材。”

③ 《庄子·人间世》：支离疏者，颐隐于脐，肩高于顶，会撮指天，五管在上，两髀为胁。挫针治繲，足以糊口；鼓筴播精，足以食十人。上征武士，则支离攘臂而游于其间；上有大役，则支离以有常疾不受功；上与病者粟，则受三钟与十束薪。夫支离其形者，犹足以养其身，终其天年，又况支离其德者乎！

④ 《庄子·山木》：庄子行于山中，见大木枝叶盛茂，伐木者止其旁而不取也。问其故，曰：“无所可用。”庄子曰：“此木以不材得终其天年。”夫子出于山，舍于故人之家。故人喜，命竖子杀雁而烹之。竖子请曰：“其一能鸣，其一不能鸣，请奚杀？”主人曰：“杀不能鸣者。”明日，弟子问于庄子曰：“昨日山中之木，以不材得终其天年，今主人之雁，以不材死。先生将何处？”庄子笑曰：“周将处乎材与不材之间……”

和为量，浮游乎万物之祖。物物而不物于物，则胡可得而累邪"（《庄子·山木》），主张人不要刻意追求材与不材、用与不用，该作龙时作龙、该作蛇时作蛇，该上时上、该下时下，安时处顺，虚己游世，不为外物有牵累，凡事常因自然，追求"无已"境界，这样就不会因任何结果而感到痛苦，这实质是逍遥游的另一种注解。

所谓"无已"就是"吾丧我"（《庄子·齐物论》），不受外界限制和自身感觉的影响而完全与自然为一，实现自我与道的结合，达到无我境界。为此，庄子提出了以"虚静"为主线和原则的"以明"（《庄子·齐物论》）、"心斋"（《庄子·人间世》）、"坐忘"（《庄子·大宗师》）等方法和途径。"以明"是最基础的环节和最根本的方法，核心在于坚持无情的原则、清明的心境、专注的态度去认识事物，不掺杂丝毫个人主观上的感情色彩和认识上的成见，公正客观地去观察认识事物的本来面目和内在规律。不仅对不同事物，而且对同一事物在不同场合都能做到一视同仁、表里如一，不偏见、不歧视。

"以明"的关键是"心斋"，庄子认为仅仅依靠人的感知是不能真正认识道，只有保持虚静的心态，抛弃思虑杂念，才能识道悟道。他指出"若一志，无听之以耳而听之以心，无听之以心而听之于气！听止于耳，心止于符。气者也，虚而待物者也。唯道集虚。虚者，心斋也"（《庄子·人间世》）。这就要求人必须集中意志，既不要用耳听，也不要用心听，除呼吸之外，不要有任何感觉和思维活动，静待事物变化。心虚静了，道就能体现了，这是识道悟道的基本戒律。

把握了"心斋"的要领，"坐忘"的境界就容易达到了。所谓"坐忘"就是"堕肢体，黜聪明，离形去知，同于大通"（《庄子·大宗师》），也就是要剔除生理欲望，忘掉以前已有知识或先入为主的成见、偏见，把自己完全融入天地万物之中，忘掉物我差别，与天合一、与道合一。可见，"坐忘"与"心斋"都强调要求个人通过内省和对贪欲智巧的尘洗而要达到的一种境界，其中"心斋"侧重的是个人心境的空明灵觉，"坐忘"强调的是物我两忘以达到身心与万物的融合，这两种境界的共同之处是都要求在心灵虚静的状态下展开。

"虚静"是原则和主线，始终贯彻在"以明""心斋""坐忘"等思想活动之中。庄子认为，"至人之用心若镜，不将不迎，应而不藏，故能胜物而不伤"（《庄子·应帝王》）。只有归心于虚空，凝神于静寂，无思无虑、超然物外，才能"虚室生白"（《庄子·人间世》），才能使个体生命活动与宇宙自然冥合统一、交流往来，“独与天地精神往来”(《庄子·天下》)、“天地与我并生，而万物与我为一”，这正是逍遥而游的最高境界。

总之，庄子以存在本身为存在的价值，把保全自身的存在、实现人格的自由和个体精神的逍遥作为人生的首要目的，追求精神上的自我。“余立于宇宙之中，冬日衣皮毛，夏日衣葛絺；春耕种，形足以劳动；秋收敛，身足以休息；日出而作，日入而息，逍遥于天地之间，而心意自得。”(《庄子·让王》)这不仅是一种不为物累、不为物役的生活方式，而且是一种自由自在、虚静恬淡的人生境界，因此，庄周才会梦蝶，才渴望化蝶①，这实质上是庄子对绝对精神自由境界的追求，是回到自我自在自由的精神家园的渴望，是对人格圆满与完善的向往，是对儒家倡导的仁义价值观和礼乐的秩序否定和对不合理的社会现实的无言抗争。这种超越尘世、超脱苦痛、任凭自由翱翔的精神世界，为人们提供了一个广阔无限的自由空间，在这里人们可以安时处顺、逍遥而游。

尽管与老子学说相比，庄子的思想少了入世和救世的倾向，更加关注救人，更加关注人的个体生命价值和精神价值。但总体上看，庄子与老子一脉相承，庄子在继承老子学说基本精神的同时，发展了老子学说，促进了道家思想日趋成熟、更加完善，对中国思想史产生了重要影响，具有里程碑意义。在庄子以前，无论是儒家、墨家、法家，还是道家的老子，都只从整体意义上探讨人生，几乎没有真正关注过人的个体生命和个体价值，从这个意义上讲，庄子是中国思想史上第一个从个体角度探讨人生的思想家，是他最早发现并确立了个体存在的独立性与自主性，充分肯定了个体存在的价值，对中国古代知识分子的精神生活产生了重大的影响，使他们一方面能够按照儒家仁义礼智信等道德规范的要求，将生命价值推向社会，以实现“治国平天下”的政治抱负，满足事功的需要。另一方面又能在政治抱负难以实现时，将生命价值推向天道，以实现精神生活的自由独立，满足个体生命价值的自我实现，更有甚时，还能仕不仕，隐逸于世，顺道而逍遥。

---

① 《庄子·齐物论》：昔者庄周梦为胡蝶，栩栩然胡蝶也。自喻适志与！不知周也。俄然觉，则蘧蘧然周也。不知周之梦为胡蝶与？胡蝶之梦为周与？

# 附录二　道文化与“一带一路”的互兴共荣

道文化是中华传统文化的主干之一，曾与丝绸之路结缔了密切关系，进行过良好互动。一方面，它沿着丝绸之路传播，以兼容并包的精神吸收了沿途先进文化成果，推动了道文化自身发展和国际化进程，加强了沿途各国、各族人民对中华文化的感性认知与理性认同，增进了文化交流互鉴。另一方面，道文化蕴含的哲学智慧、政治观念、价值主张、文化形态为丝绸之路繁荣发展在思想引导、领域拓展、渠道畅通、平台构建、方式改进等方面发挥了风向标、助推器和黏合剂、润滑剂作用。从这个意义上讲，道文化发展离不开“一带一路”，“一带一路”建设需要道文化。

什么是道文化？虽然学术界、宗教界站在不同角度众说纷纭，但有一个重要共识，那就是道文化的核心主旨和基本精神是对道特别是道家思想的秉持传承与弘扬实践。明确道文化这一概念应把握3个关键点。一是道文化从来哪里来，源自何时。最早提出“道”这一概念的是老子所著的《道德经》。最早提出“道家”概念的是西汉司马谈，在他所著的《论六家要旨》中指出道家就是以黄帝、老子为代表的学术流派。班固在《汉书·艺文志》中也罗列了《道德经》以前的文献，将道家学派追溯到殷商时期。这说明，在老子之前已有道家学派、道文化已经源起。老子的贡献在于提出了“道”的概念并以此基础构建了一个系统的理论体系，使道家学说走向成熟。二是道家和道教是两个不同概念，研究道家思想、认同道家观点、践行道家主张的不一定是道教信众和道教组织，但道教组织和道教信众必然信奉道家思想、推崇道家思想的主要代表人物。三是道文化不仅有理论成果，还有物质产品、制度仪式和行为活动。与道家学派有关的理论成果和实践活动属于道文化，道教提出的教义主张、宗教活动等也属于道文化范畴。综上，所谓道文化就是指与道家、道教相关的一切理论成果和实践活动的总和。

道文化不是凭空产生的，而是人们在一定历史条件下对宇宙、世界、社会以及人自身探索认识的必然结果。道文化也不是一成不变，它在长期的发展过程中包容并蓄、与时并进、自成体系，既是中华传统文化的重要组成部分，又是中国历史发展的缩影，还是促进人类和平共处、共同进步的一面镜子。道文化对中国社会历史发展产生过重要影响，道家学说的第一次政治实践便形成了西汉初年对内休养生息、对外和亲戍边的局面，为中国封建社会第一次盛世——文景之治奠定基础，也为各朝代政权与周边民族和平相处进行了有益探索。虽然汉武帝独尊儒术后，道家思想不再是官方倡导的主流意识形态，但它依然活跃倍受重视，如，唐朝帝王尊老子为圣祖，唐太宗"垂拱而治"开创了贞观之治，唐玄宗两次注释《道德经》，"内用黄老，外示儒术"开创了开元盛世；明太祖注释《道德经》，倡导君无为而臣有无为，推行休养生息之策，为仁宣之治奠定了基础；清世祖注释《道德经》，大赞道家的"治心治国之道"，对康乾盛世产生了一定影响。道法自然、尊道贵德、无为而治、轻物重生、形神相养等主张成为士大夫官僚阶层为官做事、为人处世的基本准则。随着道教的兴起，道文化渗透到中国社会的各个领域，长期影响着国民心理和日常生活。道文化也在一直向海外传播，秦代方士徐福率童男童女入海求仙药到达日本，不仅为中华文化向日本传播发挥了重要作用，而且为海上丝绸之路向东海区域发展进行了有益探索。汉朝以后，道文化在陆地沿着陆上丝绸之路经河西走廊向西域传播的同时，还通过海上丝绸之路向东南亚和世界各地传播，传播路线和价值精神与习近平总书记提出的"一带一路"基本契合。

不论陆地还是海上，丝绸之路既是贸易之路，更是文化交流之路，陆上许多与道文化相关事和人和至今广为流传。如金元时期，七十多岁高龄的全真教龙门派祖师邱处机从山东出发，历时两年多、行程三万余里面见成吉思汗，劝其"止杀爱民"，终使一代天骄不再屠城杀戮，这次途经中国、蒙古、哈萨克斯坦、吉尔吉斯斯坦、乌兹别克斯坦、阿富汗的和平之旅，向沿途各国播下道文化的种子。明朝永乐年间，郑和七下西洋以及随后中国人开垦南洋，带去生产技术不仅促进了侨居地社会经济发展，而且带去了中华文化，带去了妈祖、城隍、财神、关帝、真武大帝，使道文化在南海各国落地生根、发芽成长，至今东南亚一带的华人在民俗宗教、生活习惯等方面都与道文化密切相关。其实，道文化沿丝绸之路的传播，绝非这些故事所能涵盖，道文化中蕴含的哲学宇宙论、本体论和人生哲学、养生论以及包括医学、天文、气功、化学、体育、艺术、文学、社会习俗等方面的内容在这些地区的影响远超过其他学派。正是从这个意义上讲，道文化沿着"丝绸之路"的传播史就是道文化与"丝绸之路"的互兴共荣史。

道文化与“丝绸之路”互兴共荣表明，建设“一带一路”必须坚持文化先行。丝绸之路传递的不仅是丝绸陶器，还有文化和情感。时间推移、时代变迁，丝绸陶器早已不在，但通过交流共融、互学互鉴缔结的文化成果精神永存，为“一带一路”沿线国家和平共处、包容共进创造了思想条件，为不同民族之间互尊互信、合作共赢架起了沟通桥梁，为构建人类命运共同体、营造文明圈和树立共同发展的理念增加文化合力。试想，如果没有对妈祖、城隍、财神、关帝等情节，旅居东南亚的华人会来中国寻文化根塑中华魂吗？如果不是“邱祖西行”，多次重走邱祖西行路的中国人会在异国他乡受到礼遇吗？这些启示我们，建设“一带一路”要以文化助力，促进沿线国家人文交流和民心互通，增进不同民族之间互相理解与信任，携手共建人类命运共同体。

道文化与“丝绸之路”互兴共荣表明，建设“一带一路”应重视道文化的作用。之所以要重视，不仅仅是因为道文化在古丝绸之路建设历史上曾经发挥过重要作用，更重要的是因为道文化中蕴含的深刻思想、丰富内容、多样形式对建设“一带一路”有重要的时代价值。如道法自然、尊道贵德、和谐共生、齐同慈爱、济世利人、性命双修、清静寡欲、柔弱不争等理念对于“一带一路”沿线国家生态保护、生命伦理、养生保健、社会公平等具有引领作用；道文化所倡导的“自然”“无为”“承负”“善恶”“和合”“节俭”等主张，对解决好经济社会发展中的生态、人文、地理、资源等相互关系问题，实现“创新”“协调”“绿色”“开放”“共享”发展具有借鉴意义；太极拳、中医针灸、道教音乐等可以促进“一带一路”国家人民在改善生活方式、提高生活质量、丰富文化生活中进一步体验中华文化的魅力，提高感性认知兴趣，增进理性把握自觉，使中华文化在新时代以新方式在新领域生根发芽、开花结果。

重视的目的在于促进更好地发挥作用。发挥好道文化在“一带一路”建设中的作用，要坚持创造性转化、创新性发展，在弘扬道文化崇尚道德、传播慈爱、向往和平等主流精神的基础上，推进道文化当代价值转换，建立适应“一带一路”建设要求的道文化体系，不断增强提高道文化渗透力、影响力和生命力。要加强对话交流，增强不同文化、不同国家、不同民族对道文化在认同感、凝聚力的基础上促进融合发展，形成“一带一路”文明圈，以优秀的成果惠及沿线各国人民。要继承不同时期的经验，在方式方法上发挥好华人、华侨、华媒和互联网、新媒体以及会议论坛、国际组织、文化旅游等作用，运用好报纸杂志、电视电影等载体，通俗易懂、循序渐进、由浅入深地讲好中国故事、用好文化成果、彰显特色品牌，不断增强中华文化的传播力、感染力、影响力，促进文化共融、民族和处，构建各美其美、美人之美、美美与共天下大同的人类命运共同体。

# 附录三　老子“三宝”慈为首

老子称“我有三宝，持而保之：一曰慈，二曰俭，三曰不敢为天下先”。为什么把这三项列为三宝呢？他接着解释“夫慈，故能勇；俭，故能广；不敢为天下先，故能成器长。今舍慈且勇，舍俭且广，舍后且先，死矣！夫慈，以战则胜，以守则固。天将救之，以慈卫之”(《老子·六十七章》[①]，以下只注章节)。这段精辟论述实质上为人们指明了“道法自然”“无为而无不为”等思想在现实中的践行道路，或者说“慈”“俭”“不敢争先”组成了一个代表老子实践哲学的链条，在这个链条中，慈不仅是三宝之一，而且处于三宝之首；慈既是始点，又是终点。

## 一

《老子》五千言中，“慈”字总共出现了7次，其中5次集中在六十七章单独使用，其他2次是以“孝慈”的形式出现，即“六亲不和，有孝慈”(《十八章》)、“绝仁弃义，民复孝慈”(《十九章》)，这两次中孝慈虽然表示慈，但并不是纯粹单一的慈，而强调的是以血缘关系为基础的在孝慈，这与作为三宝之首的单独使用的慈略有不同。那作为三宝之首的慈的真实含义到底是什么，尽管老子没有对它进行明确的说明和界定，但概括起来，至少应该包括三层含义。

一是从字形上理解，“慈”是形声字，从心，兹声，这就明显地说明慈首先是一种心灵活动，与心密不可分。在《老子》中，老子曾先后10次提到心这个重要的概念，如“人心”(《十二章》)，“民心”(《三章》)，“虚其心”(《三章》)，“愚人之心”(《二十章》)，“常心”“浑其心”“百姓心”(《四十九章》)。众所周知，老子生活在一个动乱的时代，道德滑坡，世风日下，老子认为在这种环境下，如果一个人完全被外部环境所左右，那就很容易迷失方向、失去自我，即“五色令人目

① 陈鼓应.老子今注今译[M].北京：商务印书馆，2003.

盲，五音令人耳聋，五味令人口爽，驰骋畋猎令人心发狂，难得之货令人行妨”（《十二章》）。对此，作为统治者，社会治理的一项重要任务应该是“不尚贤，使民不争；不贵难得之货，使民不为盗；不见可欲，使民心不乱”（《三章》）。而作为个人，更应该不为外物所困、不为环境所扰，时刻保持清醒的头脑，保留一颗素朴的“婴儿”之心，正所谓“众人熙熙，如享太牢，如春登台，我独泊兮，其未兆；如婴儿之未孩，乘乘兮，若无所归。众人皆有余，而我独若遗。我愚人之心也哉，纯纯兮”（《二十章》）。其实，这里的“愚人之心”就是指人心纯朴而没有失去自我的本初状态。那么，如何才能保持纯朴之心而不失本初呢，老子提出“是以圣人之治，虚其心，实其腹，弱其志，强其骨”（《三章》），“圣人在天下，歙歙焉，为天下浑其心”（《四十九章》）。客观地讲，老子十分清楚，要真正做到这一点并不容易，因为不论是统治者、治理者，还是普通的老百姓，都是活生生的人而不是神，所以，他又提出“圣人无常心，以百姓心为心”（《四十九章》），这里所说的“无常心”并不是没有任何心思，而是指在开展具体的社会治理活动时，不要带任何预想设计或成见，而应该以老百姓的思想为自己的思想，时时处处从老百姓的角度考虑问题，并将这一原则贯穿到社会治理活动的具体行动之中。由此可见，在“无心”模式下迸发出的“慈”，是自然的、纯真的，是没有任何偏见的，从而也能够最大限度地实现普世公平。

二是从字义上理解，“慈”就是慈爱，并与爱紧密相连，正如《说文》曰“慈，爱也”。在《老子》中，“爱”字共出现过5处，如“爱民治国”（《十章》）、“爱以身为天下，若可托天下”（《十三章》）、“不爱其资，虽智，大迷”（《二十七章》）、“甚爱必大费”（《四十四章》）、“自爱不自贵”（《七十二章》）等。从这5处表述中，不难看出，老子不仅赞同爱，而且就如何爱和爱到什么程度都有说明。在如何爱上，老子不主张以血缘亲疏为依据的情感施爱行为，而倡导自然素朴、不偏不倚的非对象性施爱行为，如“爱民治国，能无为乎”（《十九章》），这尽管是对统治者说的，但无疑也告诉普通老百姓，慈爱必须是自然的、公平的，不能有丝毫的偏私。作为宇宙万物之一而生存的人，要认识到人和人之间、物和物之间、人和物之间是没有差别的，老子认为慈爱必然包含着对个体自己的爱护，他说：“贵以身为天下，若可寄天下；爱以身为天下，若可托天下”（《十三章》）、“圣人自知不自见，自爱不自贵，故去彼取此”（《七十二章》）。这就是说一个人要在实践中重视和关爱自己，做到自知而不自我表现，自爱而不自显高贵，这样便可担当起顾及天下的重任。需要特别指出的是，老子也特别关注爱的程度的把握，他指出“甚爱必大费，多藏必厚亡。知足不辱，知止不殆。可以长久”（《四十四章》），可见，老子的爱应该是要有度的，强调爱一定要适度，而不能超过适度的爱，即老子是否定“甚爱”的。

三是从本质上看，慈是自然而然的、毫无偏私的慈爱，这种爱不论是“爱民”还是“自爱”都包含着对他人的最大限度的宽容，都要求以慈爱、慈柔和宽容之心对待他人。老子说：“知常容”（《十六章》），就是说懂得常道的人是无所不包容的，就像道生化万物却不去占有它们，为万物造福却从不为自己谋利，这正是无私的慈爱和博大的宽容，人们应该将这种慈爱和宽容作为最高的人格理想。要做到慈爱和宽容，就要像圣人那样“常善救人，故无弃人。常善救物，故无弃物”（《二十七章》）。为了不让人们心存分别、心有不容，老子又特别指出：“人之不善，何弃之有？”强调“圣人无常心，以百姓心为心。善者，吾善之；不善者，吾亦善之，德善。信者，吾信之；不信者，吾亦信之，德信”（《四十九章》），认为圣人要以平等的心态对待万物，即使对于那些道德不好的人、对自己有怨恨的人也要善待之。言外之意就是不要区分所谓的善人和不善之人，不要突出人与人之间的差异，而要像太阳光照万物一样，对所有人一体皆爱。为什么这样，关键就在于老子的价值取向，即一切行为不是为个人自己，而在于为他人，作为个人，只有他人的价值和需要实现和满足后，个人的价值才得到体现和确证，正所谓“圣人不积。既以为人己愈有；既以与人己愈多”（《八十一章》）。

二

老子之所以将“慈”列为三宝之首并将其作为他实践哲学的起点和目标，是因为他特别关注慈本身所具有的重要功效，老子认为，“慈，故能勇……舍慈且勇……死矣”（《六十七章》），即唯以慈爱、慈柔为宝，才能勇敢。如果舍弃慈爱而一味追求勇敢，势必走向死亡之路。接着，老子谈到，“夫慈，以战则胜，以守则固”（《六十七章》），即以慈爱之道作战，则必能制胜；用以守御，也必能牢固。“抗兵相若，哀者胜矣”（《六十九章》），即在敌对两军对阵时，如果实力相当，悲哀的、不愿意战争的、被迫应战的一方将会取得胜利，这也是上面谈到的“夫慈，以战则胜”（《六十七章》）之义。为什么哀慈者能取胜呢？老子认为“天将救之，以慈卫之”（《六十九章》），上天要救助谁，就将用慈来护卫谁。同时，老子还从反面论证了若无慈爱之心，则不可得志于天下的道理。“夫乐杀人者，不可得志于天下”（《三十一章》），在老子看来，乐杀人者，就是没有慈爱之心的人，是不能达到自己的目的的。老子还说，“杀人众多，以悲哀泣之，战胜则以丧礼处之”（《三十一章》），认为若杀人众多，则以悲哀慈爱之心对待之，即使胜利，也应以凶丧之礼处理之。为强调慈爱、宽容，老子要求人们做到“不武、不怒、不争”（《六十八章》），这些都是为了实现“战则胜”“守则固”。

需要强调的是，正是因为尚慈，所以老子反对战争，因为“师之所处，荆棘生焉；大军之后，必有凶年”（《三十章》）。由于战争造成浪费，给人类带来灾难，影响到人们的基本生活条件，因此，老子指出，“夫兵者不祥之器。物或恶之，故有道者不处。君子居则贵左，用兵则贵右。兵者不祥之器，非君子之器，不得已而用之，恬淡为上”（《三十一章》）、“以道佐人主者，不以兵强天下，其事好还”（《三十章》）。尽管反对战争，但是老子绝不是主张完全杜绝战争，他认为必要时战争也是解决问题的一种有效方式。他主张一旦选择战争，就必须将问题完全解决，他说“不得已而用之，恬淡为上。胜而不美，而美之者，是乐杀人。夫乐杀人者，不可得志于天下。吉事尚左，凶事尚右，偏将军处左，上将军处右。言以丧礼处之。杀人众多，以哀悲泣之，战胜则以丧礼处之”（《三十一章》）、“善者，果而已，不敢以取强。果而勿矜，果而勿伐，果而勿骄，果而不得已，是果而勿强”（《三十章》），“不得已而用之”“恬淡为上”，这些都告诫人们，战争实在是万不得已的选择，绝对不能逞强，战争会耗资源、毁环境、丧生命。即使战争胜利，“勿矜”“勿伐”“勿骄”“勿强”告诉人们，也不能美化、炫耀、骄傲。不仅如此，在战争过程中，也不要杀气重重，正所谓“善为士者不武，善战者不怒，善胜敌者不争。善用人者为之下。是谓不争之德，是谓用人力，是谓配天，古之极”（《六十八章》）这显然都是慈的基本要求。

事实证明，在中国的历史长河中，众多的贤良志士因为以“慈”为怀，以海纳百川的博大胸怀，广招贤才，博采众长，熔炼了自己宽容大度的政治、经济、军事思想而建成盛极一时的强国。比如，西汉王朝废除酷法，顺应民意，倡黄老之学、行休养生息，再度成为大一统的国家。唐朝统治者把老子这种“慈”的思想发挥到了极致。他们对内养民、对外和亲，使国家政清吏明、经济繁荣、文化灿烂、疆域广大，形成了八方进贡、万国来朝的局面。这也正如老子所说“夫慈，以战则胜，以守则固。天将救之，以慈卫之”（《六十七章》），“江海所以能为百谷之王者，以其善下之，故能为百谷王”(《六十六章》)。

三

当前，老子的慈爱观念对于和谐社会建设仍然具有十分重要的借鉴作用。在当今社会，和谐至少包括人自身的和谐、人与人的和谐、人与自然的和谐以及人与社会的和谐等，其中，最为核心的是人与人之间的和谐。和谐的人际关系是社会稳定、国家繁荣的重要保证。友爱与宽容是和谐人际关系的两大基石。在和谐社会里，人不仅应该关爱自己，更要关爱他人，这才是个体自我价值实现所必然采取的形式与途径。在关爱他人的基础上才能设身处地地为他人着想、更大限度地理解他人，才能对他人的错误给予宽容。现代社会中，人与人之间经常因各种利益冲突而发生矛盾，人际交往中也时常会出现一些冷漠、猜忌、怀疑甚至敌对的现象，这势必影响到社会的和谐。要构建和谐社会，就应时时、处处、事事以慈为怀、以慈为先，人与人之间多一份慈爱与宽容只有人与人之间充满了平等之爱，互相帮助、互相包容，那么存在于人们之间的矛盾自然会化解，从而形成平等友爱、礼让宽容的和谐关系。

# 附录四　以优秀传统文化引导大学生自觉培育和践行社会主义核心价值观

中华民族历史悠久，文化积淀深厚。培育和践行社会主义核心价值观必须继承和弘扬中国优秀传统文化，否则便会成为无源之水、无本之木。2014 年 5 月 4 日，习近平总书记在与北大师生座谈时明确指出，我们提出的社会主义核心价值观，把涉及国家、社会、公民的价值要求融为一体，既体现了社会主义本质要求，继承了中华优秀传统文化，也吸收了世界文明有益成果，体现了时代精神，富强、民主、文明、和谐，自由、平等、公正、法治，爱国、敬业、诚信、友善，传承着中国优秀传统文化的基因，我们提倡的社会主义核心价值观，就充分体现了对中华优秀传统文化的传承和升华，他强调提倡和弘扬社会主义核心价值观，必须从传统文化中“汲取丰富营养，否则就不会有生命力和影响力。这些论断对高校加强传统文化教育、促进传统文化现代价值转换提出了新要求。

## 一、重视优秀传统文化的现代价值

优秀文化总能推动人们走向进步与文明，激励人们正义事业勇往直前，唤起人们道德理性，启迪人们理性地处理好人自身、人与人、人与自然和社会等各方面关系。中国传统文化具有这些优势，如“天下为公”的无私胸襟、“自强不息”的进取精神、“见利思义”的舍取原则、“精忠报国”的爱国情怀、“居安思危”的忧患意识、“仁者爱人”的人道精神、“天人合一”的和谐思想，等等，千百年来一直为各族人民所践行，成为中华民族进步发展的精神支柱，陶冶了一批又一批仁人志士为国家富强、民族昌盛而不懈奋斗。这正是中华传统文化长存不衰、绵延不绝的根本原因，也是其现代价值存在的内在特质。

意识形态的相对独立性决定了任何优秀文化总具有超越时空的特征。不论社会存在如何变化，优秀文化成果总会以极大的渗透力、附着力被新的时代所吸收利用，在新的文化传承和道德建设中体现出特有价值。中国优秀传统文化在民族进步的历程中不断进行着价值转换，形成了一系列先进文化与思想。近代以来，在实现中华民族伟大复兴的征途中，中国共产党人运用马克思主义的世界观与方法论，去伪存真，去粗取精，对中国传统文化中的一些思想进行了价值转换，形成了一系列中国化的马克思主义理论成果。如，“实事求是”经毛泽东同志阐释与发扬，被赋予了新的意义，转换成毛泽东思想和邓小平理论的精髓；“民本思想”转换成以人为本而作为科学发展观的核心；“革故鼎新”与马克思主义的实践精神、批判精神相融合，转换成新时期的改革创新思想；“小康”理想转换成社会主义初级阶段奋斗目标的形象表述；知荣知耻在道德实践中转换成社会主义荣辱观；等等。因此，帮助大学生深入理解和把握中国化的马克思主义理论成果的精神实质，必须使他们了解丰富灿烂的中华传统文化，把握中华民族特有的精神气质与文化追求。引导大学生培育和践行社会主义核心价值观，必须用马克思主义的方法论对优秀传统文化中进行再认识、再思考，在新的历史条件下延伸和更新传统、发展和充实内容，使核心价值观更具中国特色，更容易被人们接受而自觉践行。

## 二、做好优秀传统文化现代价值转换

促进优秀传统文化现代价值转换，充分发挥其在培育和践行社会主义核心价值观过程中的作用，需要做大量工作，最基本的有三点。

一是通达古今、吃透两头。一方面要透彻了解和理解优秀传统文化，熟悉和掌握传统文化的特色特点和价值核心，分清精华与糟粕。另一方面深入了解当前培育和践行社会主义核心价值观出现的新形势、新情况、新目标、新任务，全面掌握社会主义核心价值体系建设的主要方向、基本内容、成功经验和薄弱环节，亲身体验如何坚持正确的继承和借鉴传统文化成果的方法和经验，不断推进改革创新。只有吃透两头，才能在古今的比较分析基础上，科学地将二者融会贯通。既不识古，也不知今，现代转换难有作为。

二要找准结合点、正确现代诠释。所谓结合点，就是古今的共同点、相融点，没有这个点结合难实现。只有找准这个点，传统文化的现代价值才能充分体现并有效发挥功用。否则，就会导致风马牛不相及，与现实结合只会是泡影，现代价值转换也只能是纸上谈兵。如果强行将二者扯在一起，只能是牵强附会，难以实现古为今用。现代诠释不是在古人的东西上帖上现代标签，而是要求站新的时代高度，挖掘提炼传统文化中的积极意义和优秀成分，赋予其合乎时代潮流和现实要求的新内容、新内涵。如果不做出现代论释，原封不动地将之搬到现实中来，不但于现实无补，而且对优秀传统文化的也是一种糟蹋，难免陷于“食古不化”。

三要研究现实价值，充实现代内容。中华优秀传统文化现代价值转换的目的在于发挥现实价值。这就需要古今结合，不断地提炼挖掘，使现实价值显露出来，根据培育和践行社会主义核心价值观的需要，有针对性地充实新的时代内容，使其成为新的价值体系中的重要组成部分，进而促进价值观向更完善和更体现民族特色的方向发展。在这个结合过程中，要善于发现总结、宣传推广现代价值转换中涌现的新事物、新模范、新经验，用具有时代特征的典型事迹诠释传统文化中的经典范式，谱写古今合奏新乐章，以今辅古、以古扬今。

## 三、高校是优秀传统文化教育和现代价值转换的主阵地

大学生是民族的未来和希望，是优秀传统文化的承继者、创新者和传播者。习近平总书记指出，青年的价值取向决定了未来整个社会的价值取向，而青年又处在价值观形成和确立的时期，抓好这一时期的价值观养成十分重要，要求青年要从现在做起、从自己做起，使社会主义核心价值观成为自己的基本遵循，并身体力行大力将其推广到全社会去。他还特别强调，全国高等院校要走在教育改革前列，紧紧围绕立德树人的根本任务，加快构建充满活力、富有效率、更加开放、有利于学校科学发展的体制机制，当好教育改革排头兵。文化传承创新的高

等学校的四大重要职能之一。传承是基本要求，创新是崇高使命。这就要求高校必须成为传统文化教育的主阵地，在现代价值转换方面有所作为，以优秀传统文化引导大学生自觉践行社会主义核心价值观。

一要加强组织领导。高校要像抓履行人才培养、科学研究、社会服务职能一样抓文化传承创新，积极探索并努力形成党委领导、行政负责、部门抓总、齐抓共管的工作格局。要成立专门机构、配备专职人员专门负责文化传承创新工作，改变都在抓、都在管而都没抓、都没管的现象。要加大投入，为文化传承创新提供必要的资金和物质保障。要建立制度政策保障体系，加大责任考核，加强宣传引导，营造浓厚氛围，形成广泛尊重传统文化，吸取传统文化精髓，自觉践行社会主义核心价值观的良好环境。

二要加强课程体系建设。高校要创造条件，加强传统文化教学与研究基地建设，推动相关学科发展，编订高水平教材，开设传统文化必修课，加大课时量，并鼓励教师开设相关选修课，规定学生传统文化方面的必修学分，像考核外语和计算机等专业水准一样考核传统文化素养。要根据课程设置，建设一支专门从事传统文化教学的教师队伍，支持他们对传统文化及其现代价值转换开展科学研究和学术交流，鼓励他们将最新研究成果运用到教学之中。要结合大学生的实际，增强教学针对性，切实通过课程教学使大学生全面系统地了解中华优秀传统文化，特别是要大力强化与社会主义核心价值观有关的内容，以现实和生动的内容感染学生、引起共鸣，进而内化为动力，转化为行动。

三要加强校园文化建设。将优秀传统文化寓于高雅的校园文化之中，通过举办专题讲座、征文以及读书会等各种丰富多彩的学术活动引导学生针对传统文化继承开展讨论、辩论，进一步深化认识。要充分利用校园网络阵地，建设好融思想性、知识性、艺术性、时代性于一体的优秀传统文化教育网站或网页，积极开展生动活泼的传统文化教育的网络活动，网上、网下形成合力。

四要充分发挥好大学生的主体作用。通过加大教育引导的力度，使大学生真正明确继承和弘扬优秀传统文化的重大意义，自觉汲取中华优秀传统文化的精华，提高自己人文素养。通过宣传让学生认识到传统文化的魅力及其在人的成长过程中的重要作用，增强文化自信，深化文化认同，在自身道德实践中身体力行。

# 参考文献


[1] 爱畦.《黄帝四经》对老子思想的吸收和继承[J]. 中国哲学史,1997(1):78-85.

[2] 安文,蒋亚东.《管子》人性论比较研究[J]. 江西行政学院学报,2003,5(2):56-58.

[3] 蔡元培. 中国伦理学史[M]. 北京:商务印书馆,1999.

[4] 曹旅宁.《鹖冠子》述评[J]. 青海师范大学学报(社会科学版),1988(4):76-81.

[5] 曹培培.《管子》的教育思想研究[J]. 哈尔滨职业技术学院学报,2006(1):32-33.

[6] 陈德安. 中国道家道教教育思想史(先秦至隋唐卷)[M]. 北京:社会科学文献出版社,2008.

[7] 陈鼓应. 早期儒家的道家化[J]. 中州学刊,1995(2):59-61,63-66.

[8] 陈鼓应. 道家在先秦哲学史上的主干地位(下篇)[J]. 中国文化研究,1995,秋之卷(9):1-10.

[9] 陈鼓应. 老子今注今译[M]. 北京:商务印书馆,2003.

[10] 陈国生. 慎子的国家管理思想管窥[J]. 内江师范学院学报,2005,20(1):101-104.

[11] 陈良武. 出土文献与道家研究述评[J]. 龙岩学院学报,2011,29(4):75-78,84.

[12] 陈培青. 中国教育史[M]. 上海:华东师范大学出版社,2009.

[13] 陈小华.《管子》中的治国思想及其现代意义[J]. 河南师范大学学报,2012,39(6):182-185.

[14] 陈学凯,曹秀君. 老子自然主义道德伦理观简论[J]. 西安交通大学学报(社会科学版),2000,20(4):75-80.

[15] 陈勇.论老子哲学中的人道学说[J].内蒙古农业大学学报(社会科学版),2011,13(2):304-305,330.

[16] 陈云超.《鹖冠子》备战思想对企业危机管理的启示[J].沙洋师范高等专科学校学报,2012,13(1):103-104.

[17] 程梅花.解读管子治国“无能”[J].阜阳师范学院学报(社会科学版),2010(1):16-19.

[18] 程树德.论语集释[M].北京:中华书局,1990.

[19] 程远.道、儒、法的初步融合:试论慎到的学术思想[J].西安电子科技大学学报(社会科学版),2004,14(3):12-16.

[20] 褚兆勇.简论《管子》的君道观[J].淄博学院学报(社会科学版),2001,17(3):40-43.

[21] 崔华前.老子思想中蕴涵的德育方法及其现代价值[J].怀化学院学报,2004,23(4):104-105.

[22] 崔华前.庄子的德育方法及其现代价值[J].黑河学刊,2004(4):58-61.

[23] 戴道谦.从“绝圣弃智”管窥庄子的处世思想[J].社会科学家,2005(10):261-264.

[24] 邓冲.试论隐性德育的艺术性:基于老子“行不言之教”的思想[J].黑龙江教育学院学报,2010,29(12):66-68.

[25] 丁鼎,卢友连.从老庄申韩同传看道、法之承变关系[J].齐鲁学刊,1998(5):9-16.

[26] 丁钢.文化的传递与嬗变:中国文化与教育[M].桂林:广西师范大学出版社,2009.

[27] 丁元明.《鹖冠子》及其在黄老之学中的地位[J].文史哲,1996(2):24-29.

[28] 杜晓.简论《鹖冠子》的篇章结构与思想主题[J].中国哲学史,2012(2):32-37.

[29] 杜宇民.田骈、慎到心性思想略论:兼与庄子心性思想比较[J].管子学刊,1992(4):26-30.

[30] 范国强,管祥久.试论慎子的学术思想[J].管子学刊,2010(2):51-54.

[31] 范国强,田一颖.慎子学术思想刍论[J].山西师大学报(社会科学版),2010,37(6):113-115.

[32] 方铭.《黄帝四经》《老子》《庄子》差别论[J]. 中共中央党校学报,1998(3):99-105.

[33] 冯友兰. 中国哲学发展史(先秦)[M]. 北京:人民出版社,1983.

[34] 冯友兰. 中国哲学史新编[M]. 北京:人民出版社,1982.

[35] 付选刚. 庄子之"道"之我见[J]. 管子学刊,2009(2):63-65,73.

[36] 高国希. 道德哲学[M]. 上海:复旦大学出版社,2005.

[37] 高建立.《管子》为政思想浅析[J]. 黄淮学刊(社会科学版),1991(2):85-91.

[38] 高利民. 有无"之间":庄子道论的一种解读[J]. 内蒙古师范大学学报(哲学社会科学版),2008,37(4):66-72.

[39] 高秀昌.《老子》的理想人格人生实践[J]. 中哲研究人文杂志,1996(1):26-31.

[40] 高燕. 道法关系论:慎子法哲学思想探源[J]. 西南民族大学学报(人文社科版),2008(8):219-222.

[41] 郭凤志. 德育文化论[M]. 北京:中国社会科学出版社,2008.

[42] 郭红军.《道德经》的德育观及其启示[J]. 南昌大学学报(人文社会科学版),2010,41(1):39-42.

[43] 郭梨华.《鹖冠子》哲学中的"道论"之探析[J]. 管子学刊,2008(1):55-62.

[44] 郭梨华. 道家思想展开中的关键环节:《管子》"心-气"哲学探究[J]. 文史哲,2008(5):61-71.

[45] 郭齐勇. 老庄之道论及其异同[J]. 华中师范大学学报(人文社会科学版),2008,47(6):69-75.

[46] 郭庆藩. 庄子集释[M]. 北京:中华书局,1961.

[47] 韩彩英. 老子自然伦理思想的基本逻辑结构和理论特征[J]. 山西大学学报(哲学社会科学版),2010,33(3):6-12.

[48] 韩广忠.《管子》政治伦理思想探微[J]. 船山学刊,2009(4):114-116.

[49] 何大吉.《老子》人性思想论析[J]. 求索,2011(9):136-138.

[50] 何小五. 体道之境:庄子"心斋说"浅析[J]. 文化万象,2009(5):339.

[51] 胡家聪. 道家黄老学"推天道以明人事"的思维方式[J]. 管子学刊,1998(1):70-76.

[52] 胡启勇.先秦老庄“弃智”思想述略[J].船山学刊,2007(2):73-75.
[53] 黄圣平.《老子》所谓“德”[J].西南大学学报(社会科学版),2012,38(1):135-141.
[54] 黄旭东.“慈”与“仁”的比较:以老子与孔子各自的思想体系为语境[J].理论观察,2012(2):42-43.
[55] 汲广林,武凌竹.《管子》“道”的思想刍议[J].国学研究,2010(7):138-139.
[56] 减宏.说《老子》中的“德”[J].社会科学战线,2011(10):1-8.
[57] 江荣梅.慎到应是黄老思想家:兼论黄老思想与老子、韩非的区别[J].北京大学学报(哲学社会科学版),1989(1):111-116.
[58] 姜智.庄子人生哲学的理想人格论[J].国学研究,2011(5):121-123.
[59] 蒋丽梅.至柔、至朴、至虚:老子对个体生命的关切[J].五邑大学学报(社会科学版),2003,5(4):1-3.
[60] 蒋重跃.道的生成属性及其本体化发展:先秦道论初探[J].南京大学学报(哲学·人文科学·社会科学),2012(4):94-114.
[61] 荆雨.试析帛书《黄帝四经》“道生法”思想的内涵及意义[J].中国哲学史,2005(4):84-90.
[62] 柯阳.论《管子》中的道[J].学术界,1990(5):35-38.
[63] 雷小欣.议《管子》道法思想在国家治理中的融合[J].中共乐山市委党校学报,2009,11(5):48-49.
[64] 李莱蒙.从《管子》的道德观反思公务员行政道德建设[J].管子学刊,2011(2):15-19.
[65] 李长泰.《管子》的天地人和合观探析[J].管子学刊,2010(3):19-22.
[66] 李大华.生命存在与境界超越[M].上海:上海文化出版社,1992.
[67] 李道湘.从《管子》的精气论到《庄子》气论的形成[J].管子学刊,1994(1):18-23,10.
[68] 李德山.文子译注[M].哈尔滨:黑龙江人民出版社,2003.
[69] 李堆尚.老子哲学的最高范畴:道[J].延安大学学报(社会科学版),1994,16(1):9-13.
[70] 李凤鸣.“小国寡民”新释[J].西南民族学院学报(哲学社会科学版),2002,12(23):239-241.

[71] 李红波. 孔子与老子德育观之比较[J]. 上饶师范学院学报,2002,22(4):104-106.

[72] 李佳漪.《老子》的道德观及其现代价值的实现[J]. 长江师范学院学报,2010,26(2):135-138.

[73] 李强华.《管子》人才观探析[J]. 怀化学院学报,2009,28(10):47-49.

[74] 李锐. 上博简《慎子曰恭俭》管窥[J]. 中国哲学史,2008(4):56-62.

[75] 李世东. 老子文化与现代文明[M]. 北京:中国社会出版社,2008.

[76] 李霞. 道家之“德”的生命论意蕴[J]. 江苏大学学报(社会科学版),2012,14(6):37-40.

[77] 李小娟. 浅析《鹖冠子》的人文关怀[J]. 西南农业大学学报(社会科学版),2012,10(8):113-116.

[78] 李学勤. 读《〈鹖冠子〉研究》[J]. 人文杂志,2002(3):160.

[79] 李学勤. 论先秦道家的“夜行”[J]. 史学集刊,2004(1):1-2.

[80] 李艳,冯文全. 孔子与老子的德育思想之比较[J]. 内蒙古师范大学学报,2006,19(6):47-50.

[81] 李颖,高兵. 庄子“心斋”、“坐忘”说的美学意味[J]. 河北学刊,2003,23(2):203-205.

[82] 李永华. 庄子的道德观[J]. 兰州学刊,2007(2):36-38.

[83] 李振纲. 慎到评传[J]. 河北大学学报,1985(3):114-120.

[84] 林语堂. 左手孔子 右手老子[M]. 西安:陕西师范大学出版社,2007.

[85] 刘长欣,綦晓菲. 老子的“道”与“德”及其伦理设计[J]. 中国石油大学学报(社会科学版),2008,24(6):76-79.

[86] 刘峰存. 老子理想人格理论探析[J]. 青海师范大学学报(哲学社会科学版),2013,35(2):7-11.

[87] 刘赫男. 浅析慎到思想产生的历史背景[J]. 华章,2011(9):3.

[88] 刘基. 高校思想政治教育论[M]. 北京:中国社会科学出版社,2009.

[89] 刘峻杉. 连接“道”与“人”的桥梁:老子“天德观”思想及其德育价值[J]. 教育学报,2012,8(1):98-105.

[90] 刘树羽.《管子》的法教统一观的启示:法治与道德教育的思考[J]. 改革与开放,2012(6):184.

[91] 卢敏.先秦道家“德”之内涵探析:以《老子》和《庄子》为基础[J].学术论坛,2011(11):30-32.

[92] 卢志民.老子之“道”与“人性自然论”假设[J].新疆社会科学,2009(1):11-15.

[93] 鲁从阳,郭广银.老子《道德经》中的理想人格思想[J].学海,2011(1):81-88.

[94] 陆建华.《黄帝四经》:黄老道学的奠基之作[J].安徽大学学报(哲学社会科学版),1999,23(3):74-79.

[95] 陆建华.无为而法自然:老子生存论的一个侧面[J].安徽大学学报(哲学社会科学版),2004,28(4):12-14.

[96] 陆玉胜.庄子的道与逍遥游[J].国学研究,2011(11):135-137.

[97] 吕锡琛.道家道教与中国古代政治[M].长沙:湖南人民出版社,2009.

[98] 马斗成.《管子》“刑、德”思想述论[J].管子学刊,2004(4):5-9,42.

[99] 马娟.管子为政思想初探[J].中州学刊,2004(5):133-135.

[100] 马作武.论慎到的法律观[J].法学专论,2003(6):50-55.

[101] 蒙培元.“道”的境界:老子哲学的深层意蕴[J].中国社会科学,1996(1):115-124.

[102] 孟琦.从委蛇其形到逍遥其心:对庄子人生哲学的几点思考[J].道教论坛,2007(2):17-20.

[103] 米靖.论先秦道家黄老学派孝文化观的特点和影响[J].内蒙古社会科学(汉文版),2002,23(6):20-25.

[104] 潘静.论庄子之“道”的原型的象征意义[J].山西大学学报(哲学社会科学版),2001,24(2):53-56.

[105] 潘俊杰.《鹖冠子》为先秦杂家著作考[J].延安大学学报(社会科学版),2007,29(3):91-96.

[106] 潘俊杰.慎到:从黄老到法家转折性的关键人物[J].西北大学学报(哲学社会科学版),2004,34(3):129-132.

[107] 潘志峰.慎到学派归属问题再辨[J].河北学刊,2007,27(1):60-63.

[108] 裴攀,邓晶.论道家之“人性本善”思想[J].科教导刊,2010(8):81-82.

[109] 钱穆.文化与教育[M].桂林:广西师范大学出版社,2004.

[110] 钱穆.庄老通辨[M].北京:生活·读书·新知三联书店,2005.
[111] 乔健.政治的“虚化”与精神的“实化”:“《管子》四篇”对政治活动中精神作用的夸大[J].兰州大学学报(社会科学版),2006,34(6):43-48.
[112] 秦茂森.《管子》与韩非人性思想比较[J].湖南科技学院学报,2005,26(7):22-24.
[113] 权光镐.帛书《黄帝四经》对《老子》的继承和发挥[J].南京社会科学,2001(8):30-32.
[114] 任法融.道德经释义[M].修订版.北京:东方出版社,2012.
[115] 任继愈.中国哲学史:第一册[M].北京:人民出版社,1963.
[116] 尚久悦.略论老子“圣人之德”的理想人格[J].学术交流,2006(5):19-21.
[117] 史美珩.天地人和无所不谐:管子谋求和谐社会的战略研究[J].今日中国论坛,2006(12):40-42.
[118] 史婷婷.《鹖冠子》宇宙观的哲学解读[J].安阳师范学院学报,2010(4):9-12.
[119] 史婷婷.老子德育思想的现代解读[J].理论界,2011(8):158-159.
[120] 史婷婷.论老子的德育思想及其当代意蕴[J].江西社会科学,2007(5):55-58.
[121] 史婷婷.圣人之境:老子理想人格理论探析[J].学术论坛,2011(3):67-69.
[122] 司振龙.论《庄子》的生死观[J].安徽大学学报(哲学社会科学版),2007,31(6):22-26.
[123] 宋晶.老子德育思想刍论[J].荆门职业技术学院学报,2005,20(5):43-46.
[124] 宋晶.老子德育思想与和谐社会建设[J].孝感学院学报,2009,29(2):25-29.
[125] 宋玉顺.论管子“孝”道[J].管子学刊,2011(1):14-16.
[126] 隋建华.《管子》思想政治教育主体研究[J].中学政治教学参考,2013(4):79-82.
[127] 孙波.试析管子的和谐思想[J].湖南行政学院学报,2008(4):63-64.
[128] 孙福喜.陆佃.《鹖冠子解》研究[J].齐鲁学刊,2000(3):75-79.
[129] 孙福喜.论《鹖冠子》的宇宙本原观[J].西北大学学报(自然科学版),

2000,30(4):363-365.

[130] 孙叔平,李书有.先秦各家哲学思想发展概论[J].中州学刊,1982(6):61-67.

[131] 孙伟平.老庄道家价值观论纲[J].中国人民大学学报,2012(3):41-48.

[132] 孙熙国,黄维元.《管子》德论研究[J].管子学刊,2003(4):10-14.

[133] 孙以楷.道家文化寻根[J].江淮论坛,2001(6):57-60.

[134] 孙以楷.道家与中国哲学[M].北京:人民出版社,2004.

[135] 谭维智.道德教育的非知识化路径:道家的知识观及其道德教育方法研究[J].教育研究,2011(6):85-89.

[136] 谭维智.道德教育中教育者的角色定位问题:基于道家庄子的分析[J].东北师大学报(哲学社会科学版),2012(2):148-153.

[137] 谭维智.试析庄子对道德问题的归因分析[J].华东师范大学学报,2009,27(3):76-82.

[138] 谭维智.庄子对道德教育目的性的认识:论一种无目的性的道德教育思想[J].当代教育科学,2011(6):9-12.

[139] 谭维智.庄子对伦理规范有限性的反思[J].教育理论与实践,2000(1):35-38.

[140] 潭佛佑.论《管子》的教育思想[J].管子学刊,1988(2):37-43,36.

[141] 汤浩."明正以治国":管子行政李念初探[J].管子学刊,2005(4):28-31.

[142] 汤一介.中国传统文化中的儒道释[M].北京:中国和平出版社,1988.

[143] 唐坤.道家绝圣弃智的无为境界新论[J].湖北社会科学,2004(12):102-103.

[144] 王博识.管子社会整合思想与积极构建和谐社会[J].管子学刊,2008(1):17-21.

[145] 王栋梁.浅析老子哲学思想中"道"的意义[J].学术交流,2010(4):32-33.

[146] 王芳恒.解读老子的"无为而无不为"[J].贵州民族学院学报(哲学社会科学版),2001(1):82-86.

[147] 王海艳,谈永珍.庄子人生哲学及其现代意义[J].天水行政学院学报,2009(4):38-40.

[148] 王皓羲.缘法而致道:管子法治思想的伦理基础[J].道德与文明,2011

(3):89-92.

[149] 王济伟.浅析老子德育教育的内容及方法[J].江苏技术师范学院学报,2006,12(3):44-46.

[150] 王敬华.《管子》的“道、法”观刍议[J].商丘师范学院学报,2008,24(5):7-10.

[151] 王敬华.《管子》的“道法”观及其现代价值[J].唯实,2008(6):39-42.

[152] 王丽娟.慎子管理思想的教育价值[J].教育评论,2012(2):141-143.

[153] 王利器.文子疏义[M].北京:中华书局,2000.

[154] 王民生.试论《庄子》哲学的最高范畴:“道”[J].江苏社会科学,1995(6):73-78.

[155] 王敏光.《老子》哲学“德”论探赜[J].理论月刊,2011(9):54-57.

[156] 王仕民.德育文化论[M].广州:中山大学出版社,2007.

[157] 王威威.庄子学派的思想演变与百家争鸣[M].北京:人民出版社,2009.

[158] 王新春.哲学视域中《管子》的牧民思想[J].烟台大学学报(哲学社会科学版),2009,22(3):1-7.

[159] 王雪军.庄子人生哲学的大道精神[J].理论探讨,2011(6):67-71.

[160] 王引淑.中国传统政治哲学[M].北京:华语教学出版社,1999.

[161] 王泽应.为有源头活水来[M].北京:中国社会科学出版社,2004.

[162] 王泽应.自然与道德:道家伦理道德精粹[M].长沙:湖南大学出版社,1999.

[163] 王中江.早期道家的“德性论”和“人情论”:从老子到庄子和黄老[J].江南大学学报(人文社会科学版),2012,11(4):5-14.

[164] 文炳赞.《鹖冠子》中的儒法思想及其关系[J].船山学刊,2009(4):138-140.

[165] 吴登云.《老子》的核心思想是“尊道贵德”[J].学术论坛,2007(12):22-25.

[166] 吴秋芬.《道德经》德育观的现代诠释[J].安徽教育学院学报,2001,19(2):24-25.

[167] 奚亚丽.帛书《黄帝四经》的因循为治与老子的无为而治[J].通化师范学院学报,2010,31(7):29-32.

[168] 向军.《道德经》之“道”辨析[J]. 求索,2011(12):147-148.

[169] 萧汉明. 论庄子的内圣外王之道[J]. 武汉大学学报(人文科学版),2003,56(1):23-30

[170] 萧汉明. 相濡以沫,不如相忘于江湖:论庄子的人性素朴论与德行修养观[J]. 湖北大学学报(哲学社会科学版),2005,32(1):20-23.

[171] 萧洪恩. 鹖冠子研究概述[J]. 湖北民族学院学报(哲学社会科学版),2002,20(3):39-46.

[172] 萧萐父.“道家(道教)文化与当代文化建设”学术讨论会开幕词[J]. 武汉大学学报(社会科学版),1991(1):110-111.

[173] 肖德武.《管子》侈靡消费思想及其现实意义的几点思考[J]. 齐鲁师范学院学报,2012,27(6):6-12.

[174] 肖群忠.《老子》修身思想析论[J]. 理论视野,2012(7):60-64.

[175] 熊春锦. 中国国学道德根[M]. 北京:中央编译出版社,2006.

[176] 熊铁基. 论《鹖冠子》的“道法”思想:兼论道法、黄老及其他[J]. 华中师范大学学报(人文社会科学版),2001,40(1):94-102.

[177] 许晨,齐文杰.《庄子·大宗师》道论思想探析[J]. 国学研究,2012(3):128-130.

[178] 许建良. 中国“道”“德”哲学的原初图式[J]. 西北师大学报(社会科学版),2004,41(6):10-14.

[179] 许建良. 先秦道儒道德同异论[J]. 道德与文明,2005(5):23-28.

[180] 许建良. 道家道德特征试析[J]. 湖南科技学院学报,2005,26(9):185-188.

[181] 许建良. 先秦道家的道德世界[M]. 北京:中国社会科学出版社,2006.

[182] 许建良.《管子》“教训成俗”的道德教化论[J]. 东南大学学报(哲学社会科学版),2006,8(4):29-47.

[183] 许建良.《黄帝四经》“刑德相养”思想探析[J]. 东南大学学报(哲学社会科学版),2007,9(2):43-47.

[184] 许建良.《黄帝四经》“过极失当”的得当论[J]. 学习论坛,2007,23(3):53-56.

[185] 许建良. 道家“无用之用”的思想及其生态伦理价值[J]. 哲学研究,2007

(11):44-48.

[186] 许建良.他人优位:道家道德的枢机[J].中州学刊,2008(1):167-171.

[187] 许建良.庄子的生命哲学[J].中国医学伦理学,2008,21(3):28-33.

[188] 许建良.道家道德的普世情怀[J].哲学动态,2008(5):75-80.

[189] 许建良.道家老子“私”论[J].东南大学学报(哲学社会科学版),2008,10(5):61-66.

[190] 许建良.老子道家“慈”论[J].伦理学研究,2011(1):42-49.

[191] 许建良.道家万物的视野及世纪意义[J].云南大学学报(社会科学版),2011,10(1):29-41.

[192] 许建良.和谐社会的俭约之道[J].武陵学刊,2011,36(5):1-9.

[193] 许建良.老子道家的心学图画[J].东南大学学报(哲学社会科学版),2012,14(3):62-68.

[194] 许建良.《黄帝四经》“物曲成”的道德实践论[J].徐州工程学院学报(社会科学版),2012,27(2):16-22.

[195] 许建良.从“法”看《老子》与慎到法家的关联性:武内义雄中国思想研究[J].湖南科技学院学报,2013,34(1):1-7.

[196] 许汝贞.《管子》和稷下学者的人地和谐观[J].管子学刊,2005(3):15-19.

[197] 许淑杰.论老子之“自然”[J].社会科学战线,2005(6):260-263.

[198] 严春友.论庄子思想的不同层次及其作用[J].河北师范大学学报(哲学社会科学版),2005,28(2):30-34.

[199] 阎丽杰.论庄子的生命价值观[J].沈阳师范大学学报(社会科学版),2008,32(3):123-126.

[200] 颜世安.论庄子思想中“道”与“行””的关系[J].中国哲学史,2000(1):51-57.

[201] 杨艾璐.在“有待”与“无待”之间:荀子、庄子“道”范畴的比较研究[J].辽宁大学学报(哲学社会科学版),2010,38(6):84-88.

[202] 杨滨.简论庄子思想的理论构架[J].北京大学学报(国内访问学者、进修教师论文专刊),2001(S1):28-31.

[203] 杨家友.老子自然意蕴的再探讨[J].哲学分析,2011,2(4):42-55.

[204] 杨家友.论《老子》中自然的意蕴[J].河南科技大学学报(社会科学版),

2010,28(5):32-36.
[205] 杨启亮.先秦道家德育思想辨析[J].教育科学,1995(1):22-29.
[206] 杨胜良.老庄道论之异同[J].厦门大学学报(哲学社会科学版),1998(2):100-105,112.
[207] 杨荫楼.《管子》道论的特色[J].管子学刊,1991(4):12-18.
[208] 杨玉辉.《老子指归》的养生思想[J].宗教学研究,2004(4):28-30.
[209] 杨玉辉.道家的先天人格和后天人格探讨[J].社会科学研究,2005(3):73-76.
[210] 杨玉辉.道家人格研究[M].成都:巴蜀书社,2010.
[211] 杨玉辉.道教对人的心理的认识[J].华中科技大学学报(社会科学版),2004(1):71-74.
[212] 杨玉辉.佛教与道教人学观之比较[J].宗教学研究,2007(1):105-108.
[213] 杨玉辉.老子与道合一的理想人格[J].西南师范大学学报(人文社会科学版),2004,30(6):10-14.
[214] 杨玉辉.论道教的性命双修[J].社会科学研究,2001(2):75-78.
[215] 杨玉辉.论后天返先天[J].宗教学研究,2002(1):24-29.
[216] 杨玉辉.无为而治的生活智慧[J].中国道教,2002(4):50.
[217] 杨兆贵,杨康哲.论鹖冠子的教育思想[J].管子学刊,2011(2):60-65.
[218] 杨兆贵.《鹖冠子·泰鸿》的政治理念及成篇年代初探[J].石家庄铁道学院学报,2009,3(3):58-63.
[219] 杨兆贵.鹖冠子的理想政治论:成鸠氏之治及理论渊源[J].管子学刊,2005(3):89-93.
[220] 杨兆贵.鹖冠子的理想政治论:五正论及其理论渊源[J].船山学刊,2007,63(1):45-47.
[221] 杨兆贵.鹖冠子其人与其思想新探[J].管子学刊,2008(3):43-48.
[222] 杨兆贵.先秦"五至"论与帝道、王道、霸道说:由《鹖冠子·博选》篇说起[J].古代文明,2009,3(3):66-74.
[223] 杨振坤.论老子哲学中"道"的意蕴[J].内蒙古农业大学学报(社会科学版),2012,14(1):284-285.
[224] 姚新中,焦国成.中西方人生哲学比论[M].北京:中国人民大学出版

社,2001.

[225] 衣恩普.管子道德观指要[J].齐齐哈尔大学学报(哲学社会科学版),2010(15):28-31.

[226] 衣恩普.管子人本思想的现代视角[J].学术交流,2009(3):12-15.

[227] 尹清忠.论《管子》的学派归属[J].中共济南市委党校学报,2009(2):61-65.

[228] 尹振环.《老子》、《管子》的"一"及其发展[J].管子学刊,1991(3):16-22.

[229] 于成宝.论《鹖冠子》的黄老之学[J].阜阳师范学院学报(社会科学版),2003(4):39-42.

[230] 余亚平.思想政治教育学新探[M].上海:上海人民出版社,2004.

[231] 郁建兴,王新华.论庄子的人生哲学[J].浙江大学学报(社会科学版),1994,8(4):23-33.

[232] 喻红丹,杨华山.论老子"三宝"思想的现代廉政价值[J].郧阳师范高等专科学校学报,2011,31(5):101-106.

[233] 袁伯诚.庄子寓言于道[J].安徽大学学报(哲学社会科学版),1994(2):50-56.

[234] 岳德常.《道德经》新诠:道即价值体系论[M].郑州:黄河水利出版社,2009.

[235] 翟建宏.管子"以人为本"思想范式的建构及其治国实践[J].河南社会科学,2005,13(4):50-52.

[236] 詹石窗,谢清果.中国道家之精神[M].上海:复旦大学出版社,2009.

[237] 詹石窗,张欣.《黄帝四经》的价值观及意义[J].厦门大学学报(哲学社会科学版),2009(2):27-34.

[238] 詹石窗.身国共治:政治与中华传统文化[M].厦门:厦门大学出版社,2003.

[239] 展立新."玄道""玄览""玄同"和"玄德":老子"不言之教"的玄思[J].学术论坛,2004(6):24-29.

[240] 张成水,张振国.《管子》德治思想论析[J].管子学刊,2002(4):14-18.

[241] 张岱年.思想文化道德[M].成都:巴蜀书社,1992.

[242] 张岱年.中国伦理思想研究[M].上海:上海人民出版社,1989.

[243] 张洪兴.庄子思想中的道德基准[J].江西社会科学,2012(2):35-39.

[244] 张俊相.老子“自然”观中的和谐思想[J].齐鲁学刊,2008(2):27-30.

[245] 张立文.管子道德和合新释[J].中国哲学,2010(2):6-18.

[246] 张立文,张绪通,刘大椿.玄境:道学与中国文化[M].北京:人民出版社,1996.

[247] 张连伟.论《管子》四篇的学派归属[J].管子学刊,2003(1):5-16.

[248] 张鹏飞.上善若水,为而不争:老子处世哲学的生命启慧[J].广西社会主义学院学报,2010,21(6):43-46.

[249] 张尚仁.庄子悟道论的哲理思维[J].思想战线,2010,36(1):68-71,82.

[250] 张双棣,张万彬,殷国光,等.吕氏春秋译注[M].长春:吉林文史出版社,1993.

[251] 张松辉,周耿.老子人性规律论的四重解读[J].湖湘论坛,2010(5):83-89.

[252] 张松辉.老子研究[M].北京:人民出版社,2009.

[253] 张松辉.庄子是道、气和合生物的二元论者[J].湖湘论坛,2011(1):116-121.

[254] 张松辉.庄子研究[M].北京:人民出版社,2009.

[255] 张晓梅.论庄子的人生哲学及其现代意义[J].前沿,2004(2):166-168.

[256] 张耀灿,郑永廷,吴潜涛,等.现代思想政治教育学[M].北京:人民出版社,2006.

[257] 张圆.从复归“大道”的生死观看庄子的人格理想[J].泸州职业技术学院学报,2010(4):61-65.

[258] 张增田.黄老治道及其实践[M].广州:中山大学出版社,2005.

[259] 张作民.孔子、墨子、《管子》消费观念之比较[J].扬州师院学院(社会科学版),1992(4):89-91.

[260] 赵常丽.道家德育观及育人策略的现代价值[J].青海师范大学学报(哲学社会科学版),2008(2):32-36.

[261] 赵锦程.论《管子》中的教育思想[J].管子学刊,2006(4):12-14.

[262] 赵康太,李英华.中国传统思想道德与东南亚伦理[M].北京:中国社会科学出版社,2007.

[263] 赵康太,李英华.中国传统思想政治教育理论史[M].武汉:华中师范大学

出版社,2006.
[264] 赵庙祥.从“吾丧我”和“道”看庄子“齐物”[J].江淮论坛,2009(6):91-97.
[265] 赵庙祥.老子“道之德”思想探析[J].太原师范学院学报(社会科学版),2009,8(2):23-26.
[266] 赵素锦.《道德经》“德”之伦理意蕴[J].华中科技大学学报,2011,25(5):15-20.
[267] 赵子抄,李寅生.《鹖冠子》的归属问题[J].长江大学学报(社会科学版),2009,32(4):37-39.
[268] 郑杰文.帛书《黄帝四经》对《老子》学说的继承与发展[J].管子学刊,1996(3):54-59.
[269] 郑淑媛.浅论老庄的精神修养方法[J].中州学刊,2012(6):131-135.
[270] 周兵.论庄子生死观的四种境界[J].中国哲学史,2012(2):19-24.
[271] 周耿,张松辉.论老子首倡人性善[J].管子学刊,2010(1):56-60.
[272] 周怀宇.论《管子》“廉维论”的理论价值[J].中华文化,2010(4):56-59.
[273] 周亮,蒋广学.《黄帝四经》中道法思想的自然法特征[J].衡阳师范学院学报(社会科学版),2000,21(4):8-11.
[274] 周益锋.追求生命自由的精神境界:解析《庄子》[J].西北大学学报(哲学社会科学版),2004,34(1):109-112.
[275] 朱红莉.老子“自然无为”思想对高校生态德育方法的启示[J].德育研究,2011(12):26-28.
[276] 朱贻庭.道家伦理文化及其现代价值[J].学术月刊,1997(4):15-20.
[277] 朱贻庭.中国传统伦理思想史[M].上海:华东师范大学出版社,2009.
[278] 邹云.《管子》管理伦理思想简析[J].景德镇高专学报,2005,20(1):13-14.
[279] DING J T,SCHMIDT D S. Mutant Zhuang-Zi algorithm[J]. Post-Quantum Cryptography, Lecture Notes in Computer Science, 2010(6061):28-40.
[280] HAO C C. Lao-Zhuang and augustine on the issue of suspension in the philosophy of religion[J]. Frontiers of Philosophy in China March, 2011, 6(1):75-99.

[281] LIU Q P. Life: the true, the good and the beautiful[J]. The Origins of Life Analecta Husserliana, 2000(67): 323-338.

[282] MA H M. Images of science in traditional Chinese culture[C]//The Images of Science Through Cultural Lenses. Berlin: Spring, 2012: 11-22.

[283] SHAN C. Chinese faith triangle: confucianism, daoism, and buddhism [C]//Major Aspects of Chinese Religion and Philosophy. Berlin: Spring, 2012: 3-22.

[284] SHAN C. Zhuang Zi's mentality of cosmic liberty[C]//Major Aspects of Chinese Religion and Philosophy. Berlin: Spring, 2012: 165-188.

[285] SHEN M X. To have a good birthas wellasa good death: the Chinese traditional view of life and its implications for modernity[J]. Bioethics: Asian Perspectives Philosophy and Medicine, 2004(80): 135-146.